《汉语国际传播热点透视》第 6 辑

U0658371

"一带一路"视角下的语言战略研究

世界图书出版公司

广州·上海·西安·北京

图书在版编目(CIP)数据

"一带一路"视角下的语言战略研究/郑通涛，方环海，陈荣岚编.
—广州:世界图书出版广东有限公司,2017.7
ISBN 978-7-5192-3472-0

I.①—… Ⅱ.①郑…②方…③陈… Ⅲ.①语言规划—研究
Ⅳ.①H002

中国版本图书馆 CIP 数据核字(2017)第 193118 号

书　　名　**"一带一路"视角下的语言战略研究**
　　　　　"YI DAI YI LU"SHI JIAO XIA DE YU YAN ZHAN LUE YAN JIU
编　　者　郑通涛　方环海　陈荣岚
策划编辑　王颖萱
责任编辑　赵黎黎
装帧设计　行言出版工作室
出版发行　世界图书出版广东有限公司
地　　址　广州市新港西路大江冲 25 号
邮　　编　510300
电　　话　020-84459702
网　　址　http://www.gdst.com.cn/
邮　　箱　wpc_gdst@163.com
经　　销　新华书店
印　　刷　虎彩印艺股份有限公司
开　　本　787mm×1092mm 1/16
印　　张　14.25
字　　数　250 千字
版　　次　2017 年 7 月第 1 版 2019 年 8 月第 3 次印刷
国际书号　ISBN 978-7-5192-3472-0
定　　价　57 元

《汉语国际传播热点透视》

编委会

总　序

郑通涛

随着经济全球化的发展和中国经济的持续快速增长,中国与世界各国在经济、政治、文化等各个领域的交流融合进一步加深,世界各国了解中国、与中国加强往来的愿望日益增强。汉语作为外国人了解中国、进入中国的交际工具和文化载体,正日益受到世界上越来越多的国家政府、教育机构、企业、传媒以及民间社区的重视。世界对汉语学习的需求不断增长,并成为一种全球性的热潮。

汉语国际传播是为了满足世界各国人民学习汉语和了解中国文化的需求,以汉语国际教育的教学实践活动为载体的信息传递、接受与反馈的汉语文化传播过程,也是近来国际传播研究的新领域。由于中国语言、历史和文化的独特性,我们和其它国家,尤其是与西方国家的语言和文化存在很多差异,这也为世界了解中国造成了一定的障碍和困难。破解跨语言文化交际的难题绝非只是中国人学习其他语言文化,而是应该同时推动外国人学习和了解汉语文化。唯其如此,外国人才能在文化情感、思维方式、价值观念上更好地理解与认识中国的发展道路,进而为中国和平发展创造更宽松有利的国际环境。因此,借助汉语国际传播,有利于越过跨文化的障碍,更好地向世界说明中国,让世界更好地了解中国。

汉语国际传播是中国走向世界的桥梁和纽带,也是提升国家文化软实力的一项系统工程,必须有高瞻远瞩的战略目标和巧妙得宜的传播策略,必须有布局合理、功能多样、覆盖广泛的汉语文化全球传播体系。因而,汉语国际传播就不单是汉语推广层面上的问题,更是多学科交叉融合的领域,语言学、文化学、教育学、传播学、政治学、社会学、国际关系学、外交学、经济学、管理学、信息科学等均已纳入了汉语国际传播的研究视野。多学科、全方位透视汉语国际传播的热点问题,深入探析汉语国际传播的规律、路径、策略,进而创新汉语国际传播的理念、机制、内容、手段和技术,这是加强中华文化走出去的能力建设,更好向世界说明中国及在国际舆论中争得更多话语权的必然诉求。

当今时代,以信息技术为核心的新一轮科技革命正在孕育兴起,互联网和大数据日益成为创新驱动发展的先导力量,深刻改变着人们的生产生活,有力推动着社会发展。随着现代传媒技术的不断推进和演变,汉语国际传播面貌相比过去已经大不相同,汉语借助各类传播媒介不断地向海外传播,其传播速度、传播范围及受众群均发生了质的变化。汉语国际传播从语言推广进深到跨文化对话,通过文化的平等消除西方的霸权话语,通过文化的互动平衡全球的文化生态。璀璨的中华文化正不断地与世界各国文明交流融合、交相辉映,中国形象也从遥远的神秘到零距离的亲切。

汉语国际传播为满足各国民众学习汉语的需要,为推动世界各国文明交流互鉴、增进中国人民与各国人民相互了解和友谊发挥了重要作用。然而,在国际社会的一片赞扬声中,有关汉语国际传播的一些负面报道也愈演愈烈,国际舆论对中国在世界各国推广汉语与中外合作共建孔子学院是否是政治影响和文化入侵的工具还存在某些忧虑,汉语国际传播在一些国家和地区仍有不少阻力或波折,尤其是美国、加拿大等西方国家对中国的汉语国际传播一直存有戒心,甚而出现了某些抵制行为。

汉语国际传播遇到的某些阻力或波折,以及国际舆论出现的一些负面报道,究其原因是多方面的,其中既有中国和平崛起、文化走出去和软实力增强对西方世界心理上的冲击,也有我们自身汉语文化对外传播能力、路径、策略等方面存在的问题,这些都给汉语国际传播带来了很多新挑战。当今全球化时代,世界各国经济文化广泛交流已是不可阻挡的潮流,作为中国一项长期国家战略,推进海外汉语文化传播事业,我们无论如何都不应因海内外的舆论批评和某些西方国家的抵制行为而缩手缩脚。为彻底改变和扭转"西方中心主义"的思维定势及其"单向输出"的话语霸权,为汉语国际传播和中华文化走向世界赢得更大的发展空间,我们应对此予以足够重视并思考有效的应对之策。

当中国正加快步伐走向世界的时候,并不意味着我们已经完整获得了文化传播的对外表达的方式。一方面,这当然是由于"西方中心主义"的惯性依然主导着通行的概念和标准;另一方面,我们习以为常的话语也未必能与世界达成有效的沟通,我们对汉语和中华文化走向世界的传播规律,对如何从国际受众方的角度看待、感受、理解问题,对如何建立在话语双方对于彼此意图充分了解的基础上的对话模式,构建融通中外的国际传播话语体系都还研究得很不够。

世界语言文化多样性的理念来源于对生物多样性的尊重和保护,其包含了人类在对待环境方面累积下来的经验储备,引导人们尊重历史和宽容地看待不同文化。大自然把不同构造、不同面貌的环境赐予了不同民族,多样的环境滋生了多样的生态系统,多样的生态系统哺育了各具形态和个性的语言文化,正如多样的生物体和生态系统的相互弥合造就了生机盎然的全球生物圈一样,世界各国语言文化都对人类文明作出过各自的贡献。跟生物体一样,语言文化也必须强调内容的多样性和发展的多元性。因而,包括汉语文化在内的各种语言文化传播,对于维护世界语言文化多样性、避免人类文明同质化,显然具有重要的意义。

跨语言文化交流应突破本民族文化的局限去认识和了解他族文化,从而拓展自己内在的文化心理空间,把本族文化置于更广泛复杂的世界文化背景中去审视,更好地同世界文明对话。这一方面可以让世界更好地了解本族文化,另一方面也吸收融合不同文化的有益因素,使本族文化不断得到更新和丰富。为此,汉语文化国际传播应当,以"中国文化与世界关系"为纽带,摒弃西方中心式的单向传播、单向输出和单向影响,从语言文化推广进深到跨文化对话,通过文化的互动交流平衡全球的文化生态。在与世界文明的对话中,吸收借鉴世界各国文明,建立具有中国特色的跨文化互动交流体制,构建中国平等、发展、和谐、共赢的价值观体系。

目前,中国要向世界展示自我形象与世界迫切要了解中国之间仍存在着矛盾,主要原因在于中国自身感知的形象与其他国家认知的形象并不完全一致,尤其是西方国家希望以自己的方式去了解中国与中国希望以自己的方式对外宣传自己似乎成为一个难点与矛盾之处。一个日益强大的中国,将给世界带来怎样的影响?中欧国际工商学院教授戴维·戈塞在谈到中国复兴的世界意义时指出,中国的复兴并不意味着西方的衰落,而是一种机遇。然而,复兴的中国将带来的威胁,却成为西方主流媒体的重要关注点。美国等西方国家担忧中国强盛会危及其霸权和世界主导地位,对"中国梦"有不少负面的解读,而东亚一些国家则对中国的"民族复兴"怀有复杂感受,搭顺风车和担心中国"称霸"的不同想法错综交织。

为此,瞄准汉语和中华文化国际传播的战略需求,加强对汉语传播的国际舆情分析,加强外国人对华认知的实证研究,了解他们是怎样认识中国的;系统挖掘、梳理、激活中国语言文化资源,加强对中华文化的思想观念和价值理念的阐述,将丰富文化资源有效转化为对外文化传播的优势,更好向世界各国人民展示中华文化深厚底蕴及其现代价值;如何用外国人的思维和话语方式,更有成效地向国际社会讲好中国故事,传播好中国声音,塑造好中国形象,让世界各国产生共鸣并认同欣赏"中国梦"。这些问题都是汉语国际传播面对的热点问题。

当前的汉语国际传播应着重从以下方面进行拓展:

第一,汉语国际传播要遵循信息时代的传媒规律,"以受众为中心",贴近中国的发展实际,对外传播中国普通人的故事,贴近外国受众对中国信息的需求,消除他们对中国的疑虑和担心。汉语国际传播应避免刚性传播,关注传播形式的"柔性化"，贴近国际受众的思维习惯，以他们最想听的、听得进去、听得明白的话语讲述中国故事，让中国文化和中国形象从细节上流露出来。要遵循普世价值观，重视"共享信息"的传播，以文化中的共性弥合差异，通过对话寻求"最大共识"，从而达到更好的沟通效果。

第二，汉语国际传播既要融会贯通中华文明、中国道路、中国精神，也要兼收并蓄世界不同文明的成果。搭建海外汉学与中国本土学术对话的桥梁，深入探究探讨世界对中国的阐释和"中国道路"对世界的意义，以及中华文化海外传播的途径、方式和影响，使"文明对话"与"文化交流"的主旨得到进一步深化。汉语国际传播是联通中国梦与各国梦、世界梦的桥梁和纽带，我们应超越自身历史文化与国情制约，借助汉语文化国际传播，提出一整套"源于中国而属于世界"的核心价值观与国际主张，切实有效回答国际社会对中国与世界的关切，引导国际合作，共同推动全球治理进程。

第三，汉语国际传播应不断丰裕传播的媒介和途径，以独具特色的文化品牌为载体，有效提高对外传播能力。为此，应汇聚政府、高校、研究机构和社会民间各方力量开展汉语文化传播的协同创新，推广机制以汉语国际教育市场需求为导向，淡化政府官方色彩，引入社会民间资本参与运营，打造出更多创意性文化品牌，形成以世界各地汉语文化教学机构或教学点为依托，以创意文化品牌项目为牵引，以在线网站为纽带，融合专业报纸、门户网站、手机、微博平台、云资源库、专业期刊等为一体的现代化汉语文化国际传播阵地。

第四，汉语国际传播是一个复杂的适应系统，应以"受众体验驱动"为引领，即以受众自身体验为中心来达到"入耳、入心、入脑"的传播效果。要不断激发受众接收传播信息的潜能和主动性，让他们不满足于单纯从组织者和媒体那里接受单向传播的信息，而是更积极主动去搜集信息、参与活动，调动身体的各种感官在各类实际体验中形成对传播内容的感知和认知。同时，利用现代信息技术开发课程，如运用虚拟技术，提供给学习者真实的中国生活场景，让他们通过视觉、听觉、触觉等多种感官的刺激来完成汉语和中华文化的学习，从而在具体经验基础上构建起自己的概念意义，增进对中国语言文化的深层认知。

第五，汉语国际传播必须充分考虑到语言文化传播对个体、族群、民族、社会及国家的意义。鉴于各国的语言、文化和政治情况不同，与中国的国家关系不同，因而必须加强对汉语传播输入国社会的需求分析和舆情研判，加强与当地政府和社会各界的沟通交流，以"服务当地、满足需求、中外合作、互利共赢"为主旨，制定针对不同国家和地区语言文化背景及政治、法律、教育体制的汉语和中华文化推广模式,构建汉语国际传播进入各对象国的机制体制,更好向世界展示既有历史传承,又有现代感与亲和力的中国形象,实现中外人文交流的"接地气",形成与我国国际地位相适应的舆论力量和传播影响力。

第六,建立和完善汉语文化国际传播效果的评估指标和评估体系,包括对传播过程的受众需求与舆情反馈的分析评判、对传播效果的评估标准和评估手段、途径等,为相关决策和资源配置提供科学依据。要增强忧患意识、使命意识,建立健全教学和管理人力资源体系,推动汉语国际传播的内涵式发展,全面提高汉语和中华文化的国际影响力。

第七,汉语文化教学是汉语国际传播的载体和支撑。汉语作为外语教学的主要难点是什么?如何降低汉语学习的门槛,帮助外国人更快更好地掌握汉语,这是我们在汉语国际传播过程中不得不面对的问题。作为汉语教学的母语国,我们不能仅仅依赖于对外来模式的借鉴,必须具有国际领先和模式输出意识,必须首先建立自己的有说服力的品牌。在汉语教学国际化进程中,掌握制定规则、输出规则的主动权,这是决定我们能够引领国际汉语教学潮流的重要之举。

为此必须进一步促进汉语国际教育学科理论的深化和教学实践的创新,在借鉴、吸收世界第二语言教学经验和成果的同时,应着重从汉语内在的特征和自身规律出发,建构汉语作为第二语言教学基础理论。一是进行针对外国学习者的汉语本体研究,侧重点是教学中的难点以及汉语跟学习者的母语或第一语言的差异,并结合学习者的认知心理和语言习得以及跨文化交际等对汉语进行多角度综合研究;二是进行汉语第二语言的学习理论与教学理论的研究,包括习得理论、教学模式、教学方法等的研究;三是进行针对教学实践和解决遇到的瓶颈问题的研究,包括教学案例、课堂教学设计、教学管理、测试评估、语料库建设、教材编写、师资培训、现代教育技术等的研究与推广。

第八,构建两岸同胞和海外侨胞华文教育和汉语国际传播协同传新平台。两岸同胞同属中华民族,血同缘、书同文、语同声,构建两岸同胞和海外侨胞华文教育和汉语国际传播协同传新平台,有利于两岸同胞在文化认同和民族认同的基础上超越政治分歧,聚同化异,增进相互了解,融洽彼此感情,共同推动汉语和中华文化传播的融合和创新,也更好地造福于广大海外侨胞,将全世界的华侨华人与海峡两岸更紧密地联系在一起,形成海内外中华儿女共促两岸关系和平发展和实现祖国统一的局面。

要充分发挥海外华侨华人的作用。我们有 6000 万海外侨胞遍布在世界各地,活跃于居住国的政治、经济、文化、社会等领域,是一个集人力、资本、政治、文化、科技、信息等于一体的资源系统,是中国走向世界和融入世界丰富而宝贵的资源。华文教育、华人社团、华文传媒一直以来是中国语言文化海外传播的重在载体,华侨华人是居住国推广汉语和中华文化的主力军,汉语国际传播理应更加重视发挥海外华侨华人的积极作用。

当今互联网技术和大数据时代为汉语国际传播的舆情分析和决策判断提供了便捷条件和有力支持。为顺应这一时代发展潮流,由厦门大学海外教育学院、厦门大学两岸关系和平发展协同创新中心共同策划推出了《汉语国际传播热点透视》系列丛书。该系列丛书作为"2016 年专业学位研究生教学案例库建设项目"的阶段性成果,以"大数据背景下的舆情分析与决策支持"为主旨,在广泛汇聚当今海内外各类传媒有关汉语国际传播的信息资源基础上,对监测收集到的海内外舆情数据进行鉴别、萃取、分析和解读,对提炼出的热点问题进行综合研判,通过"加工"实现数据资源的"增值",从而为应对汉语国际传播的社会舆情提供决策参考和智力支持。值得一提的是该丛书还邀请包括两岸知名学者在内的海内外相关学科领域的专家对这些热点问题进行透视分析和精辟点评,体现了两岸和海内外学者跨学科的协同创新。衷心希望本套系列丛书的出版,能为汉语国际传播事业添砖加瓦,做出一点应有的贡献。

目录
MULU

一、"一带一路"的语言战略 ·· 1

  相关报道 ·· 1

    中国语言智库联盟正式成立 ·· 1

    "一带一路"战略"带"出核心区语言战略新机遇 ··················· 2

    "一带一路"带动跨境濒危语言研究 ······································· 4

    "一带一路"亟需语言资源的互联互通 ··································· 6

    为"一带一路"战略铺好"语言之路" ····································· 10

    语言智库如何建? 学者:推进"一带一路"语言沟通是基础 ··· 12

    "一带一路"建设的语言需求及服务对策 ······························ 13

    "一带一路"催生多样化语言服务 ··· 21

    "一带一路"沿线国家语言国情手册关注汉语状况 ··············· 23

    中阿文化交流数据库暨"一带一路"上语言系列丛书发布 ····· 24

    第三届中国周边语言文化论坛举行 ······································· 25

  延伸阅读 ··· 26

    "一带一路"建设:提高国家语言能力迫在眉睫 ·················· 26

    服务于"一带一路"的语言规划构想:国内国外语言生活两手抓 ········ 28

    "一带一路"需要合适的话语体系 ··· 35

二、推进语言战略研究 塑造战略语言 ································· 39

  相关报道 ··· 39

    第三届国家语言战略高峰论坛在南京大学召开 ·················· 41

    《语言战略研究》创刊号首发,语言学者聚焦"一带一路" ····· 41

    语情研究需要注入"战略思维"——访北京语言大学党委书记李宇明 ····· 43

语言战略与语言政策研究渐成体系 ……………………… 45

语言服务是"一带一路"的基础保障 ……………………… 47

陆俭明:语言能力事关国家综合实力提升 ………………… 48

"一带一路"的语言战略——国家战略 …………………… 50

"语言研究与国家战略"成为当前研究重点 ……………… 53

语言规划方兴未艾:实现语言互通,推进"一带一路"建设 ……… 54

延伸阅读 ………………………………………………… 56

在推进国家语言战略中塑造战略语言 …………………… 56

全球化背景下的语言战略 ………………………………… 71

中国表达提升文化软实力 ………………………………… 77

三、中国语言资源保护工程稳步推进 ……………………… 81

相关报道 ………………………………………………… 81

教育部、国家语委启动中国语言资源保护工程 ………… 83

中国构建国家"语言资源库"守护多样民族文化 ……… 83

人大代表建议保护汉语方言与少数民族语言 …………… 84

中国语言资源保护工程调查点年内覆盖全国 …………… 86

"语保工程"维系文化和情感的纽带 …………………… 87

从战略高度看待语言多样性 ……………………………… 88

保护民族语言,正与时间赛跑 …………………………… 89

"世界语言地图"拯救濒危语种 ………………………… 93

普通话与方言如何相得益彰 ……………………………… 95

我国濒危语言保护的困境与出路 ………………………… 97

延伸阅读 ………………………………………………… 100

把语言作为资源来认识 …………………………………… 100

中国语言资源保护工程的缘起及意义 …………………… 101

四、两岸语言文字交流合作机制已经基本形成 …………… 111

相关报道 ………………………………………………… 111

两岸合编中华语文工具书成果在南京发布 ……………… 113

互通共融,搭建两岸语言文字交流新平台——首届"两岸语言文字调查

研究与语文生活"研讨会在福州召开 ………………… 113

《汉字简繁文本智能转换系统》发布,推进两岸文化交流 ……… 114

两岸合编《中华语文大辞典》在台湾发布 ………………………… 115

国台办:继续推动和深化两岸语言文字交流合作 ……… 117

大陆词语在台湾:从"进入"到"融入" ………………………… 118

谈两岸文字的统合 ………………………………………………… 121

两岸语言被汉语拼音统一的文化思考 ………………………… 125

两岸统一,文字先行——汉字简繁之我见 ………………… 126

延伸阅读 ………………………………………………………… 129

台湾"拼音大战"的历史,两岸拼音为何大不同 ……… 129

另一种凝视——网络时代,加速两岸文字趋同 ……… 131

架设海峡两岸交流的桥梁——访《中华语文大词典》大陆版主编李行健 … 133

五、倡导母语教育 发展语言文化多样性 ………………… 142

相关报道 ………………………………………………………… 142

2016 国际母语日的主题:优质教育、教学语言和学习效果 … 143

联合国倡导"多语制框架下的母语" ………………… 143

重拾汉语的母语自信 …………………………………………… 145

培育母语情感,重视母语文化 ………………………… 147

从各国课程标准和教学大纲透视母语教育 ……… 149

周国平:母语是教育的起点 ………………………… 152

中国母语教育的困境和未来 ………………………… 153

美国如何进行母语教育 …………………………………… 159

最好汉学研究在日本,中国母语教育是否引起重视? … 162

延伸阅读 ………………………………………………………… 165

在母语的屋檐下 …………………………………………………… 165

语言、经典与传统——对于母语教育的另一种思考 … 171

六、互联网时代对语言的影响 ………………………………… 182

相关报道 ………………………………………………………… 182

当语言遇上互联网:网络语言学应时而生 ……… 182

互联网＋语言:增强语言影响力的有效途径 ……… 183

国内首个语言大数据联盟成立,大数据量级加码 ……… 184

亮计算机利剑，展汉文字雄风 ·················· 186

数字鸿沟？互联网仅支持全球 5% 的语言 ·············· 192

汉语拼音融入互联网，揭秘它前世今生的魅力 ··········· 194

网络如何改变语言 ······························ 196

新时代浪潮中的社会语文生活 ··················· 198

延伸阅读 ································· 200

网络时代汉字生态环境之辩 ··················· 200

网络时代的"语言暴动" ······················ 205

拥抱"互联网＋"时代的教育变革 ··············· 212

一、"一带一路"的语言战略

"一带一路",语言先行,"一带一路"所有愿景和规划的实施,都要以语言沟通为基础。语言相通,才能谈及经贸往来,文化交流,文明互鉴,民心相通。

相关报道

中国语言智库联盟正式成立

11 月 2 日,"一带一路语言能力建设研讨会暨中国语言智库高峰论坛"在江苏徐州举行,来自 31 所高校、23 个科研机构的专家学者经过集中讨论,达成共识,成立中国语言智库联盟,构建国家语言服务的完整体系,形成了促进中国语言智库协同发展的《中国语言智库联盟共识》。教育部副部长杜占元,副省长曹卫星会见了中国语言智库联盟的专家组成员。

语言是信息传递、文化传承,以及沟通交流的工具,语言相通才可能谈及经贸往来、文化交流、文化互鉴、民心相通。在世界多极化、经济全球化、文化多样化、国际关系民主化的时代背景下,国家"一带一路"战略推进即为语言及相关事业带来了前所未有的发展机遇也带来全新的挑战。按照"一带一路"目前的规划路线,其沿线国家达到 64 个(中国除外),这些国家所使用的国语及官方语总共约 60 余种,同时还有数量繁多的民族语言。面对如此复杂的语言环境,如何解决当前语言服务能力较低的状况,是摆在各智库面前的首要问题。在时间紧迫、工作量巨大的前提下,单个智库必然无法解决这一问题,这就迫切要求各语言智库协同行动,避免重复建设,利用各自的优势,构建国家语言服务的完整体系。

记者了解到,智库总体服务水平较低,使成立语言智库联盟成为必然趋势。目前国内语言智库主要是依托教育部社科重点研究基地或者地方研究机构成立的具有某一个方向语言智库功能或性质的单位,有的偏重外语教育,有的偏重外语战略,有的偏重文字的规范和管理,各语言智库各自为战,很难满足为国家服务的需求,无法对国家的重大决策提供全面的支持。因此,成立中国语言智库联盟势在必行,通过协同创新机制联合各语言智库共同打造更大的语言智库平台,产出更多服务国家重大需求的语言决策建议。

中国语言智库联盟由教育部语言文字应用研究所和语言能力协同创新中心联合牵头发起,联盟共有理事单位25家,均为国内语言方面的高端智库。其中语言能力协同创新中心首先提出了"语言能力"的概念,在世界语言大会中做了大量细致的工作,并将"语言能力"这一概念写入了世界语言大会达成的《苏州共识》之中,获得了广泛的认可。联盟成立后将为国内语言智库机构搭建信息、资源、成果共享的交流合作平台,提高各语言智库之间的协同创新能力。不仅如此,联盟还将推动我国语言学基础研究和应用研究的科研创新,推动语言智库的人才培养、科学研究和学科建设,搭建国内外语言智库交流平台。更为重要的是,成立语言智库联盟可以集中优势资源协同攻关,以满足国家重大需求为突破口,为国家政府提供语言政策建议,推动智库研究与政府决策良性互动。

在为期两天的论坛上,来自全国20个智库单位和25所高校的与会代表就成立语言智库联盟发表了看法,并经过集中讨论,提出创办《语言智库》杂志,作为语言智库联盟的机关刊物,编辑部设在语言能力协同创新中心,刊物主要围绕语言服务为国家提供决策参考。不同于其他语言学杂志,《语言智库》形式更加灵活、针对性更强,刊登语言智库相关的科学研究文章,推荐兄弟刊物智库研究成果,摘译国际最新智库动态。同时,结合当前的热点,不定期出版内部文稿,直接为国家相关部门提供决策咨询建议等,更好的为国家提供决策参考。《语言智库》将为高端语言智库的打造、高水平智库研究成果的培育、语言智库领域的交流合作,以及国家软实力和话语权的提升提供专业的平台支撑。(中国日报网2015.11.2)

"一带一路"战略"带"出核心区语言战略新机遇

国家正式发布《推动共建丝绸之路经济带和21世纪海上丝绸之路的愿景与行动》以来,"一带一路"战略构想由政策规划进入具体行动阶段。伴随"一带一路"战略沿线不同国家、不同地区间的区域经济、社会、文化等方面合作交流的深入开展,语言在实现"一带一路"建设的"五通"中发挥的互联互通作用日益凸显。党的十八届五中全会会议报告中提出,"开创对外开放新局面,必须丰富对外开放内涵,提高对外开放水平,协同推进战略互信、经贸合作、人文交流,努力形成深度融合的互利合作格局"。要实现多方面深度融合的互利合作格局需要语言战略研究的支持。

2015 年 10 月 28 日,《国家语委"十二五"科研规划》2015 年度科研立项正式公布,《"一带一路"核心区语言战略研究》获重大科研项目立项。这是继提出"语言战略是国家发展战略的有机组成部分"这一命题以来,国家语言文字工作委员会又一次将语言学领域的学术研究与国家重大发展目标相结合的重大举措。"一带一路"战略涉及的国家、民族、语言众多,仅"丝绸之路经济带"核心区就与中亚 8 个国家接壤,是个多语种、多文种的地区。世界主要七个语系中有阿尔泰语系、汉藏语系、印欧语系等三大语系的语言汇集在这里,覆盖了蒙古、哈萨克斯坦、吉尔吉斯斯坦、塔吉克斯坦、俄罗斯、乌兹别克斯坦等与"一带一路"核心区关联的多个国家,语言问题更加复杂。

"一带一路"国家重大发展战略以经济为主,在通过亚投行带动中国经济走向世界这一过程中,必将会遇到法律、经贸、旅游、文化、教育等多个层面的语言问题。《"一带一路"核心区语言战略研究》课题组注意到:实施和推进"一带一路"国家战略,核心区的语言政策和规划面临着新的布局和挑战。由于丝绸之路经济带核心区与中亚各国有着共同的跨境民族语言资源,语言优势独特,同时语言问题也十分复杂。跨境语言问题研究是"一带一路"核心区语言战略研究的重点。《"一带一路"核心区语言战略研究》课题组在报告中指出,"一带一路"核心区语言问题要从宏观上考虑,厘清语言政策与语言发展战略的关系。核心区内,着力于双语教育、少数民族濒危语言保护和服务核心区发展战略等语言问题的调查研究,制定语言政策;核心区外,语言发展战略研究涉及"一带一路"核心区的跨境民族语言、语言文化交流传播等问题,需要从宏观的角度来总体考虑面向中亚、南亚、西亚的"五通"语言(即为政策沟通、设施联通、贸易畅通、资金融通、民心相通服务的语言)的发展问题。展开"五通"语言研究和多元文化交流传播研究,不仅将助力于促进"一带一路"核心区沿线政治、经济、文化等各项事业的发展,更将对"一带一路"发展战略全局产生深远影响。

"五通"语言人才的培养是"一带一路"发展战略实施的人员保障。根据《关于积极推进"互联网 +"行动的指导意见》的精神,在"互联网 +"思维下,《"一带一路"核心区语言战略研究》提出开展双边、多边的互联网国际交流合作,在核心区建立专门语言人才培养制度,设立人员语言培训机构,综合政府、企业、社会及学校等力量加强语言研究及语言应用研究,并紧密结合互联网技术的成果,实施"互联网 +"行动计划,积极拓展网络发展新空间,推进数据资源开放共享,共同搭建"互联网 +"模式下的"语言公共服务 + 语言咨询服务"平台。"一带一路"核心区语言战略研究将为"一带一路"核心区经济建设提供服务,为实现"一带一路"战略的

"五通"服务。（邢欣，中国传媒大学文法学部汉语国际教育推广研究所教授，博士生导师，国家语委重大项目《"一带一路"核心区语言战略研究》负责人；苗德成，中国传媒大学文法学部博士生；大公网2015.12.16）

"一带一路"带动跨境濒危语言研究

国家主席习近平提出建设"新丝绸之路经济带"和"21世纪海上丝绸之路"的战略构想，"一带一路"是依靠中国与有关国家既有的双多边机制，主动地发展与沿线国家的经济合作伙伴关系，打造利益、命运、责任的共同体。"一带一路"途经65个国家和地区，涉及国家的国语或国家通用语近50种，再加上这一区域民族或部族语言，共不下200种，这些语言均应当列入"一带一路"语言规划的项目单中。正如李宇明教授所说"'一带一路'需要语言铺路"。

跨境濒危语言是关注和研究重点

在"一带一路"沿线的诸语言中，跨境濒危语言应是关注和研究的重点。跨境濒危语言包含两个要素：跨境和濒危。跨境语言指分布在相邻国家同一语言的不同变体。与中国接壤的"一带一路"上的国家有14个，相关跨境而居的少数民族有33个，跨境分布的语言约有50种。这些跨境语言并非都是濒危语言。濒危语言指的是使用人口比较少、使用功能衰退、少年儿童不再使用、在两三代人之内消亡的语言。戴庆厦教授提出了建立量化的多项综合指标体系定位濒危语言的设想。这一综合指标体系包含丧失母语人口的数量比例、青少年语言使用者在语言社团中所占比例、语言使用能力、语言使用范围、族群的语言观念、语言结构系统的衰退等与语言使用功能相关的诸多因素。

依据跨境和濒危这两大核心要素，"一带一路"沿线中国跨境濒危语言共有14种，使用这些语言的是怒族、独龙族、仡佬族、塔塔尔族、鄂温克族、鄂伦春族、赫哲族等跨境而居的少数民族。相关的周边国家包括缅甸、越南、印度、俄罗斯、哈萨克斯坦、蒙古国，涉及的语系有汉藏语系和阿尔泰语系。汉藏语系的藏缅和侗台两个语族中都有跨境濒危语言。藏缅语族又涉及彝语、景颇语和缅语三个语支，它们分别是彝语支的柔若语（缅甸）；景颇语支的独龙语（缅甸）、阿侬语（缅甸）；缅语支的浪速语（缅甸）、勒期语（缅甸）。另外，珞巴语（印度）和格曼语（印度）也属于藏缅语族的跨境濒危语言，只是语支待定。汉藏语系侗台语族主要有仡佬语（越南、缅甸）、普标语（越南）和拉基语（越南）三种跨境濒危语言。阿尔泰语系中，突厥语族和满—通古斯语族中都有跨境濒危语言，它们是突厥语族中的塔塔尔语（俄罗斯、哈萨克斯坦),满—通古斯语族中的鄂温克语(俄罗斯、蒙古)、鄂伦春语(俄罗斯)和赫哲语(俄罗斯)。

中国跨境濒危语言特点

中国跨境濒危语言有如下特点:①用跨境濒危语言的境外国家缅甸、越南、印度、俄罗斯、哈萨克斯坦、蒙古国都是"一带一路"上的国家。其中,俄罗斯、蒙古国属于"中蒙俄经济带",沿线国家,缅甸、越南、印度属于"中国—南亚—西亚经济带"沿线国家,哈萨克斯坦属于"新亚欧大陆桥经济带"沿线国家;②南部跨境濒危语言数量多,北部地区则数量少,仅有塔塔尔语、鄂温克语、鄂伦春语和赫哲语;③藏语系的跨境濒危语言数量多,阿尔泰语系数量少,其他语系基本没有。与中国南北部跨境濒危语言分布不均一致的是,不同语系包含跨境濒危语言的数量也是多寡不一的。属于汉藏语系的跨境濒危语言分布在我国南部地区,数量相对较多;属于阿尔泰语系的跨境濒危语言分布在我国北部地区,数量相对较少;④使用该语言的跨境少数民族基本上都是有语言,无文字。在这 14 种跨境濒危语言中,只有塔塔尔族有阿拉伯字母的文字,其他民族都没有本民族的文字。文字是语言的记录符号,濒危语言的形成与没有可记录本民族语言的文字有直接关系。

目前,内蒙古、新疆、西藏、云南、广西边疆边境地区语言状况的调查研究已启动。对沿线国家和地区的语言考察中,跨境濒危语言的研究应放在首要地位,因为这些语言都是中国与相关国家语言联系的纽带和桥梁。跨境濒危语言的研究与国家"一带一路"的战略构想契合,具有重要的研究价值。相关研究能为国家语言规划、语言政策的制定提供学术依据。《国家中长期语言文字事业改革和发展规划纲要》(2012 ~ 2020 年)和《国家语委"十三五"科研规划》把少数民族濒危语言抢救,特别是跨境少数民族语言使用现状调查作为主要工作,对"一带一路"沿线跨境濒危语言加以研究符合国家的战略要求。周边国家对跨境濒危语言的认识态度,以及他们由此制定的语言规划和语言政策,都可以为我国相关政策的出台提供借鉴和参考。跨境濒危语言是中国与周边国家的一个交集,对民族语言及地域文化的调查研究,可为该地区的语言文化建设服务,并带动地方经济(如旅游业)发展,同时也促进中国与相关国家文化上的友好交流,并最终服务于"一带一路"战略。抢救性记录和保护跨境濒危语言是保护少数民族非物质文化遗产的需要,保护该语言的同时,也保护了他们的文化,有利于民族团结。(史维国,黑龙江大学文学院)
(《中国社会科学报》2015.11.26)

"一带一路"亟需语言资源的互联互通

语言是人类最重要的交际工具和信息载体,是文化的基础要素和鲜明标志,是"了解一个国家最好的钥匙"。随着"一带一路"国家重大战略的提出,语言的重要功能愈加凸显。"一带一路"建设的关键是政策沟通、道路联通、贸易畅通、货币流通、民心相通等五大领域的互联互通。"五通"实现的基础是语言互通。语言互通不仅是实现"民心相通"的根本保障,也是服务互联互通建设的重要支撑。

粗略地算,"一带一路"沿线65个国家大致包含50多种国家通用语和200多种民族语言。这些语言大多都是非通用语种。目前我国面向非通用语种的语言资源匮乏,语言教育薄弱(国内大约只能开设20门非通用语种的课程,其中很多语种只有1所高校能够开设),语言人才奇缺,语言服务滞后,远远不能满足"一带一路"语言互通的需要。语言资源特别是非通用语种资源已成为国家发展不可或缺的战略资源,"一带一路"亟需语言资源建设。信息化时代为建设语言资源、实现语言互通提供了先进的技术条件。党的十八届五中全会强调实施"互联网+"行动计划和国家大数据战略,与此相应,基于大数据与"互联网+"的"一带一路"语言资源的开发、共享与应用成为服务国家战略的迫切要求。

"一带一路"语言资源建设的目标

"一带一路"语言资源建设应该覆盖沿线国家全部语种,特别是"关键语言"或"战略语种"。建议国家从"一带一路"语言资源的开发、共享与应用三个层面出发,着力组织和实施"三大工程",即"一带一路"的"语言资源库"(简称"资源库")工程、"语言文化博物馆"(简称"博物馆")工程和"语言通"工程,全方位构建"一带一路"语言资源的系统工程。

"资源库"工程致力于收集和开发沿线国家所有语言及与语言相关的资源,针对每种语言分别建立原始语料库、标注语料库、语言知识库、语言教学与研究信息库、语言国情信息库、语言人才信息库、语言文化资源库等,为语言教学与研究、语言文化交流、语言智能产品开发以及各类语言产业和社会语言服务提供基础数据和资源。

"博物馆"工程致力于展示沿线国家所有语言的基本面貌及使用情况,陈列以语言为载体的富有民族特征或地域特色的各类文化样态,通过虚拟数字博物馆等方式传播中华语言文化,介绍沿线各国语言文化,实现语言资源的共用共享。

"语言通"工程致力于研发多语种多功能的语言智能产品,包括面向各个语种的机器翻译、语言现代教育技术、语言实时监测等高科技产品,重点解决"一带一路"复杂语言环境下的跨语言沟通障碍问题、语言学习自动化问题以及非传统安全威胁问题等,为社会提供多样化的语言技术服务。

"一带一路"语言资源建设的使命

服务互联互通。首先,没有语言互通,互联互通难以实现。实现语言互通最便捷的途径是机器翻译,而机器翻译的最重要基础是建立基于大数据的语言资源库,特别是非通用语种资源库,在此基础上建设"语言通"工程。通过智能化的机器翻译产品,随时随地享受专业翻译服务,迅速打开各国之间的语言屏障,实现互联互通。

其次,互联互通最终要落实在"民心相通"上,这就需要架起各国人民之间的"心灵之桥"。"改革开放 37 年来,中国发生了翻天覆地的变化,中国同世界的联系更加紧密,国际社会了解和认识中国、中国了解国际社会的需求在持续增加。"在"资源库"的基础上建设"博物馆",充分挖掘各国典型的语言文化资源,并采用生动、逼真的现代技术进行展示和演绎,在讲好中国故事的同时,也讲述世界故事,可以让人们在人类语言文化的互鉴中实现文化共享、心灵互通。

再次,语言教育和语言学习是实现语言互通的基本方式,面向大数据的语言教育技术是语言教育未来的发展方向。"资源库"建设可以为现代语言教育提供丰富的资源,提升语言学习效果。对于非通用语种的教学和学习来说,语言资源库的作用尤其重要。基于大规模语言资源库的语言现代化教育有望真正提升人的语言能力,培养更多的语言人才,更好地服务"一带一路"沿线国家的互联互通。

最后,"一带一路"互联互通离不开语言人才,既需要懂得沿线国家语言的中国人才,也需要沿线国家懂得汉语的外国人才。"资源库"能够提供掌握"一带一路"沿线国家各种语言的人才信息,也能够提供沿线各国掌握汉语的人才信息,为"一带一路"互联互通建设提供充足的人力资源信息保障。

服务国家安全。随着"一带一路"建设的推进,多元文化碰撞愈发激烈,非传统安全问题凸显。我国边疆一些跨境民族与境外使用相近的语言,常常受到境外敌对势力的影响,语言文化"倒灌"现象严重。语言问题已经从一般问题上升到国家安全问题。世界上很多大国都重视语言与国家安全之间的密切关系,美国在"9·11"之后推出的"关键语言"项目,就将相关语种的资源开发和研究提升到国家安全战略层面。

建设"资源库"和"语言通"工程,实现中外语言特别是非通用"战略语种"的自动翻译,有助于及时发现不稳定因素,迅速应对紧急事件,在防范、预警和化解非传统安全威胁过程中,发挥无可替代的情报价值,保障国家安全稳定。

服务文化传承。随着现代化、全球化的不断深入,大量语言急剧萎缩,依托于语言的许多文化样式濒临灭绝。"一带一路"沿线国家拥有丰富的语言文化资源,如果不加以保存,任其衰亡,将是人类无法弥补的损失。在这种形势下,"博物馆"工程的建设迫在眉睫。当前国内外还没有专门的中国语言文化博物馆或世界语言文化博物馆。建议在"资源库"基础上,对包括中国在内的沿线国家丰富的语言文化资源进行挖掘,特别是对濒于消失的口传文化与书契文化等非物质文化遗产加以保存,建设"一带一路"沿线各国语言文化数字博物馆,这对人类语言文化的传承和"民心"的相融互通不无裨益。

服务经济发展。近年来,语言产业伴随着全球化进程迅速发展,已成为未来经济发展新的增长点。据统计,我国大约有 120 万人从事语言产业,翻译和本地化业务年产值约 120 亿元。大力开展"一带一路"语言资源建设,充分挖掘和利用"资源库""博物馆"和"语言通"的经济价值,可以带动各类语言产业和语言经济的发展,为我国以及沿线国家提供更多更好的语言服务,为社会科技进步、经济腾飞助力。

"一带一路"语言资源建设的途径

"一带一路"语言资源建设是一个系统工程,融计算机科学、语言学、心理学、脑科学、认知科学、人工智能、自动化控制等多学科于一体,不仅需要科技与人文学科间的协同创新,还需要沿线国家以及世界范围的合作建设。其实现途径至少包括四方面:

一、进行战略规划。"一带一路"语言资源建设工程浩大,需要从国家层面统一组织实施,加强顶层设计和宏观战略规划,并给予持久的政策支持和课题投入。以俄罗斯为例,其国防部负责确定国防领域的关键外语语种,在高校储备的外语资源多达 145 种,涉及 9 大语系,语种覆盖世界各个国家和地区,基于语言资源的国别与区域等研究也取得很大成果。而我国语种资源储备明显不足,国内高校能开设的课程不超过 70 个语种,而且语言资源建设大都停留在语言教学阶段,在国别与区域研究等方面相对滞后,难以充分满足国家战略发展需要。因此,建议国家制定"'一带一路'语言资源建设规划纲要",明确语言资源开发的目标和顺序。比如,先确立一批与国家安全和对外经贸联系密切的战略语种(包括阿拉伯语、缅甸语等),或在区域和经济上地位重要的关键语种(包括印尼语、泰国语等),优先开发其语言资源。与此相应,建议在"一带一路"建设基金中设立语言资源建设配套项目资金,组织重大课题,开展分国别、分语种的系列研究和资源开发,提出明确的研发要求和评估标准,从政策和制度上保障语言资源建设的持久推进。

二、整合现有资源。当前国内一些高校和研究机构对沿线国家部分语言及语言国情开展过调查研究,积累了一些语料和数据信息,建立了不同用途和规模的语料库或数据库。比如北京语言大学陆续建设了汉语中介语语料库、多国语翻译平行语料库、语言大数据 BCC 语料库、面向语言信息处理的基础资源库等多种语言资源库。上述不同类型的语言资源库和相关数据分散在不同的研究机构和专家手里,难以共享和利用。建议国家统筹现有的语言资源,将所有与沿线国家语言文化资源有关的项目和成果整合起来,进行二次开发和盘活使用,提升既有资源的利用率。

三、开展跨国合作。"一带一路"语言资源建设是一项跨国工程,需要开展广泛的国际合作,特别是与沿线国家的互利合作,建立共建共享的资源库平台。

首先,可以充分利用来华留学生和汉学家资源。比如,有"小联合国"之称的北京语言大学每年都有来自世界各国的 1 万多人次在此学习汉语和中华文化,目前已为世界上 183 个国家和地区培养了几十万名留学生,与世界上 58 个国家和地区的 321 所大学及教育机构建立了合作交流关系,其汉语教育几乎涵盖了"一带一路"沿线所有国家,培养了大量国际知名汉学家和社会各界知名人士,校友中包括总统、总理、外长、大使等国际政要和官员。这些人才资源不仅是语言资源建设的内容和对象,而且可以成为语言资源的采集者、建设者和传播者。如果把沿线各个国家的汉学家引进语言资源建设工程,统一部署,分头行动,那么语言资源建设就会立竿见影,事半功倍。

其次,可以充分依托孔子学院和孔子课堂平台。当前沿线大部分国家都设立了孔子学院或孔子课堂,除了开展汉语教学和中华文化传播之外,孔子学院还应该成为合作研究和学术交流的平台。比如,利用孔子学院的教师和学生资源,成立若干语言资源研发机构,采集当地人语言,调查当地语言国情,挖掘具有民族和地域特征的语言文化资源等。再如,依托国家汉办"孔子新汉学计划"和各类"奖学金"项目,资助与语言资源建设有关的课题研究、进修访学、联合科研等。

最后,可以充分发挥中国留学生的作用。沿线很多非通用语种的国家都有中国留学生在学习当地语言和相关专业,这些学生数量不多,比如,也门共和国目前只有几十名中国留学生,这些人可成为国家未来的语言人才。可将这些学生纳入语言资源建设的队伍中,在语言资源采集加工、语言国情调查和研究等方面充分发挥其作用。

四、运用前沿技术。在大数据和"互联网＋"的时代背景下,"一带一路"语言资源建设应该充分运用各种前沿技术手段。比如,可以综合利用语音识别技术、图形图像技术、声光电展示技术、虚拟现实技术以及各种新媒体技术,开发大数据的语言文化资源库和语言资源在线采集及处理服务平台,研发多通道交互语言模型,推送原始语料、标注语料、语言知识、语言文化样态陈列、语言文化体验游戏等多种专题。可以建立"一带一路"语言大数据增值服务机制,开发面向智能手机的"语言通"服务客户端,为沿线国家的各界人士提供语言采集、在线翻译、知识和信息专题、语言学习和评测、语言实时监测等各种语言大数据增值服务,满足"一带一路"建设中的多种语言需求。

结语

"一带一路"建设的关键是互联互通,互联互通的基础则是语言互通。当前我国面向"一带一路"沿线国家非通用语种的语言资源严重匮乏,已成为影响互联互通的突出障碍,迫切需要国家层面组织和开展"一带一路"语言资源建设。"一带一路"语言资源建设应该覆盖沿线国家全部语种,充分利用现代信息技术手段,从语言资源的开发、共享与应用三个层面出发,组织实施"一带一路"的语言资源库工程、语言文化博物馆工程和"语言通"工程。为此,一要进行战略规划,二要整合现有资源,三要开展跨国合作,四要运用前沿技术,全方位建设"一带一路"语言资源的系统工程,实现服务互联互通、服务国家安全、服务文化传承和服务经济发展的重要使命。(聂丹,北京语言大学教授、博导、校学术委员会秘书长。研究方向为汉语语言学、语言测试、语言规划;本文在编辑过程中,文章中的原文引用等处略有删节)(《人民论坛·学术前沿》2015 年 11 月)

为"一带一路"战略铺好"语言之路"

由宁夏大学主办的 2015"一带一路"战略与中国语言文化对阿传播高峰论坛10 月 12 日在银川举办,来自清华大学、北京大学、北京外国语大学、北京语言大学、南开大学、中央财经大学、宁夏大学等高校以及中国教育部、国家汉办等专家学者出席了论坛。

随着中国文化"走出去"战略和国家"一带一路"战略的实施,宁夏作为古丝绸之路的重要节点,正努力打造"新丝绸之路经济带"的战略支点,成为中阿交流合作的桥头堡。当前,中国语言文化在"一带一路"沿线国家,尤其是阿拉伯国家迅速传播。本次论坛上,与会专家学者围绕如何更好地为服务国家"一带一路"战略和宁夏向西开放战略,中国语言文化如何在阿拉伯国家更有效的传播,以及如何制定国家语言文化政策来推动这一进程,提升中国文化软实力等话题做了主题报告及专题讨论。

北京语言大学党委书记、教授李宇明做主题报告发言,他指出"一带一路,需要语言铺路",语言是无形之路。共同规划道路、共同修建道路、共同使用道路,需先修建语言之路;贸易畅通、货币流通,更是离不开语言服务,需要语言支撑。他建议,尽快启动"一带一路术语研究",制定有关术语使用与翻译原则,提供具体翻译词表,及时为社会提供语言咨询服务。

清华大学、广东外语外贸大学教授罗选民发言时说,中国文化传播要走国际化的道路,与世界其他文化平等对话和交流是关键所在。一带一路,语言铺路,而翻译是语言铺路的先锋。他认为,在全球化的语境中,在不损害中国文化精神的前提下,以最合适的方式来解读和翻译最合适的典籍材料,从而达到消解分歧,促进中外文化的交流,极大地满足西方受众阅读中国典籍的需要。

宁夏大学副校长王燕昌说,语言规划与语言政策研究是社会语言学中一个重要的学科方向。面对多变的世界语言文化组合新形势,中国的语言文化传播与传承面临着巨大的机遇和挑战,如何利用好这一趋势,让中国语言文化在"一带一路"沿线国家尤其是阿拉伯国家迅速传播,以此充分发挥语言文化在当前国际合作中的"相通"作用,提升中国文化软实力,值得深入研究并付诸积极实践。他说,今后宁夏大学将进一步促进语言规划与语言政策研究和中国语言文学、外国语言文学、汉语国际教育、民族学等学科交叉融合,并以对阿语言文化传播为先导,产生出一批标志性成果,积极服务国家"一带一路"战略发展。

全国政协委员、中国编辑学会会长郝振省分享了两大古老文明的时代交融发展历程,并就中国文化对阿传播的深厚基础、必要性提出了意见和建议。

民心相通,在于语言文化的融通。本次论坛的召开加强了中国语言文化的学术交流,提升了对阿传播的先进理念,推进了相关传播策略顶层设计的研究水平,助力宁夏充分发挥民族和区域优势,服务"一带一路"战略,也进一步强化了打造面向阿拉伯国家开放交流平台建设。期间,还举办了宁夏大学语言规划与语言政策研究所成立十周年学术研论会暨首届语言政策与语言文化圆桌会。(《中国日报》2015.10.12)

语言智库如何建？学者：推进"一带一路"语言沟通是基础

推进"一带一路"发展,应当语言先行。这是江苏师范大学校长兼"一带一路"研究院院长华桂宏教授日前接受记者采访时提出的观点。他说,"一带一路"所有愿景和规划的实施,都要以语言沟通为基础。

截至目前,我国对"一带一路"的规划和讨论在各个领域均广泛展开,特别是金融、贸易、基础设施建设等方面已经开始了很多大手笔的举措。但是有一个问题最容易被忽视,却又最不应该被忽视:"一带一路"所有愿景和规划的实施,都要以语言沟通为基础。语言相通,才能谈及经贸往来、文化交流、文明互鉴、民心相通。

按照"一带一路"目前的规划线路,沿线国家包括中国在内达65个,各个国家使用的国语及官方语总共60余种。而我国目前尚未有高校开设的语种有18种,只有1所学校开设的语言有20种,这两个数据加起来就占了全部语种的三分之二。

华桂宏告诉记者,其实,"一带一路"面临的语言问题远不止这些。以菲律宾为例,其境内除了国语和官方语之外,使用人口超过百万的民族语言就有十几种,如他加禄语、宿务语、伊洛卡诺语等。再如尼泊尔,其14.7万平方公里的土地上拥有的语言种类竟达122种之多,分属印欧语系、汉藏语系、南亚语系、达罗毗荼语系等四个语系的不同语族。可以说,了解这些国家的语言国情和语言人才培养状况,是解决"一带一路"语言问题的前提和基础。

同时担任语言能力协同创新中心理事长的华校长表示,近年来,江苏师范大学着重致力于"一带一路"沿线国家语言、国情、人才现状调查和"一带一路"沿线国家汉语人才培养和储备现状调查,以及语言、国情和语言人才数据库、档案库建设;"一带一路"语言服务和语言人才培养国家应急体系建立;"一带一路"语言通等语言服务实用平台建设等,从各个层面切实解决"一带一路"语言问题,提供实用的语言服务。

这一年多的时间里,华桂宏体会到在时间紧迫、工作量巨大的前提下,为了"一带一路"的实施,构建语言服务宏大战略工程,各个高校单个智库必然无法解决这一问题,迫切要求各高校协同行动,避免重复建设,利用各自的优势,构建为国家重大战略服务的完整体系。

他说,以"语言智库联盟"为例,它正是响应国家打造新型智库的要求,以满足国家重大需求为突破口而形成的一种全新的智库联合体。目前国内语言智库主要是依托教育部社科重点研究基地或者地方研究机构成立的具有某一个方向语言智库功能或性质的单位,有的偏重外语教育,有的偏重外语战略,有的偏重文字的规范和管理,各语言智库各自为战,很难满足为国家服务的需求,无法对国家的重大决策提供全面的支持。因此,成立中国语言智库联盟势在必行,通过协同创新机制联合各语言智库共同打造更大的语言智库平台,产出更多服务国家重大需求的语言决策建议。建立语言智库联盟,也是增强协同创新,提升语言服务能力,实现智库形式创新的重要途径。更为重要的是,成立语言智库联盟可以集中优势资源协同攻关,以满足国家重大需求为突破口,为国家政府提供语言政策建议,推动智库研究与政府决策良性互动。

华桂宏向记者介绍说,中国语言智库联盟由教育部语言文字应用研究所和江苏师大语言能力协同创新中心联合牵头发起,联盟共有理事单位 25 家,均为国内语言方面的高端智库。联盟成立后将为国内语言智库机构搭建信息、资源、成果共享的交流合作平台,提高各语言智库之间的协同创新能力。

不仅如此,联盟还将推动我国语言学基础研究和应用研究的科研创新,推动语言智库的人才培养、科学研究和学科建设,搭建国内外语言智库交流平台。联盟将创办《语言智库》杂志,主要围绕语言服务为国家提供决策参考。不同于其他语言学杂志,《语言智库》形式更加灵活、针对性更强,刊登语言智库相关的科学研究文章,推荐兄弟刊物智库研究成果,摘译国际最新智库动态。同时,结合当前的热点,不定期出版内部文稿,直接为国家相关部门提供决策咨询建议。

而摆在记者面前的这本我国第一部服务"一带一路"的语言工具书——《"一带一路"沿线国家语言国情手册》,则是江苏师大用了短短的七个月时间协同国内外的专家编写出版的。最近在该校举办了"一带一路"语言能力建设研讨会暨中国语言智库高峰论坛,还有此前连续三年举办的中巴商务论坛,以及中巴经济走廊与"一带一路"国际学术研讨会等,为"一带一路"沿线国家和地区开展全方位、宽领域、深层次的开放合作提供了有力的智力支持与科技支撑。(《解放日报》2015.12.12)

"一带一路"建设的语言需求及服务对策

国家开始实施的"一带一路"发展战略,是一项以经济建设为主导的,促进沿线各国经济繁荣、政治互信、文明互鉴、共同发展,造福各国人民的伟大事业。可以推知,它不仅对我国及沿线国家各个方面产生巨大而深远的影响,而且也必将对世界经济、政治、文化格局产生一定的激荡。推进这项伟大事业,离不开语言保障。那么,"一带一路"建设中会有哪些语言需求?语言领域应该怎样提供相应的语言服务？怎样利用这个机遇，推进相关语言资源建设与开发利用，促进相关国家人文交流，发展语言产业、语言经济和语言事业？这是亟待研究的重大时代课题。本文略呈浅见，以引方家高论。

一、语言需求丰富多样

语言是交际工具，任何基础建设、经贸交往都离不开语言沟通。同时，语言又是文化载体和文化要素，是经济资源，是当代科技创新的要素，这都决定了"一带一路"建设在不同层面都需要语言支持。粗略地说，以下几个方面是可以预见的语言需求。

（一）语言文化融通需求

国家发展和改革委员会、外交部和商务部发布的《推动共建丝绸之路经济带和21世纪海上丝绸之路的愿景与行动》指出，"一带一路"建设的核心内容是"政策沟通、设施联通、贸易畅通、资金融通、民心相通"。而语言相通则是实现这"五通"的最重要基础之一。其基础性不仅表现在语言作为最重要的交流工具上，而且也体现在语言文化融通这一核心层面上。因为只有语言相通，才能有效沟通。只有有效沟通，才能实现相互理解、获得信任，别人才会支持你铺路架桥、经贸往来、合作发展。因此，"五通"的关键是要搭建人心联通桥。如果人心不通，任何合作都会寸步难行。通过语言文化交流，增进彼此了解、信任和友谊，探寻不同国家在文化、利益方面的契合点，促进文化互鉴和彼此认同，夯实民意基础，深植社会根基，可为经济合作和政治对话创造有利的条件。因此，语言文化融通是"一带一路"建设的基础工程、先导工程和民心工程。

在这一问题上，"一带一路"沿线国家也有相同的认识和诉求。阿拉伯国家联盟副秘书长本·哈里说："丝绸之路是中国与阿拉伯世界之间的通商通道，是不同文明、文化间沟通交流的桥梁和渠道。"也门前通信部长、前驻华大使穆阿里米指出："如今，全球化已成为世界的主旋律，在此背景下，包括中国在内的世界大国有责任保障世界的贫富均衡，而丝绸之路经济带正是一个良好的范式，是一条真正的'人文之路'，为发展中国家带来了利益。赚钱并不是国际贸易的唯一目的，各国更应该通过贸易建立一种人文关系，找到利益的契合点，关注不发达国家的关切，而这也恰恰是当前国际贸易中缺乏的人文价值观。"约旦前首相马贾利说："中国倡议的'一带一路'建立在合作和相互依存的共同利益基础之上，是一个创造性的举措。它得以激活阿中合作的共同点，便利沿途国家之间不断增多的货物和资本流动，加强安全基础上的货币合作，并通过密切语言、文化和文明等领域的交流突出人与人之间的关系，同时集中建设基础设施，如道路、桥梁和电力等，这些合作会使各国关系更密切,并超越政治分歧创造利益,实现均衡。"可见,文化交流与融通是相关国家的共同期待。其中,语言发挥的作用是不言而喻的。

事实上,古代丝绸之路就是语言文化通融的典范。古代丝绸之路之所以兴盛千年,其关键恐怕就在于物质流通和文化融通的相伴而行、相得益彰。中外史料和史家都充分证明,古代丝绸之路是中外文化交流、融通的重要通道。叙利亚东部的帕尔米拉(Palmyra)境内出土的属于公元一世纪的汉字文锦,足证"丝绸之路"输送到西亚甚至欧洲的不仅是丝绸等物品,带去的还有汉语汉字等文化。英国学者 G. F. 赫德逊指出,"由于欧洲进口了中国的色丝、瓷器、漆器、屏风和扇子,中国的装饰设计原理和远东独特的艺术想象力也为欧洲,尤其是为法国所熟悉。于是,中国的影响帮助形成了洛可可的风格……同时,有关中国制度的文字记述和中国经典作品的翻译,对法国启蒙运动的思想家也有影响。"而"在波斯古典文学中,常有描述中国帝王的故事情节。波斯文学还常把最美的美女比作中国姑娘,或称赞为出自中国画家之笔"。反之,域外语言文化对我国也影响巨大。东汉以来,佛教传入并本土化,形成了所谓"儒释道"鼎立之势;唐代,西域乐舞融入朝野日常生活,出现了诗人王建《西凉行》等诗篇所描述的"胡姬压酒,胡乐当筵"的市井风情;在元代,波斯语几成朝廷通用语之一,仅次于蒙古语和汉语,朝廷还设立了"回回国子学",教授波斯语,甚至一些地方接待国外客人还专门表演外语歌曲。语言的借用也记录了文化的交融,域外语言吸收汉语的"丝"、"茶"、"瓷"、"秦"、"船"、"钞"等,汉语吸收域外语言的"葡萄"、"狮子"、"佛"、"因果"等等,无不表明物质流通和文化融通的有机互动和成功结合。这些历史经验告诉我们,新时代"一带一路"建设,语言文化的融通也应是必不可少的。

我们还应清醒地看到,"一带一路"沿线国家众多,地缘复杂,各国历史、文化、宗教、民族、政治差异较大,加上一些历史问题的纠葛和现实因素的影响,"一带一路"建设也还存在一些不利的因素,甚至阻力。有学者分析我们在中亚面临的不利情况时指出,"对中国文化在中亚影响力的评估与认识上的偏差是影响中国文化走向中亚的心理障碍因素";"冷战结束后多种文化力量在中亚并存竞争是中国文化走向中亚的结构性障碍因素";"中亚孔子学院运作过程中存在的问题是中国文化走向中亚的现实障碍因素";"苏联解体后中国劣质商品大量涌入中亚及其产生的负面影响是中国文化走向中亚不容忽视的障碍因素"。尤其是近些年来在某些国家的炒作下,"中国威胁论"甚嚣尘上,给我国带来了较大负面影响。据 2009 年哈萨克斯坦的一项民调显示,认为可能对哈国构成威胁的国家排序是:中国 46.1%,不存在任何国家 25.6%,美国 22.7%,俄罗斯 7.3%,中亚邻国 6.8%,欧洲 3.6%。

2012年4月在16个城市开展的题为"您是如何看待进一步深化哈中政治与经济关系"的民意调查中,超过四分之一的被调查者对发展哈中合作关系持否定态度,另有27.7%的被调查者认为必须将同中国的关系降至最低程度,原因在于中国是哈国的威胁。这也从一个侧面表明,通过语言文化融通,化解误解,促进人心相通,对于"一带一路"建设的推进至关重要。

现实中也有很多以语言文化融通促经贸合作的成功范例。例如在土库曼斯坦,我国石油企业尊重当地文化,学习当地语言,积极为所在国培训企业管理人才和工人队伍,为当地公益事业作贡献,赢得了当地信任和支持,从而实现了民心相通基础上的经济效益和社会效益。这也表明语言文化通融的重要性及可行性。

(二)语言人才需求

"一带一路"建设的实施,促使沿线国家之间人员来往更加频密,各种深度合作日益增多,因而需要大量的精通沿线国家主体语言和相关地区语言的人才。就现实而言,由于我国长期主要聚焦于欧美语言,对"一带一路"区域的语言关注不多,准备不足,相关语言人才严重不足,这就使得"一带一路"建设的语言人才需求变得更为迫切。

其一,专门语言人才。专门语言人才不仅需要精通沿线国家的主体语言和相关地区语言、乃至部族语言,而且应当熟悉当地文化、制度、风土人情和地理,具有国际视野和跨文化交际能力,以满足各种复杂的语言需求。例如翻译、各类语言教师、语言策划师(服务于地区和企事业单位的语言规划及话语策划)、语言技术人员(语言信息处理人员、语言软件开发人员、语言资源建设和开发人员)、语言研究人员等。

其二,"外语 + 专业"的复合型人才。"一带一路"建设会带来大量工程技术人员、经贸人员、交通运输人员、法律政治人士、文学艺术工作者、历史地理研究者等跨国工作或在本国从事国际业务,因而,就这些人士而言,不仅需要过硬的专业知识和业务能力,而且需要掌握工作目标国家和地区的语言。所以,"外语 + 专业"的复合型人才是必然需求。

老挝中国商会会长孙磊说:"人才是企业的第一生产力,人才问题也是我们目前遇到的最大的困难。"目前在老挝境内共有200多家中资企业,迫切需要通晓两国语言、文化,同时又具备专业知识的高级人才。"老挝苏州大学在老挝办学,等于把培养人才的学校办到了我们的家门口,正好能解众多中资企业发展的燃眉之急。"老挝苏州大学常务副校长汪解先说:"中国企业走出去,会遇到本土人才和文化方面的问题,教育也应跟着走出去,把本土人才培养成既具备专业知识,又会讲汉语、懂得中国的文化,这批人就会成为企业的中坚力量。"这是对语言人才需求的一个例证。

(三)语言产品需求

"一带一路"建设方方面面的语言需求,也必然带热对"一带一路"沿线国家和地区各种各样的语言产品的需求。而由于过去我国对这一区域的语言关注不多,与之相关的语言产品也比较贫乏。

第一,需要功能互补的语言学习产品。例如教材、教学辅导资料、课件、音频视频课程、工具书、电子词典、网络学习资源、语言学习软件等。其中既包括"一带一路"沿线国家或地区的各种语言学习产品,也包括面向"一带一路"沿线国家或地区的汉语学习产品。

第二,需要方便适用的语言应用产品。例如便携式多语言翻译器、跨语文阅读器、高速率不同文字输入法等等。

第三,需要丰富多彩的语言文化产品。就是以不同语言文字为元素或为载体的能够满足"一带一路"沿线国家不同文化需求的各种文化娱乐产品。例如适合跨语种使用的文学作品、影视戏剧、文化知识读本、学术著作、游戏、玩具等等。

(四)语言应用服务需求

"一带一路"建设的实施,将会促使沿线国家之间人员的大流动,例如工程建设、商贸往来、交流访问、旅游探亲、跨国婚姻、留学等,这将会改变现有的语言格局,出现更为复杂多样的语言生活环境。那么,怎样帮助那些流动人员克服工作和生活中的语言文字困难,实现交流沟通无障碍,是相关方面必须回应的一个重要需求。

可能的语言应用服务需求难以穷尽。举例而言,如城乡、道路和窗口行业的语言环境建设;随时随地的个性化翻译服务;各种语言培训、语言家教;语言资源平台服务;语言策划,例如外宣语言设计——包括"一带一路"建设的话语策略和话语体系也亟待科学设计,以避免因话语失当而影响"一带一路"建设的推进、商贸营销语言策划和企业语言文化设计;产品命名和翻译;应急语言服务等,都需要有相应的语言服务。

(五)语言学术需求

我国与"一带一路"国家跨境的语言较多,戴庆厦(2014)论及30多种,黄行和许峰(2014)按国内语言统计有50余种,周庆生(2013)统计跨境少数民族语言为33种。跨境语言,突破了国界,凝聚着特定的族群,承载着多元文化,蕴藏着丰富的历史积淀,呈现出独特的语言样态,也形成了特殊的语言关系,具有特殊性、复杂性和重要性。"一带一路"建设要打造"人文之路",无疑需要开掘和利用跨境语言这一宝藏。例如,跨境语言是民族迁徙、政治变更、文化交融和语言接触的产物,积淀了丰厚斑斓的多元性历史文化,是相关民族文化十分珍贵的"活化石",可借以研究民族文化生成、演进、传播、变异史,以及异族文化交流交融史等各种复杂的文化现象以及丰富多彩的文化样式,揭示被湮没的历史文化谜团,从中发掘积极的因素,并继承和借鉴相关国家和民族都认同的优秀内容和形式,从而增进与相关国家的相互了解和彼此认同,为"一带一路"建设提供学术支持,搭建人心联通桥。

二、提升语言服务能力是当务之急

从以上分析可以看出,"一带一路"建设的全面推进,必将带来不同层面的丰富多样的语言需求。努力回应这些需求,是语言领域及相关方面的责任,也是推动语言学科及相关事业快速发展的难得机遇。

然而,我们面临的现实是,普遍的语言服务意识还没有形成,语言服务体系尚未建立,国家和社会的语言服务能力还比较薄弱。再加上,我们过去把主要目光投向欧美主要语言,对"一带一路"区域的语言关注不多,准备不足。无论是熟悉的语种数量、可用的语言人才,还是语言产品及相关的语言服务,都离"一带一路"建设必不可少的语言需求还有相当大的差距。因此,增强语言服务意识,提升国家和社会的语言服务能力,已迫在眉睫,任重而道远。为此,我们提出如下建议:

(一)制定专门的语言规划

已如上述,"一带一路"建设的语言需求,在不同层面、不同行业领域、不同区域和不同人群各有差异,这就需要国家有关部门主导,尽快统筹制定服务于"一带一路"建设的语言建设规划,以便协调有关工作,全面推进语言服务能力建设,以有效应对各种语言需求,为国家"一带一路"战略的实施提供切实有效的语言保障。

服务于"一带一路"建设的语言建设规划应该努力坚持如下原则:

第一,放眼全局。也就是说,该规划的制订,既要着眼"一带一路"建设的战略全局,不能偏于一隅,也要着眼国家语言文字事业发展的全局,不能做成应景之作。换言之,就是要根据"一带一路"建设的总体需要,同时着眼我国语言文字事业的整体布局和未来发展,在已有的语言文字发展规划基础上,进行适当调整和优化,加快语言服务能力建设,在为"一带一路"建设提供优质服务的同时,整体推进国家语言文字事业的全面发展和协调发展,不断增强国家语言实力。

第二,紧贴需求。"一带一路"建设工程宏大,情况复杂,涉及面广,影响深远。这就需要广泛调研,深入分析,准确研判,摸准各种需求(包括相关国家对汉语和中国民族语言的需求),有针对性地制定切实可行的语言建设规划。

第三,突出重点。由于我国语言服务能力薄弱,而"一带一路"建设的语言需求很大,这就需要根据轻重缓急和现实条件,在进行系统规划的同时,选择重点方面优选建设,循序渐进地分步实施。就现有的情况看,语言人才培养、语言产品研发和语言应用服务当是发展重点。

第四,统筹兼顾。语言文字问题复杂而重要,既关涉国家核心利益,也广及大众日常生活。规划的制定务必统筹兼顾,尤其是需要处理好个别需求与整体布局的关系,现实需求与长远发展的关系,服务经济建设与维护国家安全的关系,服务"走出去"与服务"迎进来"的关系等。

(二)加快培养语言人才

语言服务,人才是核心。要提高语言服务能力,最根本的是要培养语言人才。常言道,"十年树木,百年树人"。人才培养需要一定的过程,且事关长远之计。时不我待,为保长久之用,必须从现在抓起。就我国语言国情而言,语言人才的培养,以下几个方面至关重要。

第一,改善语种结构。有资料显示,目前世界上仍在使用的语言有 6000 多种,而进入我国教育部本科专业目录的外语语种目前还不到 70 种。"一带一路"所覆盖的中亚、南亚、西亚等地区,涉及官方语言达 40 余种,而目前内地教授的语种仅 20 种。尽管全国学习外语的绝对人数很多,但绝大多数学习的是英语。由此可知,我国外语资源贫乏,不仅语种不多,而且语种结构不合理。从"一带一路"建设的需要看,更是难以满足未来之用。因此,通过调整专业布局、增加语种数量、改善语种结构,来加快语言人才培养是当务之急。

令人欣喜的是,北京外国语大学、广东外语外贸大学等高校已经在行动。今年上半年新增了蒙古语、泰米尔语、孟加拉语及菲律宾语 4 个语种,下半年还将新开设 3 个语种,届时北京外国语大学的语言专业种类将达到 70 种。广东外语外贸大学在原有的 19 个非通用语专业的基础上,今年将新增马来语和乌尔都语两个专业;在未来五年内,还将根据"一带一路"战略发展需求,再增加 3 至 5 个非通用语专业,如希腊语、土耳其语、塞尔维亚语、瑞典语等。

第二,提升人才标准。针对过去我国语言教育存在的人才素质单一、能力薄弱等问题,进一步加强语言人才综合素质培养和实际能力的提高,提升培养标准和规格,提高培养质量和水平。其中应着力优化学生知识结构,除了基本的语言文学知识之外,还应强化相应的文化、历史、政治、经济等知识教育;再则,强化实践训练,努力增强学生的语言能力、跨文化交际能力和研究能力,造就语言能力、国际交往实务能力和国别研究能力并重的高级人才。

第三,重视复合型人才培养。基于"一带一路"建设行业领域的整体布局和大规模推进的人才需求,以不同方式,大力培养"外语＋专业"的复合型语言人才。

第四,创新培养模式。"一带一路"建设对语言人才具有多样化需求,传统的培养模式和专业格局难胜其任,因此必须加强合作,整合资源,创新培养模式及方式。通过中外联合培养,提高人才对不同语言文化及社会环境的适应能力;通过校校合作,整合优势教学资源,对学生进行优质教育;通过校企合作,提高人才的针对性和实践能力;通过跨学科专业培养,提升人才的综合素质和全面能力。在培养形式上,可全日制培养与短期培训和在职学习并举,走出去培养与请进来培养相结合,输出性培养与本地化培养相结合,以适应各种不同类型的语言人才培养的需要。

(三)创新语言资源开发

包括汉语在内的"一带一路"区域的各种语言文字,是十分丰富的资源宝藏。以新的理念、方式和现代技术,开发利用区域内的各种语言文字资源,可为"一带一路"建设提供丰富多彩的服务。

语言文字是人类珍贵的历史记忆。发掘这个记忆,具有民族学、民俗学、人类学、宗教学、历史学、政治学等多学科的理论意义和实践价值,可借以揭示文化生成、发展、传播、接触、竞争的难得景观和历史经验,为"一带一路"的人文交流提供借鉴和启示。例如孙宏开先生根据语言的分布及其相互关联性,并联系其他方面的证据,论证了"藏彝走廊"的形成线索。他推断,以青藏高原为起点,这一带的人群曾经以多条迁徙路线向南、向西迁徙,形成了多条"丝绸之路"、"茶马古道",其中有的翻越喜马拉雅山,到南麓定居,也有从西域来去的各族群在这里贸易乃至生息。因而,这里既是伊斯兰族群的交往通道,又是阿尔泰语系语言的核心地区,也是汉藏语系尤其是藏缅语族各族群的发源地。这项研究,再现了多元文化和谐共生的景象。又例如,汉字向东向南的流播,形成了绵延千年的汉字文化圈。对此进行深入挖掘,也不无现实意义。

语言是丰富的文化资源。语言文字自身和以语言为媒介的文学、艺术、民俗等,都是当代文化建设的重要资源。开发利用这些资源,不仅可以从中继承和借鉴生动活泼的传统文化样式,以丰富当代文化表现形式,而且也可在内容上挖掘和弘扬其中体现相关国家和民族认同的文化精神,借以促进文化交流和文明互鉴。同时,还可以利用这些语言文化资源打造丰富多彩的旅游产品,推动"一带一路"的国际旅游发展。

此外,紧扣"一带一路"建设需求,研发功能各异、形式多样、方便适用、生动活泼、切合所在国家和地区国情民情的语言产品,也是语言服务的应有之义。这项工作的开展,必将带动语言产业、语言经济的发展。

(四)构建相应的语言服务体系

"一带一路"建设是一项伟大的系统工程,要满足其广泛的语言需求,必须构建形式多样、功能互补、协调发展的语言服务体系。这其实也是我国社会整体发展的现实要求。基于"一带一路"建设实际,应逐步构建以如下方面为重点的语言服务体系。

第一,语言使用服务。主要着眼于日常工作和生活的基本语言服务,建设常态化、系统化的服务体系。

第二,语言人才服务。包括专门语言人才和"外语+专业"的复合型语言人才的培养、调度、继续教育等服务。

第三,语言资源与平台服务。如提供语言知识库、语料库、语言信息库、在线翻译(语联网)等。

第四,语言技术服务。如语言信息处理、语言软件开发、语言情报分析等。

第五,应急语言服务。即为处理各种突发事件、自然灾害救援提供语言服务。

第六,语言咨询服务等。包括各种语言策划、企业及产品命名等。

(赵世举,中国语情与社会发展中心主任;本文在编辑过程中,文章中的原文引用等处略有删节)(《云南师范大学学报》2015年第7期)

"一带一路"催生多样化语言服务

"一带一路"连通世界,而语言连通人类

"一带一路"战略自提出以来,即受到多方积极地响应与支持。它在闻名古今的丝绸之路的历史印记上,进行全面深化地改革,通过加强与沿线各国的政策沟通、设施联通、贸易畅通、资金融通等方面,赋予丝绸之路全新的时代内涵!而连通的基础是语言,语言不通,其它都是枉然。

工程合作项目连通 小语种需求明显

"一带一路"极大地推进沿线铁路、公路、航空等基础设施的建设,带动周边地区和国家的发展,促进经济的快速腾飞。但,无论是国家的战略合作、还是大型工程项目的商务往来,都离不开语言的支持。"一带一路"涉及到的小语种多达40余种,而我国目前教授的语种才20余种,这意味着"一带一路"的发展需要有更多精

通小语种的翻译人才。

交通建设联通，语言场景需求增加

"一带一路"优先打通缺失路段，提升道路通达水平，丰富交通方式。然而，沿线交通项目的建设，离不开国内劳动力的大量输出，届时，将有大批工人前往国外务工，外语沟通能力薄弱的他们将如何在异国他乡顺畅地生活？此时，迫切需要操作简单的语言服务工具，方便劳动者更好地适应国外务工的生活。

商贸往来连通，亟需全新的语言服务

"一带一路"也会更大力度地促进我国与沿线国家和地区的商贸交流与合作，跨境电商将蓬勃发展，贸易往来越来越自由化。对于做全球生意的商家而言，语言沟通无疑是跨过商务进行的最大障碍。一次日常事务性的邮件沟通，如果需经过无数次语言的转换，不仅会消耗大量时间，沟通效果也会大打折扣。而如果邮件能自动嵌入翻译服务，直接用母语写邮件，经过后台语言翻译的切换，对方收到的邮件也是母语，其中的沟通误差和时间消耗自然能减少许多。

旅游文化连通，语言碎片化需求增加

随着合作战略的达成，旅游将作为促进对外交往的重要载体得以大力推广。国家将高度加强旅游文化合作，深度挖掘民族历史文化遗产，打造丝绸之路系列文化活动，扩大旅游规模，丰富旅游特色。

但是"一带一路"涉及到的区域广泛，多达几十种语言的小语种将极大程度地影响旅游体验。大家不可能每到一个国家，就花费大量时间学习当地的基本用语；现有的机器翻译工具对于这些小语种的收录并不齐全，且机器翻译准确性也比较差，不能完全满足旅游过程中的沟通需求。

"一带一路"意义非凡，语联网时刻准备应对挑战

种种因素，都对语言服务行业提出了全新的要求。如何整合种类繁多的语言能力达到最好的资源与需求的匹配，将是未来语言行业的发展重点所在。国内领先的语言服务行业领导者——语联网，深知差异化的内容打造即为核心竞争力的法则，积极开拓多语种服务的产能资源。对译员的事前辨识、译前匹配、译中监控、译后质检等环节进行全面地跟踪把控，来确保整体译员的素养专业化，为各大企事业单位提供专业优质的语言服务。

它还提供多种新型语言服务解决方案,例如,独创用母语做全球生意的全球畅邮服务平台,将翻译服务嵌入邮件端口,用户只需用中文就能与全球客户进行邮件交流,实现母语对母语的快速交流。还有专门解决碎片化语言需求的 App——小尾巴,在前身旅行真人译解决旅行场景语言问题的基础上,增加了生活、学习等场景,提供更为全面多样的服务,而且一对一的人工即时在线服务,操作简单,让市民无需花大价钱也能享受到便捷灵活的专业翻译服务。

"一带一路"的实施,对语言服务行业影响深远,同时也对语言服务行业的发展带来极大地促进。只有时刻做好准备,不断优化语言服务产能、开创全新的语言服务技术,才能不断满足市场需求、顺应时代发展。也只有不断涌现出像语联网这样先进的语言服务模式才能真正地促进语言服务行业的利好发展。(《中国日报》2015.6.18)

"一带一路"沿线国家语言国情手册关注汉语状况

"一带一路",语言先行,"一带一路"所有愿景和规划的实施,都要以语言沟通为基础。11 月 2 日,中国首部"一带一路"语言服务工具书《"一带一路"沿线国家语言国情手册》在江苏徐州正式发布。

2015 年 3 月国务院授权发布了《推动共建丝绸之路经济带和 21 世纪海上丝绸之路的愿景与行动》以后,中国对"一带一路"的规划和讨论就在各个领域广泛展开。语言相通,才能谈及经贸往来,文化交流,文明互鉴,民心相通。据了解,按照"一带一路"目前的规划线路,沿线国家达到 64 个(中国除外),各个国家使用的语言一千多种,了解这些国家的语言国情和语言人才培养状况是解决"一带一路"语言问题的前提和基础。

据悉,该书有 60 万字,以国家分立的形式呈现了"一带一路"沿线 64 个国家的语言状况,包括这些国家的官方语言、通用语言、民族语言、方言等细致的状况描写,以及语言与民族、宗教的关系,语言状况的历史沿革等方面的内容。

尤为重要的是,每个国家的语言国情描写中还专设"语言服务"一节,介绍中国关于该国语言的人才培养情况和该国关于汉语人才培养及汉语专业的开设情况,包括孔子学院和孔子课堂的开设情况,便于国家和企事业单位清楚地把握人才分布状况。书中还以生动的形式编插有小贴士,提供包括国徽国旗、自然和经济、美食、传统节日以及名胜古迹等,方便读者了解与该国相关的实用信息。该书内容之详实、设计之精巧,体现了编者的匠心。

《"一带一路"沿线国家语言国情手册》的编辑出版,只是高校"一带一路"语言服务的开始,未来希望国内相关智库以及"一带一路"沿线64个国家的政府和专家学者,共同推进"一带一路"沿线国家语言国情人才现状调查和"一带一路"沿线国家汉语人才培养和储备现状调查,以及语言国情和语言人才数据库、档案库建设;"一带一路"语言服务和语言人才培养国家应急体系建立;"一带一路"语言通等语言服务实用平台建设等。从各个层面切实解决"一带一路"语言问题,提供实用的语言服务。(朱志庚 李东艳)(中国新闻网2015.11.3)

中阿文化交流数据库暨"一带一路"上语言系列丛书发布

12月3日,由宁夏大学与社会科学文献出版社联合主办的中阿文化交流数据库暨"一带一路"上的语言系列丛书发布会在北京召开。

社会科学文献出版社社长谢寿光、宁夏大学副校长谢应忠等出席会议并做了重要讲话。来自文化部、外交部、商务部、教育部、中联部、国家汉办、中国外文出版发行事业局、中国社会科学院、卡塔尔驻华使馆、埃及驻华使馆、苏丹驻华使馆、宁夏大学、北京语言大学、北京外国语大学、北京第二外国语学院、中国现代国际关系研究院等国家机关及组织、驻华使节、高校与科研机构的领导和专家50余人参加了本次会议。

发布会现场播放了"一带一路"上的文化—中阿文化交流数据库的介绍视频,通过对社会科学文献出版社谢寿光社长和宁夏大学国际教育学院王辉院长的采访,向来宾呈现了数据库的建设历程、主要内容以及应用价值,也展示了社会科学文献出版社在数字化出版转型的征程中迈出了关键一步。

社会科学文献出版社社长谢寿光,宁夏大学副校长谢应忠,北京语言大学、教育部语言文字信息管理司原司长、国家语委原副主任李宇明,全国政协委员、中国编辑学会会长、中国新闻出版研究院前院长郝振省,中国国际公共关系协会副会长、中国外文局原常务副局长、中国翻译协会原常务副会长郭晓勇参与了数据库启动仪式,共同按下了水晶球,宣布"一带一路"上的文化—中阿文化交流数据库正式启动。随后,著名语言学家、国家语委原副主任兼秘书长陈章太,教育部语言文字应用研究所所长张世平,教育部语言文字信息管理司调研员王丹卉,社会科学文献出版社人文分社社长宋月华为"一带一路"上的语言系列丛书揭幕,宣布这套系列丛书正式发布。

会议还就中阿交流数据库的源起、建设思路、技术方案等进行了具体汇报,以及对"一带一路"上的语言系列丛书进行了详细介绍。此外,中国民族语言学会副会长周庆生、北京第二外国语学院教授张洪仪、前驻阿拉伯国家使馆文化参赞王宝义等专家对"一带一路"上的文化—中阿文化交流数据库和"一带一路"上的语言系列丛书进行了精彩点评与深刻探讨。

据了解,"'一带一路'上的文化—中阿文化交流数据库"是宁夏大学"中西部高校综合实力提升工程"建设项目。数据库项目依托宁夏大学国际教育学院,由社会科学文献出版社建设。数据库为国内首个,也是目前唯一一个中阿文化交流数据库。

数据库项目的建设是为了服务中国文化"走出去"和国家"一带一路"战略需求,服务宁夏向西开放战略和中阿人文交流,搭建中阿文化交流"网上丝绸之路"平台,促进中阿文化融通,民心相通。

数据库由四大库全面支撑,下设 12 个一级子库、53 个二级子库。包含"一带一路"上的文化、中阿文化交流、阿拉伯国家孔子学院以及宁夏区域文化海外传播等相关的最新资讯、图书、期刊论文以及多媒体资料。全面展示了中国与"一带一路"沿线的阿拉伯国家的文化交流成果。数据库将成为中阿文化交流的重要平台和窗口,为中外政府、企业、高校等提供信息服务和决策参考。

"一带一路"上的语言系列丛书是宁夏大学"中西部高校综合实力提升工程"建设项目,是国内首部研究"一带一路"沿线国家语言政策的系列丛书。系列丛书以"一带一路"沿线国家语言状况、语言政策、语言传播、语言服务及语言问题等内容为研究主题,研究 65 个"一带一路"沿线国家语言政策,为"一带一路"建设提供语言研究支持和决策参考,促进中国和"一带一路"沿线国家语言相通、民心相通。
(中国网 2015.12.3)

第三届中国周边语言文化论坛举行

近日,由北京语言大学和中央民族大学联合主办的"'一带一路'沿线的跨境语言文化国际学术研讨会暨第三届中国周边语言文化论坛"在中央民族大学举行。论坛由中央民族大学中国少数民族语言文学学院和北京语言大学中国周边语言文化协同创新中心共同承办,共有来自中国、中国台湾、美国、俄罗斯、乌兹别克斯坦、哈萨克斯坦、蒙古国、土耳其、越南、老挝、韩国等 11 个国家和地区的 50 余位专家学者参会。开幕式由中央民族大学中国少数民族语言文学学院院长阿不都热西提·亚库甫教授主持。

中央民族大学副校长宋敏教授在致辞中指出,在"一带一路"战略推进过程中,跨境语言的研究非常重要,应当先行,语言是沿线国家和民族相互熟悉、理解、欣赏彼此文化的载体和桥梁,跨境语言的讨论与研究将为"一带一路"语言战略奠定良好的基础,中央民族大学愿意以研讨会等形式为不同国家的大学和科研机构提供学术交流与合作的平台。美国德州大学阿灵顿分校的艾杰瑞(Jerold A. Edmondson)教授、中央民族大学戴庆厦教授和蒙古国科学院院长委托人 Radnaa Bandi 教授也在开幕式上致辞,从不同方面指出了中国"一带一路"战略及其沿线跨境语言文化研究的重要意义及价值,跨境语言研究不仅促进了沿线国家的语言文化的交流与理解,也拓展了语言学学科的研究和发展。

大会主旨报告由北京语言大学中国周边语言文化协同创新中心副主任郭风岚教授主持。报告人及其题目分别为:中央民族大学戴庆厦教授的"跨境语言研究当前面临的三个理论问题"、美国德州大学阿灵顿分校艾杰瑞教授的"The Situations and national conditions of the cross – border languages"、俄罗斯卡尔梅克国立大学 Bitkeev Petr Tsedenovich 教授的"Concept of the solution of problems of language situations. Theoretical bases, practical ways and methods of preservation and development of languages in modern conditions of a polylingualism"、中国社会科学院民族学与人类学研究所孙宏开研究员的"跨喜马拉雅藏缅语族语言分类研究"、北京语言大学"银龄学者"呼格吉勒图教授的"蒙古系跨境语言状况"。

论坛安排紧凑,除大会主旨报告外,还有 30 余场大会报告。学者们就跨境语言结构特点、跨境语言使用现状、跨境语言文化特征、跨境语言生态保护、跨境语言研究方法等进行了广泛而深入的研讨,取得了良好的效果。

中央民族大学中国少数民族语言与古籍研究所所长胡素华教授总结本次论坛具有如下特点:会议议题非常切合国家和社会的重大需求;会议主办方在跨境语言研究方面都有得天独厚的优势;语种丰富,相关研究所涉及的语言和会议所使用的语言都非常之多,而同声传译极大地消除了参会代表之间的语言障碍;会议报告内容体现出非常明显的学科交叉特征。

论坛为"一带一路"沿线国家的语言文化交流起到了牵线搭桥的作用,进一步推动了跨境语言状况的调查与研究、跨境语言研究理论与方法的探索。今后还将举办跨境语言专题论坛。(中国周边语言文化协同创新中心 2015.11.16)

延伸阅读

"一带一路"建设:提高国家语言能力迫在眉睫

"一带一路"建设愿景与规划的实现,要以语言沟通为前提。习近平主席在访问德国时指出:"在世界多极化、经济全球化、文化多样化、国际关系民主化的时代背景下,人与人沟通很重要,国与国合作很必要。沟通交流的重要工具就是语言。一个国家文化的魅力、一个民族的凝聚力主要通过语言表达和传递。掌握一种语言就是掌握了通往一国文化的钥匙。"语言是人类最基本、最重要的交际工具,语言相通才能谈及经贸往来、文化交流、文明互鉴和民心相通。

"一带一路"沿线国家达到 60 多个,所使用的国语及官方语约 60 多种。其中,我国高校教学尚未开设的语种有 18 种,只有 1 所高校开设的语种有 20 种,加起来占全部语种的近 2/3,这还不算这些国家繁多的民族语言。而即使我国高校已开设的一些语种,语言人才储备也明显不足。

此外,虽然在政府交流层面英语可以解决一些问题,但"一带一路"建设必然深度介入沿线国家老百姓的生活,如基础设施建设必然涉及所在国的大量拆迁问题,如果不掌握当地语言,在宣传和解释中就会出现障碍。而且,对当地老百姓的宣传解释,包括在各种媒体和发布会上的宣传解释,使用当地语言可以收到更好效果。可见,语言服务和语言能力问题在"一带一路"建设中具有基础性和先行性,应加快解决语言人才奇缺和语言服务能力不足问题。

推进"一带一路"建设,对提高国家语言能力提出了紧迫要求。语言能力分为个人语言能力(母语能力、多语能力)、社会语言能力(各种职业、专业语言能力)和国家语言能力(行使国家力量时所需的语言能力,如在抢险救灾、反恐维稳、海外维和、远洋护航、联合军演、护侨撤侨及各种国际合作中,国家语言能力都起着关键作用),"一带一路"建设中的语言问题属于国家语言能力问题。广义的国家语言能力包括公民个人语言能力和社会语言能力,狭义的国家语言能力指国家层面在处理政治、经济、外交、军事、科技、文化等各种国内外事务中所需要的语言能力。

解决"一带一路"建设中的语言问题,需要迅速构建相关语言服务和语言人才培养应急体系,这也是国家语言能力的一种体现。应急体系与建立在学科建设和专业建设基础上的高校外语人才培养体系都是国家语言能力体系的一部分,两者相互补充,但不能相互替代。美国能处理 500 多种语言,但通过院校培养的只是一小部分,通过各种渠道包括应急体系培养和储备的占大多数。因为有的语种用途范围较窄,甚至是单一用途,人才需求量少或需求急迫,设置专业进行培养,成本太高,或远水解不了近渴。对我国来说,使用特殊教学法随时灵活培养急需的语言人才,或者采用语言志愿者方式,将志愿者放到相关国家和地区培养和储备,同时建立详细信息档案以便国家随时征用,都是语言服务人才培养的新途径。语言人才培养需要创新思维方式、改革培养机制,走协同创新之路。

当前,我国许多企业拟赴"一带一路"沿线国家开展经贸合作和投资,但无语言沟通障碍的企业少之又少。开展"一带一路"语言服务和语言人才培养工程,非常重要,也非常迫切。(《人民日报》2015.11.24)

服务于"一带一路"的语言规划构想:国内国外语言生活两手抓

"一带一路"是中国统筹国内和国际两个大局,利用国内和国外两个市场,调用一切积极因素,整合中国地缘政治与经济利益,实现睦邻友好,与周边国家共同发展繁荣的战略举措,具有经济、政治、外交、安全等多重战略意义。

人文交流是"一带一路"的重要支撑。加强人文交流,有利于推动参与国家和地区的科技资源共享和智力支持,有助于推动我国思想文化的传播以及亚欧大陆的文明多维交融,有助于促进民意相通,为实现经济、政治、外交、安全等多重战略目标争取人心、夯实基础。建设"一带一路"应当坚持"人文先行"。人文交流的方式和内容具有多样性,主要有文化、教育、智库、华人华侨、特色旅游、民间外交、青年交流与合作等。

语言既是文化的载体,又是文化的重要内容。做好语言规划,是"人文先行"的必然要求。构想服务于"一带一路"的语言规划同样应当统筹国内和国际语言生活两个大局:既要研讨国内语言生活、语言生态的变化趋势,语言政策将面临的更为复杂多样的议题;又要分析沿线国家和地区的语言生活,双边和多边交流中的语言使用;更要思考旨在争取人心、赢得民意的人文交流对语言文字的需求。本文构拟的服务于"一带一路"的语言规划包括七个方面:

一、中西部现代化进程提速背景下的语言资源保护研究

"一带一路"具有重要的经济意义,以经济发展为核心,以经济合作为主轴。新加坡东亚研究所所长郑永年指出,丝绸之路的核心是贸易,中国对外关系的核心是经济贸易;缅甸资深媒体人吴温丁认为,"一带一路"主要是为了解决和平发展、共同发展的问题。

经济发展将带来我国中西部现代化进程的提速。"一带一路"国内段的主要着力点包括建设南北东西大通道、打造国际贸易投资合作和开放新平台。我国中西部地区的城市化进程将进一步加快、人员流动将进一步加剧。如我国唯一没有平原的省份贵州,2015年就将有4条高铁通车,长期制约发展的交通问题将随着"一带一路"建设的推进得到彻底改善。

中西部现代化进程提速背景下的语言资源科学保护研究迫在眉睫。我国中西部地域广袤、语言资源丰富,如何在现代化进程提速、语言生态格局发生重大变化

的背景下科学保护国家语言资源,是"一带一路"语言规划的重要内容。加强相关研究,消除国外对"一带一路"建设将导致生态破坏的误解和疑虑,对推动"一带一路"建设具有重要作用。

从2011年党的十七届六中全会提出"科学保护各民族语言文字"以来,国内在语言资源、语言生态、语言保护等方面已经开展了大量研究,取得了一系列重要成果。戴庆厦从理论高度构拟了"科学保护"的框架和体系。黄行分析了我国政府在"科学保护"方面的基本思路,一是对有历史文献记载的蒙古语、藏语、维吾尔语、哈萨克语、朝鲜语等保持较好的民族语言,进一步促进它们的标准化、信息化等语言现代化的水平,以适应现代社会母语使用和发展的需要;二是对众多无文字记载的濒危少数民族语言,开展"科学保护"的语言规划,特别强调多样性的民族语言对保护少数民族非物质文化遗产的作用。还有更多学者从语言教育、语言使用、法律保障、新技术运用等角度,就"科学保护"的策略、路径、方法、措施等进行了积极的思考。

"一带一路"建设背景下,相关研究急需进一步加强。在已有研究的基础上,核心问题是直面语言保护与经济发展、母语认同与向上流动之间的"价值悖论",在可操作的层面探讨解决语言保护困境问题的方略和措施。方小兵认为,母语使用人口的减少和使用域的缩小,归根到底都是经济因素在起作用,不解决根源问题,不把语言与国计民生联系在一起,语言保护将无获而终;并指出,应该重点探讨将少数民族母语资源转换为文化资本和经济资本的可能性与可行性,及其与地区经济发展的相关性,研究如何形成具有中国特色的语言产业体系和语言经济形态;特别指出,在旅游业中开发少数民族语言经济,是发展语言经济、宣传语言文化的"双赢"活动。发展特色旅游,是"一带一路"人文交流的重要内容;如何针对特定的少数民族语种就特色旅游中融入语言文化要素分别进行个案研究,如何在国家、省域和县域层面出台相关的引导激励政策,语言规划研究空间广阔而任务繁重。

二、跨境语言与周边安全研究

"一带一路"具有重要的安全意义。其战略设计是"以发展筑安全的基石",基本路径是推进区域经济一体化、建立命运共同体,通过政策沟通、道路联通、贸易畅通、货币流通、民心相通,促进沿线国家和地区共同发展。雷建锋指出,"一带一路"体现了综合安全观,兼顾生存安全与发展安全,既注重传统军事安全的生存维度,更重视以共同发展促进安全。

语言文字事关国家安全,跨境语言文字事关国家周边安全。随着道路交通、基础设施、贸易金融互联互通的推进,多元文化交流与竞争、多维文明碰撞将愈发凸显。当前,从东北到西北再到西南的广大陆上边疆地区已经被全面纳入"一带一路"的整体框架,如何治理以跨境语言文字使用为主要特征的边疆语言生活,使其照着有利于国家安全的方向发展,为落实"一带一路"的多重战略目标发挥应有作用,是"一带一路"语言规划的重大命题。

近年来,跨境语言问题受到了广泛关注。相关研究通过大量的实证调查或案例分析,指出我国在跨境语言问题上面临严峻的形势,国家周边安全存在隐忧。黄行指出,我国与周边国家跨境分布约50种语言,在语言身份认同、文字书面语体系的创制和完善、语言社会使用活力等级等方面,绝大多数都呈现出"外高内低"的态势;我国媒体在包括少数民族语言在内的国际传播实力仍处于绝对的弱势地位,境外敌对势力利用少数民族语言文字媒体对我国的宣传和渗透不断加大力度,我国所占话语权十分有限。郭龙生指出,境内外跨境语言宣传实力的严重不对称,严重威胁着国家的安全、民族的团结、文化与经济的健康发展。袁善来在考察了中越边境地区的语言生活后指出,边境民族之间的密切交往与民族认同,模糊了彼此的国家界限,如果没有合理地加以引导而被别有用心的势力所误导,则会导致国家的安全问题。

如何应对严峻挑战,现有研究在理论层面进行了富有价值的思考。黄行认为,我国少数民族语言的地位和活力总体上要低于境外相同民族语言,同时我国少数民族掌握国家通用语言的水平一般也低于境外相同民族掌握相关国家官方通用语言的水平,因此在我国民族地区同时存在使用发展民族语言和推广国家通用语言的双重任务。周明朗认为,国家通用语言的向心力不足或过大,都会给跨境语言社区留下语言文化真空,这个真空会由境外同一语言来填补;因此,语言意识形态和语言秩序的向心力越大,国家越需要注意语言生态环境的维护,不要在跨境语言社区造成真空,以致形成既不能有效地推行国家通用语言文字又不能维护跨境语言的正常功能的两难局面;国家需要从其语言秩序的扩张力出发,认真考虑如何利用这些跨境语言为国家的全球利益服务,给这些跨境语言在语言秩序中重新定位和发挥作用的空间。

"一带一路"建设背景下,相关研究应当进一步在三个方面着力:第一,对道路设施和贸易金融联通后愈发繁荣的边境贸易中的语言生活加强实证调研,坚持"以发展夯实安全基础"的战略思路,以边境贸易语言生活为突破口,研究制定包括国家通用语言、跨境语言、他国官方语言等的跨境社区语言功能规划;第二,探讨同时提高边境地区居民的国家通用语言文字能力和跨境语言能力、培养双语人的政策措施;第三,就如何应对境外的强势宣传和文化渗透,针对不同个案进行具有较强可操作性的对策研究。

三、丝路外语教学政策与规划研究

"一带一路"是中国语境的国际化乃至全球化。以开放包容、和平发展、互利共赢为理念,以沿线国家和地区利益共同化为追求,随着彼此利益依存度的加深,各国的国家利益都将走出本国的国境线。中国的国家利益也将逐步延伸到沿线各个国家和地区,进而遍及全球。

"一带一路"覆盖的中亚、东南亚、南亚、西亚和东非五个地区的官方语言数量超过 40 种,与沿线国家和地区的语言交流问题是关乎"一带一路"成功与否的关键性要素之一。加强关于"一带一路"沿线语种的外语教学政策与规划研究,为"走出去"提供语言支持、储备语言人才,是"一带一路"语言规划的核心内容。

21 世纪以来,旨在提高国家外语语种能力的外语教育政策与规划研究受到广泛关注,并已取得了丰硕成果。相关研究主要包括三个方面:一是探讨提升国家多语种外语能力的重要性;二是外语教育政策的国别研究,特别是出现了一大批关于美英等国语言战略对我国外语教育启示的研究文献或著作;三是外语教育的语种规划研究。同时,国家语委于 2011 年和 2014 年先后在上海外国语大学和北京外国语大学设立了中国外语战略研究中心和中国语言能力研究中心,专司相关研究。已有研究的主要结论是应当努力开展多语种外语教学,为维护国家利益、保障国家安全培养储备多语种人才;主要成果有国家外语人才动态数据库。

专门针对"一带一路"沿线语种的外语教学政策与规划研究也已起步。文秋芳通过对"国家外语人才动态数据库"高校外语专业招生情况的统计分析,指出"一带一路"战略面临小语种人才匮乏的瓶颈,建议成立"丝路"小语种强化训练基地、设立"丝路"小语种人才培养基金、改革招生制度、调整培养体系、培养"语言 +专业技能"的复合型人才。高健提出了有关新"丝绸之路"关键语言的国家外语能力行动方案:一是改变"英语独大"的局面,鼓励更多的中国人学会一到两门关键语言;二是培养更多具有能源、交通、商贸、物流等专业背景的高水平关键语言人才;三是建设好关键语言人才库,及时了解人才储备状况,以便据此调整未来的外语规划和政策;四是建设好关键语言语料库并及时更新,以满足关键语言的教学、研究、资政、兴商之需。

在"一带一路"建设全面启动的背景下,需要在五个方面进一步加强研究:第一,在政策层面制定好外语教学语种规划,提出明确具体的关键语言语种;第二,针对不同语种的外语课程研究,提高外语教学的有效性;第三,复合型人才的制度设计与实施路径研究;第四,沿线语种语言人才的储备和使用制度研究;第五,为参与沿线国家基础建设的中国企业在经贸、金融、司法等领域提供语言服务的制度研究。

四、沿线国家和地区的汉语传播研究

"一带一路"的合作发展理念要求人文先行。语言的文化职能决定了"人文交流,语言先行"。汉语汉字是我国对外代表国家的语言文字,推动沿线国家和地区开展汉语国际教育,有利于各方深入理解中华文化,全面体认合作共赢的发展理念,为"一带一路"实现预定目标奠定思想基础。

我国在汉语国际教育方面已经取得了丰硕的研究与实践成果。国家设立了汉办,给予了政策、资金等多方面的支持。孔子学院已经遍布全球126个国家或地区。国内很多高校开设了汉语国际教育专业,培养了大批人才。关于汉语二语教学的理论体系日臻完善。而关于不同国家和地区汉语教育情况的调查研究,也已经涉及了朝鲜、韩国、新加坡、马来西亚、泰国、菲律宾等"一带一路"沿线国家。

"一带一路"建设背景下的相关研究,具有新的内涵和特点。第一,探讨如何主动适应为"一带一路"奠定思想基础的需求,将中华文化"己所不欲,勿施于人""和而不同、合作共赢"的传统文化思想,以及"平等友好,互利互惠"等古代丝绸之路的理念有机融入沿线国家的汉语国际教育。第二,探讨如何运用汉语进行国际理解教育。胡范铸等认为,汉语国际教育在本质上是一种基于语言能力训练而展开的"国际理解教育",是一种可以影响"情感地缘政治"的过程,它应该是造就国际社会情感沟通的重要力量。汉语国际教育的根本目标或最高目标应该是"中外社会互动",是促进目的语社会(中国社会)与学习者母语社会的"社会互动"。第三,全面总结孔子学院建设的经验和教训,在全球布局中进一步凸显"一带一路"的战略重心,针对不同的国情、语情,对沿线孔子学院布局进行顶层设计。第四,进一步加强对"一带一路"沿线国家和地区汉语教育的个案研究。

五、沿线国家和地区的华语教育研究

"一带一路"人文先行,应当发挥好遍布沿线国家和地区的华人华侨的作用,采取亲情加经济的方式,涵养侨务资源,重点做新生代华人工作,使之成为促进经贸往来的"催化剂",化解疑虑的"粘合剂"。

华语教育是做好华人华侨工作的基础性工作和重要切入口。华语是指海外华侨使用的含有当地特色的现代汉语。华语教育与将汉语作为第二语言的汉语国际教育有着本质不同。周明朗认为,探讨如何帮助华人子弟解决华语学习中遇到的认同困惑是华语教育的关键。郭熙指出,历史地看,华语在海外的传承是成功的,这种局面还会进一步得到保持;但同时也面临着各种挑战,各种交错的矛盾正从不

同的侧面影响华语传承与传播,比如地域变体纷繁复杂,语言使用中不占竞争优势,还有与中国威胁论遥相呼应的"中国语言扩张说"的干扰,等等。

"一带一路"为华语及华语教育研究赋予了新的内涵,提出了新的要求。第一,做好全球范围内的汉语规划。李宇明认为,百余年来,汉语的层级发生了异常巨大的变化,从高到低已经形成了大华语、普通话(国语)、地方普通话、大方言、次方言、土语的层级态势;并指出,认识到大华语层次的存在,意义重大,但其发展前途待卜,须由全世界华人的语言规划来决定其走向。李宇明进一步指出,我国的语言规划应当由主要关注中国普通话调整到全方位地关注汉语问题,由主要关注中国内地的语言问题调整到关注全世界华人的语言问题,当然还应扩展到世界的语言问题。第二,加强对"一带一路"沿线国家和地区华语地域变体的研究。重视普通话与大华语两个层面的协调,沿线不同华人社区之间的语言协调,"既要尊重各华人社区的语言存在现实、也需注意促使大华语向着趋近趋同的方向发展。"第三,加强对沿线国家和地区华语政策的国别研究,全面了解各国对待华语乃至华人华侨的政策态度,针对不同情况探讨不同对策。第四,加强沿线不同华人社区华语教育的针对性研究。

六、"一带一路"话语体系研究

中国政府提出"一带一路"战略构想以来,世界各国高度关注、反响热烈,沿线国家和地区尤其兴趣浓厚。综合各国外交官、媒体、智库专家和学者的反映来看,国际舆论对"一带一路"的主张高度认可,但同时也存在不少疑虑,甚至质疑中国的地缘政治动机。如俄罗斯学者、远东研究所副所长卢贾宁认为,该构想试图重新划分太平洋到欧洲的经济版图,是遏制美国并将其赶到大西洋的有效武器,是从根本上改变世界美元架构的起始平台;日本《外交学者》杂志副主编蒂耶齐刊文称,该构想是"珍珠链"在新的名义下继续发展壮大,使美国、印度等国家的战略家感到担忧。为打消疑虑、建立互信,传播学界开展了大量研究,提出了富有价值的思考;也需要语言规划积极参与、主动作为。

第一,"一带一路"话语分析。相关研究指出,当前我国关于"一带一路"的对外宣传话语亟待改进。郑永年认为国内有些研究和话语经常把经济活动战略化,用战略甚至是军事战略的概念来描述中国的对外经贸策略,用"西南战略大通道""桥头堡""西进"等概念,给地方政府或者企业的贸易投资行为人为添上战略色彩,把本来可以成为软力量的东西转化成硬力量了。日本在二战中就曾用过类似话语,让亚洲国家非常敏感。印度对"西南战略大通道"很警觉,担忧中国会损害印度国家利益。东盟国家对"桥头堡"也很警觉,认为这个概念包含过多的军事因素。俄罗斯则对中国的"西进"非常担忧。从历史看,丝绸之路的核心是经贸,其性质是和平的。他建议不要把丝绸之路的话语"战略化"。曾任驻哈萨克斯坦、古尔吉斯斯坦等中亚国家大使的姚培生也表示,应强调中国不搞单边主义,不把自己的意志强加于人,避免使用"西进""崛起"等带有单边色彩的概念引起外界疑虑。因此,对国家层面和各省市关于"一带一路"的对外宣传话语进行全面梳理,对核心词汇和相关术语进行色彩分析,进而提出对外宣传的话语策略,是"一带一路"语言规划的当务之急。

第二,"一带一路"术语翻译。翻译规划与政策是语言规划的重要内容,核心问题是"译什么""译成哪些外语语种""各个外语语种怎么译"。国家语言文字部门近年来在本领域已经进行了积极的探索与实践,包括英、俄、日、韩四个语种的《公共服务领域外文译写规范》系列国家标准即将颁布实施,"中华思想文化术语传播工程"已经发布了首批81条术语译写成果。当前,急需全面总结相关工作的经验,梳理制定"一带一路"术语表,确定通用外语语种及沿线各非通用外语语种的规范译文。

七、语言智库建设与研究

智库交流是民间外交的重要方式,是政府间沟通的重要缓冲,因而是"一带一路"人文交流的重要内容。培育国家语言文字智库,加强与沿线国家在语言、文化以及教育领域的政策沟通,是"一带一路"语言规划的迫切任务。

国内语言文字智库研究已经起步。赵世举认为,国家语言智库在体制上应"全国统筹,分级建管,多元并存,协调发展",机制上应"国家引导,智库自主,良性竞争,优胜劣汰",逐步形成类型多样、结构优化、功能齐全、效能优良的具有中国特色和世界眼光的新型语言智库体系。2015年1月,国家语委下发了《国家语言文字智库建设规划》,并依托中国外语战略研究中心(上海外国语大学)、国家语言文字政策研究中心(上海市教育科学研究院)、中国语情与社会发展研究中心(武汉大学)等国家语委科研机构开展了国家语言文字智库建设试点工作。

"一带一路"背景下的语言智库建设研究有三大任务:第一,沿线国家和地区语言政策的国别研究,现有研究已经涉及中亚、东南亚等一部分,需要进一步全面展开,以利中国政府与沿线各国政府的政策沟通;第二,与沿线国家和地区的同类智库加强交流,探讨"一带一路"沿线多语种的国际语言规划,共同解决"一带一路"建设深入推进面临的语言交流、语言保护、语言资源开发利用等一系列语言问题;第三,提升关于我国语言政策的理论解释力,大力宣传我国多样和谐的语言政策体系,从语言文化的角度进一步丰富"一带一路"开放包容、合作发展、互利共赢的理念。

八、结语

服务于"一带一路"的语言规划构想需要兼顾国内和国际语言生活两个大局。就国内而言,主要是探讨现代化进程提速、开放程度不断加深带来的一系列语言文字问题及其对策;就国际而言,主要是服务于"一带一路"人文交流、争取民心的迫切需要。"一带一路"沿线各国文化各异,民族宗教复杂,经济发展水平差异显著,各国人民利益诉求不一,要针对千差万别的情况,做深入细致的舆论工作,争取民心。语言规划应当主动融入,并找准切入点主动作为、积极作为。

语言规划界在语言资源科学保护、国家安全语言战略、外语教育政策规划、汉语国际教育、华语教育、外宣话语和翻译、语言智库建设等诸方面都已取得了可观的研究成果,但在"一带一路"背景下,又显示出独特的研究旨趣,形成了服务于"一带一路"建设的语言规划任务体系。(张日培,上海市教育科学研究院高等教育研究所副所长,国家语言文字政策研究中心副主任,研究方向为语言规划、公共政策。)(《云南师范大学学报(哲学社会科学版)》2015年第47卷第4期)

"一带一路"需要合适的话语体系

我国关于建设"一带一路"战略构想的提出,为新一轮对外开放和区域合作描绘了美好的前景,举世瞩目,得到了很多国家的支持和响应。但也应该看到,有一些国家和地区持观望态度,甚至出现了某些质疑和误解,其中固然有国际政治、经济等多方面的原因,但与我们关于"一带一路"的某些不尽恰当的话语表达似乎也不是没有关系的。据我们观察,"一带一路"构想提出后,迅速成为国内最热门的话题,相关宣传、解读、呼应、畅想铺天盖地,形成了非常强劲的舆论氛围。这对于推进"一带一路"建设固然具有积极的意义,然而值得注意的是,其中某些话语站在他国的角度看,会有不爽之感,甚至可能产生误解和抵触。因此,有必要重新审视关于"一带一路"的各种话语表达,调整某些不恰当话语,构建得体的话语体系,以避免引起他人对"一带一路"构想的误解和担忧,更多地争取国际社会的理解和支持。

话语基调居高临下,令人误解

就现有的一些关于"一带一路"的说法看,话语基调与中央"一带一路"构想的主旨不完全合拍,容易让人产生误解。主要表现是,有些解读片面强调中国自我的动因和需求,或者一味强调对他人的帮助。这两种表达容易让他人产生中国在倾销、扩张或施舍的错觉。其实,这与我国关于"一带一路"所提出的"秉持和平合作、开放包容、互学互鉴、互利共赢的理念","打造政治互信、经济融合、文化包容的利益共同体、命运共同体和责任共同体"的主旨是不太吻合的。例如谈到"一带一路"提出的背景和动因时,不少文章都与"产能过剩""外汇资产过剩"紧密联系,这容易让人感到,中国提出"一带一路"就是向外倾销其产能、产品等,由此产生扩张之嫌。例如,2015 年 1 月 4 日新华网文章标题就是《"一带一路"提供消化过剩产能路径》,2015 年 4 月 2 日经济日报发表的文章说:"'一带一路'战略通过政策沟通、道路联通、贸易畅通、货币流通、民心相通这'五通',将中国的生产要素,尤其是优质的过剩产能输送出去。"诸如此类,不胜枚举。

利用百度指数考察可以看出,"产能过剩"在"一带一路"提出之前一直处于平稳的使用状态,2013 年急剧攀升,当年 10 月达到最高值。笔者在 2015 年 10 月 26 日使用百度搜索"一带一路产能过剩",得到了 633 万个搜索结果。可见人们将"产能过剩"和"一带一路"紧密联系起来了。"产能过剩"一般指生产能力或生产的产品数量、能够处理的原材料数量超出市场消费能力。一些发达国家,如美国、德国、日本等都出现过产能过剩的情况,他们往往利用企业破产、兼并重组、扩大内需、贸易输出等多途径消化或输出过剩产能。我们将"一带一路"跟"产能过剩"直接挂钩,是不合客观实际的。据有关资料看,我国目前还没有一个"产能过剩"的严格标准。从全球统计数据看,中国的产能利用率跟其他国家相比也不算低。将"一带一路"提出的背景和动因主要归为"产能过剩"既不合实际,又矮化了"一带一路"建设的伟大意义。同样的道理,把"一带一路"的提出与"外汇资产过剩"挂钩也是不合适的。

又如,2014 年 8 月 11 日中国经济网刊发的一篇文章说:"随着中国经济的崛起和腾飞,中国在更多方面有能力帮助别国。""中国的发展经验和成果,可以为中亚等各国借鉴。"2014 年 6 月 5 日人民网的文章说:"共建丝绸之路经济带的核心任务是发展经济,逐步扩大中国在国际上的影响力。"百度百科介绍"一带一路战略"说:"'一带一路'作为中国首倡、高层推动的国家战略,对我国现代化建设和屹立于世界的领导地位具有深远的战略意义。"是"我国成为世界强国的重要路径"。"这是中国在近 200 年来首次提出以中国为主导的洲际开发合作框架"。这些表述对于体现我国在"一带一路"建设中的重要作用,以及表达"一带一路"建设对于我国发展的重要意义,当然是正确的。但面对国际受众,很容易被人解读为居高临下、张扬自我、谋求主导地区和世界的理念和姿态,尤其是像"中国的发展经验和成果,可以为中亚等各国借鉴"之类的说法,很容易被误解为对他国指手画脚,不利于有关国家的理解和支持。

关键词语火药味浓，让人生畏

2015 年 3 月 28 日，国家发改委、外交部、商务部联合发布《推动共建丝绸之路经济带和 21 世纪海上丝绸之路的愿景与行动》之后，国内相关地区纷纷响应，各地就本地在"一带一路"建设中的地位和作用发表看法，推出各项举措。于是出现了很多充满激情的表达，例如：要建设"面向南亚、东南亚的辐射中心""东北亚区域的核心区域""21 世纪海上丝绸之路核心区"、做"21 世纪海上丝绸之路建设的排头兵和主力军"，打造"大湄公河次区域经济合作新高地""向西南开放的重要桥头堡""从'桥头堡'迈向'一带一路'""无论是'东出海'还是'西挺进'都将使我国与周边国家形成'五通'"。"排头兵""主力军""高地""桥头堡""西挺进"等原本是军事用语，虽然这里都是使用的比喻义，但它们含有的那种进攻性色彩仍然明显，听起来咄咄逼人，令人惧怕；与此相近，"辐射中心"和"核心区域"强化了中国在"一带一路"建设中的核心作用、主导地位，对内使用当然没有问题，但对外宣传略欠妥当，因为容易让人感到你想主宰别人，会让人感到威胁。

需要进一步强调的是，上述表达中的那些关键词本来是汉语的常规表达，如果是纯粹的国内宣传也未尝不可，但忽视了"一带一路"建设是与相关国家的共同行动，我们面对的受众还有众多国家，相关的任何表述如果不考虑其他国家受众的感受，忽视文化差异，完全按照中国人的表达习惯进行国际对话，就难免会使对方产生不解或误解。我们在倡导"民心相通"的同时，却习而不察地使用了一些在他人看来颇具攻击性的词语，不能不说是一个很大的疏忽。国外有人之所以错误地认为"一带一路"规划是中国的扩张性战略，是让中国过剩产能"走出去"的"中国版马歇尔计划"，除了政治经济原因之外，跟我们话语表达不合适，也是有着一定关系的。

要把事做好，先把话说好

"一带一路"建设是相关国家合作共赢的大好事。如果要想把这件事做好，首先要构建得体的话语体系，发出合适的声音，让他人能听得明白，听得悦耳，听得放心，正确理解我们的善意。这样才能赢得信任和支持。

要把话说好，必须充分考虑对谁说、怎么说的问题，必须充分考虑话语效果反馈，也就是我们的话语最终能起到什么作用，所以必须讲究言语策略，得体表达。为避免话语失当造成负面影响，必须努力建构合适的"一带一路"话语体系。为此我们建议如下：

第一，要校准话语基调，按照中央关于"一带一路"建设的精神，构建以合作共建、互利共赢为主旨的话语体系，充分体现"亲诚惠容"的主旋律。

第二，系统整理关于"一带一路"建设的关键性词语，在充分研究"一带一路"沿线国家的文化、政治生态和语言表达习惯的基础上，有针对性地优选词语，调整不合适表达，尤其对涉及"一带一路"核心理念的表述，要选好词句，明确阐释其内涵，避免歧义和误解，以求最佳表达效果。

第三，组织不同领域专家，专门研究涉及"一带一路"关键词语的外文翻译问题，一一确定相关重要语种的对译形式，对外发布，引导社会规范使用，也为相关国家提供翻译样本，以免误译误用，为国际上正确理解"一带一路"理念创造条件。

第四，增强"一带一路"话语权意识，针对国际上有关话语反馈，进行及时、灵活、有效的应对，争取主动，避免被动，为"一带一路"建设的顺利推进，营造良好的话语环境和人文环境。（赫琳，武汉大学文学院教授、中国语情与社会发展研究中心副主任）（《中国教育报》2015.12.15）

二、推进语言战略研究 塑造战略语言

语言战略是国家发展战略的有机组成部分。进入 21 世纪以来，许多国家都在制定和实施与国家语言能力直接相关的语言政策、语言法案和语言项目，从全球化时代国家安全、全球竞争力的战略高度来审视语言问题。

相关报道

第三届国家语言战略高峰论坛在南京大学召开

12 月 10 日至 12 日，"第三届国家语言战略高峰论坛"在南京大学召开。本届论坛由教育部与南京大学共建的中国语言战略研究中心、南京大学文学院、南京大学牵头的"中国文学与东亚文明协同创新中心"共同主办。来自北京大学、中国社会科学院、广东外语外贸大学、北京语言大学、澳门大学、暨南大学、南京大学、北京外国语大学、澳大利亚堪培拉大学、上海外国语大学、新疆大学、新加坡南洋理工大学和香港理工大学所等国内外 20 所高校与科研机构的 31 名语言学界专家学者受邀参加研讨，并有来自武汉大学、吉林大学、南京师范大学等 40 余所高等院校、科研机构的约 80 位旁听代表列席本届论坛。

论坛开幕式由南京大学文学院副院长王彬彬教授主持，南京大学文学院院长徐兴无教授、教育部语言文字信息管理司标准处王奇处长、北京语言文化大学党委书记李宇明教授、中国语言战略研究中心前任主任徐大明教授和现任主任沈阳教授分别致辞，对中心的建立和发展进行了回顾和展望。

本届论坛分为主旨发言和小组发言两种形式。十二位主旨发言专家就现代汉语规范与研究战略，少数民族语言发展政策，社会公共话语与国家语言政策，语言与国家认同、民族关系、文化传播、国家安全，语言康复与国家发展，国家语言能力等问题做了主题报告，报告引起了与会代表的热烈讨论：

北京大学陆俭明教授的主旨发言内容关涉通用语规范问题和汉语的跨文化传

播,指出语言变异是绝对的,语言规范是相对的,因此必须建立动态的规范观,在汉语教学中要树立"大华语"观,同时强调要正确处理好汉语教育与文化教育的关系,强调文化教育的伴随性。中国社科院孙宏开教授以中缅边境的阿侬语等民族语言的调查为例,关注适应新形势的民族语文工作国家战略,根据最新的民族语情提出了"准确掌握少数民族语言舆情""编写中国少数民族语言志""开展民族地区双语教育"等八项对策性建议。广东外语外贸大学外何自然教授通过评论社会及公共话语中的语用现象,认为必须从语言战略的高度完善国家语言政策和规划,提出建立统一的领导机构、进行规范引导、容许群众语言多元化发展和恪守汉语语用规则等策略。中国社科院黄行教授的报告主题为"第二代民族政策与民族语言政策",针对近年来提出的"第二代民族政策",分析了当前民族语言政策与此相关的政策取向,论述了此种政策调整的经济体制和行政机制背景。暨南大学郭熙教授就语言与国家认同构建提出新观点,基于大量文献和调查资料证实国家层面上对认同构建的不足,倡导通过语言加强国民的国家意识,进而促进全民族的国家认同。南京大学沈阳教授从现代汉语规范化的角度报告了对流行晋语的专题研究,充分解析了新兴流行语中"非晋晋语""晋语非晋"两类现象,管窥、倡导关注流行词语的规范化问题。北京语言文化大学李宇明教授关注国家语言规划的新视角——语言康复与健康中国,发言提出全面建成小康社会须有正确对待残疾人和康复事业的社会意识,详实报告了目前与语言康复事业相关的各类数据和语言病理学专业教育的发展进程,以期引起全社会重视。澳大利亚堪培拉大学房永青教授、新加坡南洋理工大学张爱东教授从"一带一路"战略与人力资源关系的角度考察语言与文化的关系,提出语言文化能力包括语言的交流沟通能力、对文化理解和运用的文化智商(CQ)以及提供重大决策基础参考规划的能力。北京外国语大学文秋芳教授在主旨发言中提出"国家语言能力是政府处理与国家安全和国家地位相关事务所需的当下和未来的语言能力",并对国家语言能力的评价提出一级和二级指标,对各个指标进行了解释和分析。暨南大学邵敬敏教授报告主题关涉国家层面下的汉语研究战略与创新,指出相关方面的八大任务,并重点对其中的"国民汉语水平,尤其是中小学生的汉语水平的提升"发表了多个观点,认为中小学语文教学的核心是培养学生的语言能力,提出应从六个方面强化汉语能力的培养。上海外国语大学赵蓉晖教授的发言通过解读俄联邦《俄语行动方案》讨论语言与国家安全的关系,并结合对俄联邦的历史、语言、民族和外交等因素的分析,提出我国从中可以借鉴的规划经验;南京大学、澳门大学徐大明教授的主旨发言从宏观与微观结合的视角,报告了对语言多样性、民族多样性指标和人均收入相关性所展开的开创性实证研究,提出人均收入 7000 美元是拐点的初步结论:拐点以上语言多样性与人均收入不相关,以下则呈负相关;同时民族多样化与经济的相关度小于语言多样性。

在四个单元的小组发言中,香港理工大学梁慧敏教授、澳门大学邵朝阳教授、新疆大学周殿生教授、南京大学陈新仁教授、曹贤文教授等20位与会学者讨论了汉语跨文化交际、少数民族语言保护、城市语言调查、语言规划理论和语言经济、语言服务等领域中的具体问题,从各种不同角度贡献了与国家语言发展战略紧密相关的学术观点和调查数据、资料。

"国家语言战略高峰论坛"2007年由南京大学中国语言战略研究中心发起。该论坛旨在倡导国家发展中的语言战略理念,提升语言政策和语言规划研究的理论水平,开辟向国家有关部门和社会公众提出语言政策建议的渠道。该论坛迄今已举办了三届,本届"国家语言战略高峰论坛"的规模在专业学者分布、参会人员数量、以及主旨发言人数等诸多方面均列历届之最。

本届论坛还充分利用新媒体的传播优势,由中心成员通过微信平台进行在线直播,第一时间将会议交流信息发布到本专业研究人员群组中,形成了线下线上同步研讨、热烈讨论的学术交流场面和氛围,开创了学术研讨的新形式,取得了良好的社会效果。(中国语言战略研究中心 2015.12.31)

《语言战略研究》创刊号首发,语言学者聚焦"一带一路"

1月17日,以"'一带一路'的语言问题"为主题的中青年语言学者沙龙在商务印书馆举行。沙龙上,我国第一份以语言政策和语言规划为主要内容的专业学术期刊《语言战略研究》创刊号进行了首发。商务印书馆党委书记肖启明先生,北京语言大学党委书记、《语言战略研究》主编李宇明先生,商务印书馆总编辑周洪波先生分别致辞,介绍了《语言战略研究》的筹备和出版情况。

《语言战略研究》是国家新闻出版广电总局批准创办的双月刊,由商务印书馆主办,国家语言文字工作委员会任学术指导,中国语言学会语言政策与规划研究会为学术支持。主编为北京语言大学李宇明教授,执行主编为暨南大学郭熙教授。《语言战略研究》的办刊宗旨是服务国家社会需求、研究现实语言问题、促进学术成果转化、构建和谐语言生活,努力打造学界、社会和政府之间的"旋转门"。设有"名家谈语言""语言政策与规划专题研究""语言与社会专题研究""学术前沿动态""书评"等栏目。

与会专家认为,《语言战略研究》的创刊,既是时代发展的必然,也是中国语言政策和语言规划研究快速发展的必然。近年来,国内成立了多家语言政策和语言规划研究机构,增设了语言政策和语言规划博士授予单位,发表了一大批研究成果,特别是连续出版十年并成功译介到国外的《中国语言生活状况报告》,团结了许多关注和研究国内语言生活的学者,为《语言战略研究》的创刊提供了良好的学术环境。

2016年是商务印书馆连续第11年组织国内中青年语言学者沙龙,围绕中心议题"'一带一路'的语言问题",四位学者带来了四篇不同角度的主题发言。中共中央对外联络部当代世界研究中心副研究员赵明昊先生开篇直指问题核心,分析了落实"一带一路"合作倡议中的若干"难点";中国传媒大学教授邢欣女士根据其在中亚地区实地调研获取的第一手资料,讨论"一带一路"背景下的中亚国家语言需求问题;宁夏大学教授王辉先生对"一带一路"国家的语言状况进行了概述;外语教学与研究出版社副总编辑章思英女士以"中华思想文化术语外译与国际传播"为题,详细介绍了中华思想文化术语传播工程的实践模式、翻译整理中的难点,以及目前进展情况。主题发言引发了与会嘉宾的热烈讨论,交锋频频,精彩迭出。

北京大学教授陆俭明先生提出要深刻认识"一带一路"的意义,并对语言怎样为"一带一路"铺路搭桥的问题提出了几点看法。最后,中国社会科学院语言研究所所长刘丹青先生从"一带一路"倡议下语言学家的使命,了解语言国情、建立语言和文化的双向性交流的重要性,以及"一带一路"给语言研究带来的机遇等几个方面进行了总结发言。

商务印书馆党委书记肖启明先生:商务印书馆关注语言生活,关注语言国情,服务国家战略。除了每年出版《中国语言生活状况报告》外,近年来陆续出版了《语言与国家》等反映我国语言状况和语言政策的图书,以及《数说"一带一路"》《"一带一路"年度报告》等主题出版图书。今年还将推出《世界是通的》《"一带一路"的逻辑》《"一带一路"沿线国家语言国情手册》等。未来一段时期,"一带一路"的研究将是学术界和出版界共同关注的话题。

参加会议的还有来自中国社会科学院、教育部语言文字应用研究所、北京大学、清华大学、北京师范大学、中国人民大学、北京语言大学、南开大学等各大高校和科研院所的中青年语言学者70余人。沙龙由商务印书馆汉语编辑中心主任余桂林先生主持。(商务印书馆 2016.1.17)

语情研究需要注入"战略思维"——访北京语言大学党委书记李宇明

语言不仅是人类基本的交际工具和思维工具,也是文化的组成部分和载体。

与之相关的语言生活则是人们最为重要的生活之一。随着时代的发展,语言生活不断出现新情况,表现出新特点。这些新变化为学界开展语言的社会功能研究,即"语情"研究提供了新素材。究竟语情研究的意义何在?近年来,语情监测出现了哪些新变化?学界为什么要呼吁"用战略思维处理语言问题"?为此,记者采访了北京语言大学党委书记李宇明。

中国社会科学网:据悉,进入 21 世纪以来,我国学术界关于语言社会功能的研究日趋活跃。您能否谈谈,研究语情之于我国经济社会发展而言,其功能主要体现在哪些方面?

李宇明:语言有诸多社会功能,包括新近凸显的一些社会功能。比方说,在信息化时代,语言文字对经济的贡献越来越显著,催生了语言产业和语言职业,逐渐成为不容忽视的"硬实力"。再比如,语言能力与国民素质的提高和人的全面发展密切相关,直接影响到人力资源强国建设。科学稳妥地处理好语言关系,与国家统一、民族团结联系紧密。此外,国家语言能力的强弱也关系到国家安全和国家利益等。做好我国语情研究是有着多种意义的:

一、促进语言学的发展。语情研究是语言学研究的重要内容。它既追踪研究各种语言事件的发生、发展,也探讨在此过程中不同人群的观点、立场和态度,并分析其形成的原因及应采取的举措等。这将大大丰富和深化语言学,特别是应用语言学的研究领域,进一步推进政治、文化、社会等视角下的语言研究,增强学科发展的生命力。

二、提升社会的语言意识。语情研究不仅是指语情监测,还包括使用一定的理论方法研究相关问题。相关研究成果,特别是围绕语言生活中热点问题的研究成果,会通过一定的途径及时向社会发布。此举可以有效地引导社会舆论,促进语言知识的普及,提升全社会的语言意识和认识水平,以及语言学服务社会的能力。

三、支持国家相关决策。这是中国语情研究的核心功能。语情研究具有强烈的现实品格,体现了很强的公共政策研究特点,在政策制定和实施的各个环节都发挥着重要支撑作用。语情研究的成果通过提供决策参考来影响社会,相关研究成果可以通过多种途径转化为国家的政策法规。

中国社会科学网:过去,学界是否对我国的语言现象、语言生活、语言政策等进行过实时监测和调查研究?如果有,那么如今的监测和调研与过去的相比,是否呈现出一些新特点、新变化?这些新特点和新变化对于语情研究而言价值何在?换言之,它们能够从哪些方面开启我国语情研究的新思路、新视域?

李宇明:学界对语言文字本身的发展变化、语言文字的使用状况、语言政策与语言规划等,都一直进行着调查研究。只不过,彼时的主要精力相对集中在语言的本体研究上。近十几年来,利用现代信息手段自觉地对语言生活进行研究,对语言语情进行研究,取得了不少成果,甚至形成了一个新的语言学术流派——语言生活派。谈到如今语情监测和调研呈现出的新特点、新变化,我认为主要体现在四个方面:

一、形成了专门的机构和队伍。比如,2004年起,教育部语言文字信息管理司分别与北京语言大学、中国传媒大学、华中师范大学、厦门大学、中央民族大学、暨南大学等高校共建了国家语言资源监测与研究中心。中心围绕平面媒体、有声媒体、网络媒体、教育教材、少数民族的语言文字和华文开展了一系列语言使用实态的调查研究。再比如,教育部语言文字信息管理司还与南京大学、上海外国语大学、武汉大学、上海市教委共建了语言战略、语言政策、语言舆情等研究中心。

二、搭建了固定的发布交流平台。目前关于语情监测的发布平台主要有"年度十大流行语""年度新词语""年度汉字盘点"等发布活动,以及各种研究机构编发的《中国语情》《语言文字舆情与动态》等刊物。值得一提的是,每年一部的《中国语言生活状况报告》。该报告被译为英语,持续地在国外出版发行,成为了中国政府皮书走向世界的一个典型案例和讲好中国故事的一次成功尝试。

三、运用现代化的技术手段。如今,信息处理技术在语言舆情的监测方面得到了充分运用。在运用信息技术的过程中,也丰富了语料库技术、语音分析技术、语言切分技术,支撑了动态流通语料库的运行。

四、具备了开阔的视野。语言监测研究的视野拓展至世界范围。比如,上海外国语大学、北京外国语大学等高校依托自身多语种优势,编印了《语言战略动态》《世界语言战略资讯》等世界语情信息刊物,大大拓展了监测研究视野。

总而言之,这些新变化不但使语情研究被纳入语言规划学的内容,也让我国成为世界上率先开展语情研究的国家之一。再者,这些新的研究态势也强化了语情研究的科学品格,引导学界更加关注鲜活的语言生活,解决中国发展中遇到的语言问题。

中国社会科学网:语情监测只是语情研究的一个环节,面对随之发现的一系列亟待探讨的语言问题,学界呼吁要"制定国家语言战略""用战略思维处理语言问题",对此您是如何理解的?学界的这一呼吁,初衷何在?怎样的思维方式和研究思路才能称得上是"战略思维"?

李宇明:一般认为,战略思维是指思维主体对关系事物全局的、长远的、根本性的重大问题谋划的思维过程。学界倡议语言战略研究,是在对当前形势研判的基础上提出来的。伴随着国际、国内形势的变化,当前我国语言生活也发生了前所未有的重大变化,主要体现为:

从国际的角度看,伴随着中国迅速融入经济全球化进程以及"走出去"战略的深入实施,我国的安全、政治和文化利益在全球范围内深入拓展。无论是建构国际新秩序,还是处理中国的国际利益,都有如何看待国际领域的语言问题和如何发挥语言之力的问题。

从国内来看,国家重大战略的实施对语言文字提出许多新要求。同时,由于经济社会及语言生活的巨变,社会语言需求日益多元,语言热点问题日益增多,语言观念发生深刻变化,也对和谐语言生活的构建提出了新的要求和挑战,语言文字问题与国家战略的关系日益紧密。我国也许正在进入语言矛盾的多发期,预防语言冲突成为当前的一项重要工作。在这种形势下,一批有眼光、有担当的学者呼吁用战略的思维处理语言问题,尽快推进国家语言战略研究,充分发挥好语言文字的战略功能,努力服务国家利益。

在研究思路方面,语言战略研究一定要立足于对国际、国内现状和趋势的准确研判,全面把握国家的语言文字需求,发现战略性问题,广泛借鉴政策分析等各种方法,开展务实性研究。当前,国家正在推进的语言文字智库建设,其中的重要内容就是要推进战略性研究。当然,在语言战略研究方面还是有很长的道路要走。
(中国社会科学网 2015.6.6)

语言战略与语言政策研究渐成体系

近几年,语言研究重要动向之一,是强调以社会现实需求为动力、把语言作为社会构建要素和国家战略资源的重要组成部分,这不仅体现了语言学家的国家情怀与社会使命感,也拓展了学科边界,丰富了语言学的内容。2014 年,这一领域非常活跃,跨学科特征凸显,学科建设渐成体系。

语言政策研究传统上被认为是宏观社会语言学的研究范畴,近年来,多位中国学者阐述了语言对国家发展、民族构建、软硬实力提升所起的重要作用,并为突显其全局性和前瞻性的特点,将其称作语言战略研究。

各类活动频繁,信息发布平台多元化

该领域的新进展体现为三个"多":①会议数量多。既有一些高规格的政府论坛,如世界语言大会、中法语言论坛、中葡语言论坛等,也有一些高校及研究或出版

机构主办的讨论语言生活中的宏观问题的会议;②立项课题多。本年度在全国哲学社会科学规划办公室和教育部层面立项的有关课题总数多达 119 个,有的课题直接面向社会语言生活中的重大问题,值得期待;③出版论文专著多。据统计,各类文章达 206 篇,专著、译著、文集等十余部。如商务印书馆的"中国语言生活状况报告"系列丛书中的 4 部,外语教学与研究出版社出版的"语言资源与语言规划丛书"中的 2 部。此外,内部刊物种类多、信息量大。如北京外国语大学的《语言政策与规划研究》,为这一领域提供了专业的发表阵地。自媒体平台建设也引人瞩目,已经正式推出的微信公众号有上海外国语大学的"语言与未来"、上海市语文协会的"语言生活"、武汉大学的"锋言锋语"等。

学科建设成效显著,学术共同体成规模

学科是研究与教学的依托,学科建设将直接影响科学研究和人才培养的质量与规模。上海外国语大学率先设立的"语言战略与语言政策学"学科迎来了第一批硕博士研究生新生,第一套专业课程体系正式进入实施阶段。北京外国语大学设立的"语言政策与语言规划学"学科将与上海外国语大学一样,在"外国语言文学"一级学科目录下招收这一专业的研究生。此外,北京语言大学设置了"语言政策与语言规划"学科,成为全国第三个同类专业人才培养平台。

国家语言文字工作委员会设置的研究基地和研究中心是我国开展相关研究的主阵地。2014 年,国家语委先后与武汉大学、北京外国语大学共建中国语情与社会发展研究中心、国家语言能力发展研究中心,使国家语委的研究基地与中心总数达 16 个。此外,还有北京外国语大学的中国外语测评中心、北京华文学院的语言文化传播研究中心、浙江财经大学的浙江语言资源研究中心、重庆师范大学的南亚语言文化研究中心、伊犁师范学院的新疆锡伯语言文字研究中心等相继成立。

研究的跨学科特征日益凸显

对语言与社会关系中宏观问题的关注,需要问题的提炼和内容的聚焦。研究者不仅意识到了这一点,且已做了很多有益的尝试。年度的关注热点包括:国家语言能力、外语教育改革、国际社会的语言冲突事件等。学界从对个人语言能力的研究,转向对国家语言能力的探讨,提出了国家语言能力的内涵、构架,及其与国计民生、国家安全的关系等问题。外语教育改革是近年受人关注的热点话题,在多省市推出外语考试改革措施之际,研究者通过多种形式呼吁进行科学合理的外语教育改革,并提出具体的改革方案。对于国际社会中有语言因素参与的族群冲突或语言事件,如乌克兰政治危机、爱尔兰独立公投、西班牙加泰罗尼亚地区的分离主义运动等,中国学者都给予了及时关注和分析研究。

由于这类研究需要多学科知识的综合应用,亟待跨学科研究团队的建立。该领域的跨学科特征日益凸显,除了语言学家之外,教育学、历史学、政治学、民族学、新闻与传播学等领域中的研究者对此类问题的关注度明显提高,交叉学科研究或综合类研究增加成为一个重要的趋势。(赵蓉晖,上海外国语大学语言研究院、中国外语战略研究中心)(《中国社会科学报》2014.12.30)

语言服务是"一带一路"的基础保障

"一带一路"建设这项以经济建设为主导的造福沿线国家乃至世界的宏伟事业,既充满诱人的前景,也面临着诸多的困难、挑战乃至阻力,需要相关方面凝聚共识,齐心协力,稳步推进。其中,语言服务是不可或缺的重要基础保障和先导工程,亟须深入研究,未雨绸缪,及时跟进。

语言服务的主要层面

语言作为重要的交际工具和文化载体、文化要素,在"一带一路"建设中有着广阔的用武之地。笔者曾从"一带一路"建设可能的需求角度提到五大方面:语言文化融通需求,语言人才需求,语言产品需求,语言应用服务需求,语言文化历史资源的发掘与利用需求。若从语言功能视角看,我们认为,语言至少可为"一带一路"建设提供如下服务。

一、交际服务

这是语言的基本服务功能。"一带一路"建设带来了更加广泛、频繁而深入的国际交流与合作。与此同时,语言环境会变得更为复杂,使得日常交际所需要的语言服务数量大增,而且还会更加多样化。这就要求我们不仅需要熟悉各国官方语言,也需要熟悉相关地区通用语言乃至地方土语;不仅需要满足一般交际需要,还要满足经贸谈判、法规政策咨询、工程实施、纠纷调解、学术合作等专业语言需求。但就我国现有的情况看,仅满足交际服务,就需要付出巨大的努力。因为"一带一路"沿线语种多,分布复杂,而我们过去对此重视不够,所以相应的储备非常有限,难以满足所需,那么这就将成为"一带一路"实施的一大瓶颈。

二、通心服务

"一带一路"建设的核心内容是"五通",而语言相通则是实现"五通"的最重要基础。要实现"五通",就必须要让相关国家能够正确地理解、认同和接受我们的主张和做法,从而愿意合作,这就需要发挥语言的作用。只有通过语言的有效沟通及相伴的文化交流,让对方了解我们的愿景和善意,我们了解对方的想法和需求,实现相互理解、增进互信、融通人心,才会使铺路架桥、经贸往来有了可能。如果人心不通,任何合作都寸步难行。因此,要充分利用语言来搭建人心联通桥。通过语言文化交流,夯实民意基础,深植社会根基,为经济合作和政治对话创造有利条件。

"一带一路"建设,通心尤其重要。因为这些地区涉及国家众多,地缘复杂,政治、领土、资源、宗教、民族、语言、文化等矛盾交织,大国博弈不断,这就特别需要加强沟通,及时把握动态,准确研判形势,化解隔阂和误解,增进互信和友谊,争取民心。

三、话语构建服务

"一带一路"愿景发布之后,在国内外均产生了强烈反响,相关表述、解读、评论、行动计划等铺天盖地。认真观察这些舆论宣传可以发现,有些表达尤其是对外表达,还需再加斟酌。因此,充分研究我国"一带一路"愿景的基本思想和相关国家的政治、经济、文化及话语风格,用他人能听懂、易接受的语言构建合适的"一带一路"话语体系,迫在眉睫。尤其是一些关键概念的表达,特别需要精心选词,准确阐释,得体外译,以便他人正确理解我们的意图,避免歧义和误解。(赵世举,系武汉大学文学院教授、国家语委中国语情与社会发展研究中心主任、国家汉办汉语国际推广教学资源研究与开发基地执行副主任)(《中国社会科学报》2016.1.5)

陆俭明:语言能力事关国家综合实力提升

"人之所以为人者,言也。"2014年世界语言大会形成的"苏州共识"指出:"语言是人类文明世代相传的载体,是相互沟通理解的钥匙,是文明交流互鉴的纽带。"实践表明,语言能力对个人、国家和整个人类意义重大,提升语言能力事关国家综合实力提升。

人类语言既千差万别,又具有共性。首先,语言具有交际性。人与人之间思想、情感的交流主要靠语言,人思考问题也要凭借语言这一工具,语言还是记录、传承人类文化与文明的主要载体。可以说,人类社会的存在与发展离不开语言。其次,语言具有资源性。我们正处在大数据、云计算、网络化、万物互联的信息时代,国家与国家之间、地区与地区之间交流日益频繁、多样,语言是其中必备的要素。再次,语言具有情感性。语言是一个民族的印记,是一个区域人群的情感纽带。因此,对于一个多民族、多语种、多方言的国家来说,制定好语言规划和语言政策,处理好国家通用语和各民族语言的关系,处理好不同语言之间的关系,对于构建和谐社会,确保国家稳定,促进经济、政治、文化、社会发展,具有至关重要的作用。世界历史上,不少民族冲突、政治危机乃至国家分裂的导火索就是语言问题。

国家语言能力,是指社会整体的母语素养与水平和外语能力与水平,同时包括国家处理海内外各种事务所需要的语言能力,以及掌握和利用语言资源、提供语言服务、处理语言问题等能力。90%以上的人类信息依存于语言文字,国家语言能力与获取信息能力、信息资源储备利用保护能力、国际空间开拓能力和国际竞争能力成正比。在信息化时代,国际交往和国际利益的争取与维护尤其需要强大语言能力的支撑。因此,语言人才、语言技术乃至语言意识、语言规划的竞争在国际竞争中的地位越来越重要。显然,国家语言能力不仅关涉软实力提升,而且关涉硬实力提升,更关涉国家安全。发达国家对语言越来越重视,一些国家已从战略高度对待语言问题。以美国为例,21世纪以来先后出台了《国家外语能力行动倡议》《国防语言转型路线图》《语言与区域知识发展计划》《国家安全语言计划》《国防部语言技能、区域知识和文化能力的战略规划:2011—2016》等一系列语言政策措施。

我国是一个多民族、多语种国家。我们党和政府历来重视语言文字工作。2000年10月通过的《中华人民共和国国家通用语言文字法》,以立法形式规定普通话、规范汉字为国家通用语言文字。此后,我国又明确提出要构建和谐的语言生活,实现语言文字的标准化、信息化,并推出了一系列语言文字方面的标准。但也应看到,我国在语言文字方面尚存在不少问题。比如,社会整体语文素养出现一定程度的滑坡,学校外语教学语种偏少,国民外语能力与水平偏低,民族语言研究人才缺乏,国民语言意识普遍薄弱等。这与我们建设负责任大国、坚持开放发展的要求相比还有较大距离。

深入推进"一带一路"建设,需要全方位推进务实合作,打造政治互信、经济融合、文化包容的利益共同体、命运共同体和责任共同体。为此,需要实现政策沟通、设施联通、贸易畅通、货币流通、民心相通。这"五通"的实现又需要以"语言互通"为基础和前提。没有语言互通,政策难以沟通,更谈不上民心相通,也会影响设施联通、贸易畅通、货币流通。

提升个人与国家的语言能力是一项系统工程,需要国家和社会各方面协同努力。其前提是要增强全民包括相关领导干部与普通民众的语言意识,特别是语言能力意识、语言规划意识、语言安全意识、语言维护意识、语言科学传播意识等。而营造提升语言能力的良好氛围更是任重道远,需要国家和全社会积极行动起来。

(陆俭明)(《人民日报》2016.2.17)

"一带一路"的语言战略——国家战略

语言互通是人与人的联通，是另一种意义上的设施联通。前面大量的阐述证明了语言互通是政策沟通、民心相通的基础，没有语言互通，政策难以沟通，更谈不上民心相通，也会影响贸易畅通、货币流通。语言互通是"一带一路"实施的重要基础，并且也可以成为"互联网＋"先进模式的体现。实现"一带一路"语言互通，提升语言能力是主要途径，既要提升个体语言能力，也要提升企业语言能力，还要提升国家语言能力——因为语言战略是国家战略。

随着"一带一路"战略的推进，中国模式和文化正加快融入全球的进程，除了面临经济、技术、资金等硬实力的挑战之外，面临的更难的挑战实际上来自软实力领域。当前虽然中国已经成为世界第二大经济体，但中国模式和文化成就影响还相当薄弱，与世界第二大经济体的地位完全不相匹配。

不论是"一带一路"还是"引进来，走出去"，世界看到的中国，是经过语言翻译过的中国。中国认识的世界，是翻译过的世界。其中，语言翻译的作用不言而喻。语言作为经济、文明的载体，作为"一带一路"五通的基础，语言到哪里，经济、文化、生活就会到哪里生根发芽。语言能力、运用范围，实质上表征着国家的软实力，影响着中国经济全球化的进程态势。

从语言权问题来看，当今世界西方国家垄断着全球交流和传播的话语权。特别是英语为母语的国家，除了在世界范围内输出资本和技术之外，还凭借英语的强势渗透和流通，不断打压非英语国家进入世界舞台和国际市场。中国作为世贸组织的成员国，经济总量列世界第二位。然而，世界贸易组织的官方语言却还只有英文、法文和西班牙文，经贸相关的中文译本没有法律效力，这使得我国在全球经济发展中处于相当被动的状态。而且汉语也不能作为世界一些主要会议的用语，中国学者必须用英语等其它语言来阐发学术观点。这种不容乐观的现实状况，也直接影响"一带一路"战略的顺利实施以及实施的效果。

常年来，英语作为国际中间语言，很大程度上是由于英语国家地区在经济上的统治地位造成的，大量的外交文献、国际标准、官方沟通都是以英语作为主体，以及国际上大量的语言信息的互译也是以英语版本作为标准参照。在国际信息传播量中，英语信息占比高达80%以上，这使得英语作为强势的中间语言为英语国家保持国际上的发达统治地位做出了重要的贡献。应该说，保持英语的语言强势，在很大程度上也是发达的英语国家地区所做出的一种国家战略，英语文化随着语言强势而强势，为经济和军事的国际化战略提供了最基础而强大的保障。

若是中文能够作为国际中间语言,那么对我们国家的价值同样是巨大的。中文成为中间语言意味着大量信息首先被翻译为中文,再转换成其它语言文字,这将极大地促进我国信息输入输出能力的发展,使我国获得信息优先优势,从而满足经济、文化交流中不断增加的迫切需要,这对于"一带一路"战略的实施具有重大的意义。而且随着中文信息的增多和时效性的增强,中文的权威性将得到迅速加强,并逐渐成为全球最具权威性的信息来源语言,将带来巨大的竞争价值,并推动中华文化成为强势文化加快在全球传播。

如果将中文翻译成外语,在软实力方面实现了"走出去"并服务于"一带一路"的沿线国家地区,同时把与其他国家地区实施"五通"过程中涉及的各种信息,以中文为中间语言实现多种语言信息之间的互译,以中文版本作为多种语言之间信息转换的标准参照,那么以中文作为中间语言的时代就会随着"一带一路"战略的深入实施而来临。

其实早在数年前,推动中文成为国际中间语言的倡议和研究就已经发起了,但因为各方条件并不成熟,也就未能受到足够的重视。可当今中国的国家实力已经今非昔比,不仅成为全球第二大经济体,而且各方面的国际影响力都在快速提升,加上"一带一路"战略作为国家战略的定位,现在将推动中文成为国际中间语言的战略作为国家级战略,条件已经具备:

1、战略优势

"一带一路"战略覆盖超过 60 个国家地区,带来的影响是全球性的,我国在"一带一路"沿线国家地区的强大影响力,以及包括在"亚投行"等经济高地的主导地位等等,这些政治和经济上的优势(或者局部优势)非常有利于推动中文作为中间语言的战略实施。

2、经济优势

"一带一路"战略的重点就是要推动以中国为核心的沿线国家地区的全方位合作,事实上中国的经济强势已经奠定了其核心地位,而以中国为核心非常有助于确定中文语言的核心地位。让"一带一路"相关国家地区更多地从中文信息中获取支持和帮助,也助推各类中国(中文)工业标准的国际化。

3、信息导向

随着"一带一路"战略的推进,中国正全面"走出去"。中文信息的使用范围和使用量大幅增加,甚至大量信息的源头就是中文。这些信息的多语言翻译工作,大部分会由国内翻译机构承接,此时推动中文成为中间语言正逢良机。

4、技术能力

中文作为中间语言的关键技术攻关已经获得突破。国内在以中文为主的"多语"信息处理研究开发方面,已经推出众多具有自主知识产权的优秀成果,"互联网+语言服务"模式的研究探索和应用实践,已经具备国际先进水平的理论基础和实践经验。

5、人才基础

这些年高等教育快速发展,培养了大批语言人才,中国是全球唯一一个拥有大量受过高等教育、且掌握至少一种外语人才的国家,推进中文成为中间语言已经具备了人才资源条件。

另外,中文还具有一些独特的优势:中文由于其精练、语义丰富等特点,可以不失真的与其他任何语种进行转换,非常适合作为中间语言;中文是世界上使用人数最多的语言,加上华人遍布全世界,这给中文作为中间语言带来丰富的人力资源和全球性的广泛基础。

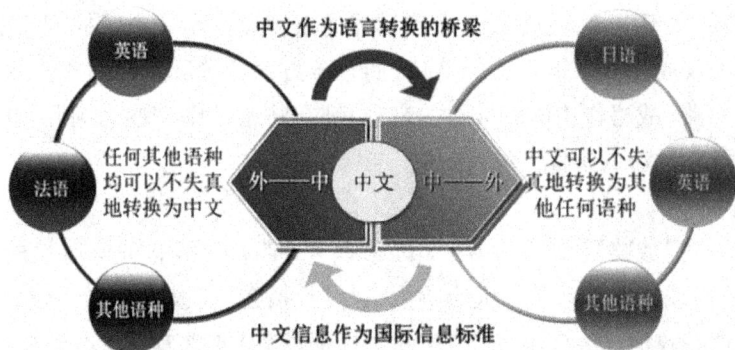

中文成为国际中间语言的意义重大,并且有了以上这些条件与优势,把推动中文成为国际中间语言的战略作为国家级的语言战略,正当其时,再犹豫则会失去这个重大历史机遇。当然,中文成为中间语言的目标也绝非一朝一夕就能够实现。作为国家级的语言战略,需要进行细致的规划和制定明确的政策方案,并且需要较长时间的持续投入和努力。

有鉴于此,基于"一带一路"国家战略,抓住当前互联网飞速发展的机遇,国家统筹规划制定相关政策,调动国家资源和社会资源,突破依赖英语为主流的国际交流平台,打造以中文为经济、文化载体的国际交流平台,不断提升中国模式和文化全球地位和影响力,借助"一带一路"的契机推动中文成为国际中间语言。当世界广泛使用中文做语言转换的中间语言的时候,就是中国模式和文化融入世界并形

成新的世界格局的时候,中文语言经济也必将推动"一带一路"乃至世界文明的发展。(搜狐 2015.8.12)

"语言研究与国家战略"成为当前研究重点

11 月 14 日,北京市语言学会 2015 年学术前沿论坛在京召开。与会学者以"语言研究与国家战略"为主题,就语言保护、语言发展、语言能力、语言与国家等问题展开深入探讨。

北京语言大学李宇明教授提出,在互联网迅猛发展的今天,应该加强新媒体语言规范的管理,加强语言学界对文体研究的重视程度。文体教育是语言能力培养的重要方面,应成为语文教育的重要内容。他认为,维护祖国语言的规范与尊严,是包括网民在内的国人的共同责任。网络是集中各种媒体、各种网民语言智慧的平台,是新词新语等语言新现象的重要生产地和传播源,故而网络语言现象特别炫目,并极具扩张能量。在中国媒体走向世界的征途中,获取新媒体的话语权,获取新媒体的国际话语权,已经是不容忽视、不容回避的社会课题。语言学要努力探索新的语言技术,为网络语言媒体的发展提供软件和硬件的支撑。树立网络时代的语言学意识,重视创造媒体的新形态和新生态,倡导合乎新媒体发展规律的各种规范与规约,让新媒体健康成长,更好地利国惠民。

北京大学陈保亚教授认为,"语位"是借助行政力量而确立的语言政治地位,提升汉语通用性是汉文化经济和其他民族或国家有效合作的重要保证。提高文本质量,增强汉语的语势,是提高汉语通用性的可行性方案,既可以在保护弱势语言的前提下增加汉语的通用性,也可以在尊重其他强势语言的基础上增加汉语的通用性。

北京语言大学卢德平教授提出,汉语国际传播的深层次意义在于通过汉语符号体系的输出和在异邦的扎根,帮助其他国家的汉语学习者实现两个现象世界的耦合,延伸其认知体系,拓展其知识范围,从而与中国人共享汉语长期所营造的中国场域。以往国内外就有关语言接触、语言传播、语言规划,以及语码转换、语言选择、双言、双语等问题的经典研究成果对于语言传播与政治力量、地理因素、宗教因素、民族因素以及使用者的社会人口学特征之间的关系做过不少探讨,从学术上肯定了语言外因素与语言传播之间的内在因果关系。但是,这些研究存在着两个方面的问题:一是普遍采取传播方的视角,并在一定程度上分析了语言传播的推力因素,但是对于传播接纳方的拉力因素鲜有考察,更缺乏对二者关系的研究;二是即使是对传播方推力因素的考察,也很少把各类推力因素置于一种交互作用的系统

之中来进行审视,更多的是集中在单个推力因素之于语言传播关系的分析和研究上。(中国社会科学网 2015.11.18)

语言规划方兴未艾：实现语言互通，推进"一带一路"建设

2015 年,随着"一带一路"建设的推进,服务"一带一路"建设的语言规划研究正成为语言学及应用语言学研究的新热点,方兴未艾。

有学者系统梳理了"一带一路"建设中可能出现的语言需求,如语言文化、语言人才、语言产品、语言应用、语言学术等,建议制定专门的语言服务规划,加快培育语言人才,创新语言资源开发,构建相应的语言服务体系,提升国家和社会的语言服务能力。也有学者提出了服务"一带一路"的语言规划构想,认为既要探讨国内语言生活、语言生态的变化趋势及其对策,又要分析沿线国家和地区的语言生活、双边和多边交流中的语言使用,更要思考旨在争取民心、赢得民意的人文交流对语言文字的需求,从七个方面提出了具体的规划设想。

笔者认为应将语言互通包含在"一带一路"互联互通的建设内容之中,纳入"一带一路"建设规划。为此,提出实现语言互通的四种途径及加强语言能力研究的建议。还有研究者从语言政策和规划的角度全面列举和对比了"一带一路"核心区的中亚四国和东南亚四国与我国共有语言及其语言身份、语言地位和文字系统的构成情况;进一步论证了国家外语能力建设在战略导向、能力需求、资源种类和资源质量四个方面的战略转型任务,提出了国家外语能力建设服务"一带一路"的对策和建议。另有研究者论述了中亚五国语言状况的特点及语言发展呈现出的多极化走向,并提出了相应的政策建议;以及提出"一带一路"需要语言铺路,"一带一路"建设规划必须重视语言规划和语言理念。同时,也有学者指出"一带一路"建设面临语言服务能力不足的问题,因此提高国家语言能力迫在眉睫。在如此复杂的情况下,我国的语言服务业在机遇与挑战中蓬勃发展、互联网机器翻译也蓄势待发,为进一步提升国家语言能力而奋斗。所以,今后更应摸清中国周边语言资源现状、推进跨境语言研究,推动"一带一路"互通互联的建设和发展。

为支持和参与"一带一路"建设,中央部委、地方政府以及团体(如高校、研究机构、企业等)均在制定相关规划,需要将语言互通计划纳入其中,并制定专门的语言行动计划。

首先是语言规划观(认知取向)。一般认为,有三种语言规划观,即语言作为问题、语言作为人权和语言作为资源。为服务"一带一路"的建设,基于资源观的语言规划研究恰逢其时,面临着新发展。语言资源观须进一步梳理,系统发掘。

语言资源观的核心是要建立语言资源管理理念、理论和方法,学会了解资源、使用资源和开发资源。而语言本身就是一种有价值、可利用、出效益、多变化、能发展的特殊的社会资源,它既是语言的资源,也是文化资源和经济资源。语言资源具有社会性、继承性、价值差异性、稀缺性、共享性和可开发性等主要特性。所以,不同的语言资源其价值是不同的,其中能够掌握不同语种的人力资源则是核心资源。而据多位语言学学者调查研究发现,我国多语种人才极其短缺,大力培养符合国家语言战略的复合型高端人才,迫在眉睫。语言资源管理要求我们具备良好的整合观,即把相关部分组合成为新的有机整体,以实现优化配置、增强功能、提高效益的过程。整合是一种创新,既可以对某一种资源进行整合,也可以对多种资源进行整合。在全球化日益加深的今日,我们需要重新认识语言资源的共享性需要学习他国、他族语言,这既可以增加本国、本族语言资源,也可以促进不同民族、不同国家之间的人心相通,更可以推进社会和世界和谐的进程。

其次是内外环境分析。任何规划都离不开对内部、外部环境的分析与应用,语言规划也是如此。SWOT分析法就是对组织内部优势、弱势和外部机会、威胁进行分析的一种常用方法。S代表Strengths(优势),W代表Weaknesses(弱势),O代表Opportunities(机会),T代表Threats(威胁),其中,S、W是内部因素,O、T是外部因素。不同的组合方法,可以形成不同的战略。两两组合可形成基本战略,如S－O战略,即抓住机会,发挥优势战略;W－O战略,即抓住机会,克服弱势战略;S－T战略,即发挥优势,避免威胁战略;W－T战略,即克服弱势,避免威胁战略。除此之外,还可形成更复杂的组合,从而形成更具体的战略对策。总之,不管如何发展,都要抓住机会,避免威胁,发挥优势,克服弱势,形成比较优势,进而发展成为竞争优势,建立核心竞争力。

再次是明确规划目的和重点。从规划者角度来看,规划可分为政府规划和团体(如高校、研究机构、企业等)规划;从时间角度来看,规划可分为中长期规划和短期规划;从地域角度来看,规划可分为全域规划和局域规划。而不论采用何种规划方式,都需要明确规划的目的,准确把握内、外部环境。

基于资源观的语言规划应以了解资源、使用资源、开发资源为导向,以人力资源开发为重点。规划目标是对语言资源的综合开发利用及其社会经济效益的挖掘,既包括与语言相关的社会目标,如提升个体、团体和国家的语言能力、建设语言强国、维护国家安全、发展语言经济、促进社会和谐以及各种文明交流互鉴,也包括语言文字的自身目标,如了解语言国情、建设语言生态、提升交际效率和语言学习效率等。因为规划内容会涉及很多方面,所以相应的规划重点也会有所不同:

（1）语言调查。既是制定规划的基础,也是规划本身的内容之一。需要开展全域或区域语言国情调查,根据实际情况可能还需要调查沿线相关国家的汉语(华语)教育及传播情况、语言政策和语言状况,以及我国与沿线相关国家语言的使用比较研究等。

（2）语言人才。优秀语言人才的培养,这是规划的重点之一。包括相关语种及人才数量、人才种类(包括纯外语人才、从事相关职业的外语人才、掌握相关外语的语言研究人才等)以及人才培养方式等。

（3）交流互鉴。需要规划中华语言文化传播,规划中外语言文化交流互鉴。

（4）语言服务。政府规划主要是制定和完善语言政策、语言规范和相关举措,推动智库交流合作,建立语言互通联盟等。团体规划需要根据不同服务对象提供诸如语言产品研发、语言技能培训、语言服务平台建设等。(魏晖,系教育部语言文字应用研究所副所长、研究员)(《中国社会科学报》2016.1.7)

延伸阅读

在推进国家语言战略中塑造战略语言

一、语言学进入中国国家战略视野

近些年中国语言学界一改往日"躲进小楼成一统"的形象,开始从国家战略的视角研究语言问题,它标志着中国的战略文化成长有了质的飞跃。语言一旦被纳入战略层面,就有了崭新的政治特质。近代以来的西方国家社会科学始终贯穿着政治,他们的地理学被改造为地缘政治学,经济学被改造为政治经济学,中国的语言学研究自然也要服务于国家战略目标。

语言的学习过程同时也是民族对内塑造民族个性,对外塑造民族形象的过程。随着中国政治、经济全面参与世界,我们的意识形态自然同时也要参与世界,这是不可避免的。世界接纳中国的前提是接纳中国的价值观。而要做到这一点,除了正面宣传外,还要更多地采用比较符合人类认识发生规律的"随风潜入夜,润物细无声"式的温和方法。语言教学是民族文明传播中比较中性、温和,因而也是有效影响人类心理定势的方式,对国家竞争力的提升具有较大的战略价值。法国学者路易?多洛在《国际文化关系》一书认为:"只有了解语言才能使文化影响卓有成效,才能进入外国的灵魂,进入其文学、智力和精神遗产。"

中国语言学在今天已超越学科范围,外溢到战略学领域。2000年10月31日,第九届全国人民代表大会常务委员会第十八次会议通过的《中华人民共和国国家通用语言文字法》提出了"国家通用语言"的概念。2007 年,国家语委提出了"语言战略是国家发展战略的有机组成部分"的命题。这些不仅是中国语言学界,更是中国学术界的大事。

二、语言是大国博弈的战略工具

将语言学研究纳入战略视野,而不仅仅是局限于语音、语素、语义、音节等技术层面,从政治和国家博弈的视角看待语言问题是世界强国在崛起过程中形成的重要经验。

"惩",征心是也。历史上看,语言工程往往也是人心改造工程。西方人的民族征服往往从对被征服者的语言改造开始:英国人如此,美国人也是如此。欧洲人带着枪炮走向世界的同时,也把他们的语言强行推向他们的殖民地。这样,原来由阿拉伯语、汉语、梵语等语言支配的世界,便在近代为英语、法语和拉丁语等所取代。这些语言在向世界传播的过程中,也将欧洲人的价值观带到其支配的地区。他们在强化宗主国价值观的同时,削弱或消灭了其殖民地的原生意识,强化依附意识。《第三世界:苦难、曲折、希望》一书的作者,保罗·哈里森提出"文化上的帝国主义"概念,他说:"伴随着政治上和经济上的帝国主义,又产生出一种更为阴险的控制形式——文化上的帝国主义。文化上的帝国主义不仅征服了受害者的肉体,还征服了他们的心灵,使他们沦为惟命是从的帮凶。"曾在好望角任职的英国官员约翰·巴罗说:"假如所有的官方文件都用英语书写,那么这里的下一代就会变成英国人。"目前凡是英语说得好的国家,除母语国家外,都是被英国征服、其殖民化程度比较高的国家。

国家安全是民族生存和发展安全的依托。历史上已有很多语言都被埋在地下,成了考古学研究的对象,如果我们语言研究的注意力只集中在它的音素、音节等"纯学术"的细节上,而不关心这种语言的命运及其相关政治因素,那我们的研究就失去了真义。据信原本是中华先民的北美印第安人的语言今天已近成考古学研究的对象,如果我们今天的语言学研究的结果在未来也使中国语言成了一种"古老的传说",那至少对我们中华民族来说,就是失败无比的研究。孟夫子说"尽信书,不如无书",世界上没有人研究学问的目的是为了消灭自己。中国语言学研究要与国家同命运共患难,与中华民族的伟大复兴目标相结合。这大概就是国家语委提出"语言战略"命题的本意。

推进国家语言战略的关键是塑造国家战略语言。这方面的工作,西方国家是有组织、有计划和持之以恒地向前推进的。第一次世界大战结束前后,欧洲国家将文化建设纳入外交战略的总体规划。1913 年德国外交部用于支持海外学校的预算拨款达150万马克。1920年,法国外交部将国外法语学校与著作办公室升格为法语著作司,明确其使命为"法国的对外知识扩张"。美国学者鲁塞尔·加尔特(Russell Galt)注意到法国在埃及与英国进行着有组织的文化争夺,他写道:"在埃及,英国拥有教育上的控制权,但法国却主导了埃及学校的教育观念。因为法国有一个有组织的文化宣传机构,而英国却没有。法国的'笔'比英国的'箭'更有效果。"

第一次世界大战后,英国政府意识到"它在创建一个帝国的同时也创造了一种文明",同时也认识到英国在殖民地文化争夺中还处于劣势地位,决定对这种"创建文明"的活动加以支持。1934年11月,"英国对外关系委员会"成立,负责推进英国的海外利益的"特别文化使命"。1943年底,英国外交部内设"英国文化委员会事务科",1945年,第二次大战即将结束前夕,为了加强服务于战后殖民地争夺的舆论影响力,英国外交部将该科升格为"对外文化关系司"。英国文化委员会将英语传播"置于文化外交的优先地位"。1906年美国颁布的《国民法》(The Nationality Act)规定:移民只有在具备英语语言能力后才能加入美国籍。第一次世界大战把"美国化"问题连同教育语言问题进一步推向美国政治的前台。在当时反德恐德的排外风潮带动下,早先通过的双语教育法纷纷被废除,许多州还通过了"唯英语教学法"(English—only instruction laws),促使民众"美国化"。有些走极端的地区甚至规定,小学低年级的学生不允许学习外语,以强势手段推行"美国化"。

在日本方面。1923年3月,日本第四十六届国会通过《对支文化事业特别会计法》,12月,日本内阁依据《特别会计法》成立了"对支文化事业调查委员会",由外相任会长。1925年初策划成立了"日中文化委员会"(次年更名为"东方文化事业总委员会")。到1936年5月,日本外务省提议将原先由"对华文化事业特别会计法"规定的300万日元的预算增加到400万日元,主要用于:在中国各大学设立日本语讲座与日本文化讲座;中日民间各团体之经济文化提携;在中国各地新设日本文化图书馆,积极介绍日本文化,展开日本体育运动、戏剧及艺术交流。一年后日本便发动了全面的侵华战争,由文化侵略转为军事占领。侵华战争期间,日本语言学者平野晃在《大东亚共荣圈中的语言问题及其对策》文章中明确表示:

"日本在大东亚所应采取的语言政策,有两个方面:一个是加,一个是减,亦即日本语的普及和欧美语的排斥。"他认为:对于香港等第一类地区,决不能认可除日本语以外的其他语言;对于"满洲国""支那"、泰国等第二类国家,日语应该作为第一外语、教育、文化用语来使用,应该成为"国家语";"大东亚语言政策的理想就是把日本语作为大东亚的标准语,而各民族、各地方的语言要置于方言的地位"。据统计,从 1937 年下半年到 1040 年,日本在中国内地广大沦陷区开设的日语学校达 180 多所。

语言学研究的新成果一般而言,必然会转为民族学研究的新课题。西方国家征服其他民族的最常用的方式就是制造他们的国家分裂;分裂这些国家的常用方法是率先分裂、肢解它们的语言。比如他们会鼓励和资助一些历史学家和语言学家有目的地去一些国家就民族问题进行"学术考察",从其生活习俗和语言结构最终"研究"出许多与其现存国家共同体相排异的民族元素,并由此推论这些民族与目前的国家本"不兼容"。接着就是西方政客们对这些越研究越多的"民族"进行炒作性宣传、鼓噪,在必要时不惜鼓动国家出兵推动其独立倾向,结果许多好生生的国家就这样被肢解了。我们看看近代英法美等国从民族问题入手碎化近东巴尔干国家、中东海湾国家及非洲国家的过程,再看看当代西方渲染的民族问题导致苏联解体及其后的巴尔干国家再次碎化(Balkanized)的现实,我们就不难看出西方语言学研究具有的战略功能。由西方导演的苏联解体使俄罗斯学者对此有深刻的体验。B. A. 利西奇金和 Л. A. 谢列平在其合著的《第三次世界大战——信息心理战》一书中说西方人:

"从今天的利益出发,挖掘历史论据来证明今天的观点是正确的。民族间的冲突往往以此为据。亚美尼亚与阿塞拜疆之间的冲突正是这种心理战手法酿出的恶果。历史上双方都可以找出大量资料证明,卡拉巴赫属于此方或彼方。当受到西方第五纵队操纵的新闻界,公然煽动被移居的人民,就其实质而言是组织了奥塞梯－印古什冲突以及其他一些冲突,酿成了大量伤亡。"

斯大林同志注意到国家分裂导致语言分裂的现象,他在其著名的《马克思主义和语言学问题》一文中写道:

"一个民族由于缺乏必要的经济发展条件而还未成为民族,它的统一语言由于该民族国家的崩溃而瓦解;在统一语言中还没有消失的地方方言,却活跃起来并成为形成单独独立语言的基础。例如统一的蒙古语可能就是这样。"

从斯大林指出的这种现象中也可反推出语言分裂导致民族问题扩大和由此导致国家分裂的可能。苏联解体后,西方将弱化或分化的目标转向中国,据说也有一些西方学者跑到我们的新疆、西藏等地区进行"学术考察",出钱"资助"中国的一些学者为其做"语言学"或"民族学"研究,让我们自己的学者说那里原来有多少处于不同语系中的"民族",并由此得出西方人想要的并符合他们战略目标的结论。这种"随风潜入夜"式的"学术研究"的后果不利于中国人民的团结和中国的政治统一,需要我们高度警惕。

与此相反,西方人并不在本国开展同种目的的同类研究。美国民族成分复杂程度不亚于印度,他们赞美印度是"语言博物馆",可对本国同类现象却从不加以渲染。他们不仅不鼓励而且是尽量减少和弱化本国民族的多样性发展。"美国的语言教育,尤其是针对移民的语言教育发展所诠释的是'同一面旗帜,同一种语言,同一个国家'的理念"。"美国现行语言文化政策的理论根据是源于欧洲文化中的'单语至上论'和'语言尊卑论'。追求'语言一致'和'文化同质'是美国开国元勋们一贯的理想和信条。""进入20世纪以来,'盎格鲁－撒克逊文明'已牢固地占据了主流文化的地位,虽然英语从未在法律上被确立为官方语言,但已形成了一个威力无比的、能熔化所有'非盎格鲁－撒克逊'文化和语言的熔炉。始于1981年的'英语官方化运动'(也被称为'唯英语运动')就是一个明证。20世纪90年代初美国国会通过的《美国土著语言法案》只是'亡羊补牢'的安抚政策。贯穿整个20世纪的'双语教育'也具有浓厚的'过渡性'色彩,其最终意图依然是使受教育者逐步过渡到主流语言,尽快地融入到主流社会和主流文化,其实质依然是'单语主义'和'单元文化',巩固和维护'一致性'的民族认同。"2006年5月18日,美国参议院通过了一项修正案,其主要内容是确立英语为美国的"国家语言",同时对新移民提出一系列英语语言要求,并且取消政府对移民的某些非英语服务。"这对于早已被打翻在地的美国双语事业来说,真可谓是又踏上了一只脚,恐怕永世不得翻身了。"

在民族问题上,英国人和美国人是"外松内紧":在国内讲统一性,在国际上则要求多样性,用各种方式弱化他们的对手国家和种族,巩固其国内统治和世界霸权。美国歌手迈克尔·约瑟夫·杰克逊厌恶自己的黑人人种,想从肤色上与白人人种"保持一致"。在美国居统治地位的白人们看中了这一点,便把他捧了起来,并使其在多民族聚集的美国大红大紫,让在美国人口中占相当比例的黑人们在杰克逊的摇滚乐中忘记其种族的历史和个性,并由此产生对白人统治国家的认同和依赖。英国人在印度将甘地捧为"圣雄",在南非将曼德拉捧为"和平斗士"。两人思想中有许多有价值的内容,可英国人却偏宣传、鼓励和强化他们思想中的"非暴力"部分,将其改造并美化为对英殖民者无大害的"普世主义"价值观,将其灌输给英国殖民地人民并以此强化那里的人民对英国殖民统治的依附意识。

西方的对外文化政策是为其外交目标服务的,它不仅讲政治而且带有血腥味。在近代中国,香港是英国人的殖民地。新中国建立后,华人武术界里出了一个李小龙,他在其主演的功夫片中一改香港华人"好勇斗狠"的猥琐形象,表现出了中国人的正义、正气和威武不屈的精神。李小龙用自己的武艺和武德赢得了世界人民的热爱,他在美国和日本人民中拥有众多的崇拜者。但李小龙在33岁就"死于不幸";其长子——决心继承父业的李国豪——在事业初有声色的时候,也随一起"误击事件"而英年早逝,年仅28岁;如果再联想清末曾多次打败洋人的爱国武术大师霍元甲在年仅42岁时便"不意中毒身亡"的结局,我们不能不怀疑在这些相似结局后面的某种战略意图及其政治关联。侵华战争期间,日本学者杉山平助在《论支那人》文章中将日本对华"笔战"的作用概括为:"军人用刀剑刺支那人,我们文化人就是要用笔把他们的灵魂挖出来。"这话反过来说也可理解为:当日本的文化人不能用笔把中国人的"灵魂挖出来"时,那军人的刺刀就要派上用场。

西方的殖民文化政策对第三世界的影响是深远的。我们看看目前流行于东亚地区的一些武打片,其中的主角形象多是一些好勇斗狠的侠客,而侠客是有勇无义的。这是当年日本及欧美殖民主义国家在这一地区可以接受的文化底线。东亚国家和地区迄今还有相当的言情片中的苦恋都以退场的一方买了去西方某国的机票或另一方在机场注目于刚升空飞往西方某国的飞机为剧终。这其中隐藏的暗喻就是:西方才是人生的"伊甸园",到了西方就找到了道德的制高点。这样的倾向是殖民文化长期"心理暗示"的结果。

三、语言张力与民族命运息息相关

语言的张力与民族的命运息息相关,某种语言能否成为战略语言与使用该语言的民族命运息息相关。斯大林总结说,在阶级压迫的历史条件没有消失之前:"只能有胜利的语言和失败的语言。"

现在人们都谈全球化,所谓全球化,就是某种生产方式对世界发展起主导和决定性的作用,在这种生产方式面前,顺者昌,逆者亡。大类而分,人类迄今经历了农业全球化和工业全球化。工业革命之前,在农、林、牧、副、渔诸业中,农业为优势产业,率先进入农业生产活动的民族往往获得较快的崛起机遇并建立相应的地区主导权或霸权。忽必烈也好,努尔哈赤也罢,他们都因最终采用农业生产而成就了其帝国事业。中华帝国的崛起也与以汉民族为主体的中华民族采用农业生产有关,汉语也因此随中华帝国的扩张得以传播。今天亚洲很多国家,尤其是受英法殖民影响较小的东北亚国家的文字仍还保留着较多的汉语痕迹。与工业时代的全球化相比,那时农业动力系统尚属自然动力,这使得农业全球化的广度和深度远不及今天的工业全球化。世界农业的若干中心将世界语言分成若干相应语系。在欧洲殖民者来到东亚之前,中华文明及其主体语言即汉语是这一地区强势语言即斯大林所说的"胜利的语言",这也就是中华帝国的战略语言。

近代西方工业革命兴起,工业成为一个支配全球的生产方式。欧洲工业革命带来的蒸汽动力及由此产生的欧洲人及随后居上的英国人的全球强势扩张,使世界语言地图为拉丁语、法语、英语等所分割;英国击败西班牙、荷兰、法国成为"日不落帝国"后,英语便成了支配世界的强势语言。

语词变迁史表明,有较强张力的语言多是征服者的语言。当代最强势的英语中有许多法语词汇,说英语的人如能带两句法语就会给人一种很有身份有教养的印象,这是因为法国人征服过英国;俄国虽没有被法国征服过,但由于法国在历史上的强势,曾使得"俄国贵族有一个时候在宫廷和沙龙里也有好讲法语的风尚,他们以讲俄语时夹杂些法语、以会讲总是带法国口音的俄语而自鸣得意"。法语中有许多拉丁语词汇,说法语的人拽上两句拉丁语是有学问、有身份的象征,那是由于罗马人征服过法国。拉丁语对法国文化人的影响如此深刻,以至直到1539年法国国王弗朗索瓦才颁布《维莱－科特雷敕令》,要求往后所有官方文件都必须"以法语为母语而不是其他语言","尤其是不能用拉丁语"书写。民族的征服,在许多情况下也是语言的征服。一千多年前伴随罗马帝国扩张的也有拉丁语的扩张,日本人在中国台湾和东三省的殖民占领的同时也强行推行日语教学。

资料表明,语言的变迁并非是一个纯粹的自然过程,在相当程度上它是民族博弈和主观自觉的结果。英国历史语言学学者尼古拉斯·奥斯特勒(Nicholas Ostler)研究发现"罗马人入侵后的100年间,高卢语的碑文全部消失了"。近代法国占领越南后,也仿效罗马人消灭高卢语的方法,其"第一要废除中国文字,第二是创造拼音文字,将中国传入的事物,凡是有历史性的一概毁灭"。2000年,笔者在印度尼赫鲁大学访问发现,印度大学中没有英语系,相反却有中国语言系(Chinese Department),这是因为英国彻底征服过印度。"英国统治印度时期,帝国缔造者有意识地用自己的母语英语取代莫卧儿王朝遗留下来的官方语言波斯语"。1837年英国在印度的殖民当局规定以英语代替波斯语作为公务语言,1844年又采取了优先录用会英语者为公务员的政策,由此加深印度的殖民化程度,以至"时至今日,懂英语在这些曾经的英国殖民地中仍然是一种精英的标志"。历史学家汤因比说"正是由于'大不列颠人统治了海洋'才使英语后来成为全世界范围内的通行语言了";"英语的胜利是大英帝国在东西方新的海外世界争夺军事、政治和商业控制权斗争胜利的必然结果"。英国之后,美国崛起,美国英语即"美语"也随之成为有别于"伦敦语"的强势语言。即使如此,与法语对英语的影响一样,美国曾是英国的殖民地,今天说美语的人若能带些伦敦音,也会得到高看。关于此,英国语言学家尼古拉斯·奥斯特勒的著作《语言帝国:世界语言史》,为我们理解这方面的知识提供了大量的史料。

西方语言近代扩张的路径并不是单纯的文化交流,而是传教士先行,军人后跟——欧洲的商业扩张也是这么完成的。用这种经验反观中国,现在中国的孔子学院已遍及世界,可后面没有军人紧跟,这在历史中尚无先例。中国海军现在已到了亚丁湾,但我们的海上基地远未连接到那里。中国的海上基地如果不能连接到亚丁湾,那么,在那里的海上行动还不能算是真正意义上的海军活动。国家的命运决定民族的命运,而民族的命运就是语言的命运。中国语要能独立于世界民族之林,有赖于中华民族的伟大复兴。我们现在有接近三分之二的财富增长已经依托海外,但我们中国语向世界拓展的进度尚未与此同步。要让世界认识和理解中国,我们必须在推进国家语言战略的同时,加大在世界范围内塑造并运用中国战略语言的力度。美国前总统乔治·布什曾说过:"要取得长期意识形态斗争的胜利,就必须具备传播民主的能力。我们必须向世界传达自由社会的好处。但如果不具备沟通所需的语言能力,上述努力都将是徒劳的。"这个道理,对一个正在融入世界并必将有力地影响世界的中国而言,也是可以反用的。

目前中国在一些国家建立"孔子学院",传播中华文化,有人对此抱怨说这是虚耗资源,这其实是一种账房先生式的短视。我们应当从国家政治和语言战略的高度来看待这个问题。政治和战略讲的是大局和长远利益,不能太计较眼前的账房收益。如果只为眼前利益,中国到现在都不可能有原子弹。原子弹本身只有资金的支出,可它带来的最大的国家利益就是中国已享有的近半个世纪的和平环境。没有核武器保障的安全环境,中国改革开放就不可能取得如此成就。西方文化的传播是讲政治的,在这方面我们还需学习。2001 年,笔者到印度访学时发现,印度许多邦中都有美国开办的"美国图书馆",一个这样的图书馆就是一个美国文化的传播基地。近代西方文化在世界的传播基地是教堂,现代则是"图书馆"。这些经验都是非常有效的,我们也应当对此加以改造和利用,使之服务于中国的对外开放,服务于中央"统筹国内国际两个大局"的大政方针。

四、语言进化规律及其在中国的运用

马克思在谈到民族国家语言形成规律时说:"在任何一种发达的现代语言中,自然地产生出来的言语之所以提高为民族语言,部分是由于现成材料所构成的语言的历史发展,如拉丁语和日耳曼语;部分是由于民族的融合和混合,如英语;部分是由于方言经过经济集中和政治集中而集中为一个统一的民族语言。"

分散的民族"言语"即族群语言向统一的国家公民通用语言的转变是近代以来"经济集中和政治集中"的产物,同时也是近代民族自决权解放运动的政治后果。列宁说:

"在全世界上,资本主义彻底战胜封建主义的时代,是同民族运动联系在一起的。这种运动的经济基础就是:为了使商品生产获得完全胜利,资产阶级必须夺得国内市场,必须使操着同一种语言的人所居住的地域用国家形式统一起来,同时清除阻碍这种语言发展和阻碍把这种语言用文字固定下来的一切障碍。语言是人类最重要的交际工具;语言的统一和无阻碍的发展,是保证贸易周转能够适应现代资本主义而真正自由广泛发展的最重要的条件之一,是使居民自由地广泛地按各个阶级组合的最重要条件之一,最后,是使市场同一切大大小小的业主、卖主和买主密切联系起来的条件。"

中国是在近代民族解放运动中获得独立完整主权的社会主义国家。此前,中国各地区的族群语言和地区方言并不具备今天这样高度统一的政治联系;但在各民族认同的中华人民共和国建立之后,国内不同地区之间不仅要有"车同轨"的统一交通,而且不同族群间还有了"书同文"的统一性国家通用语言,这种语言就是在受众人口占绝对多数的"汉语"基础上形成的"普通话"。

新中国建立以来,中国共产党和中国政府的民族政策在不同时期为中国各民族的繁荣和发展作出了不可磨灭的贡献,但在中国改革开放的进程中也有一些需要与时俱进的方面。比如,我们有时试图用民族认同的方法达到国家认同,这在事实上造成国家认同的淡化与族群认同增强的效果。我们民族地区代表开人代会时有意穿上突出民族特点的服饰,以体现对少数民族的尊重,但这样客观上强化了他们的民族而非公民身份,其结果必然是事与愿违地强化了各民族的民族意识而非国家意识。我们一些针对少数民族的特殊性的照顾政策,似乎不是出于地区的经济差别,而是出于民族差异,这在实践中往往是不同民族得到的不同"照顾"越多,其间所产生的不同观念的差异就越大,其结果与我们的目标南辕北辙。

与"美利坚合众国"概念的重点在"合众"(united)而非"众国"(states)的道理一样,事实上,中国"民族区域自治"概念的重点也不在于"民族"而在于"区域",它主要是因"区域"差别而非"民族"差异产生的区域行政而非政治的概念。现代国家理论表明,主权国家建成后,民族的多样性只存在于文化层面而非政治层面,民族差异已归属于地理经济学中的地区差异范畴;在政治学范畴内,公民的原则代替了民族的原则,多样性的民族身份转化为无差异的公民身份;与此相应,在多样性的族群语言和地区方言间的交流,更多地为无差异的公民共同使用的"国家通用语言"所取代。

必须指出的是,塑造其地位高于族群语言和地区方言的国家战略语言,决不意味着要消灭包括汉语在内的族群语言;恰恰相反,我们不仅要研究,而且要在保证中国语(即"中华人民共和国国家通用语言")主体地位的前提下,在中国民间大力保护各地的族群语言和地区方言的多样性。但是,诚如斯大林同志所说,"方言和习惯语是全民语言的支派,并且从属于全民语言"。今天我们也应当根据中国的实践,提升中国语的主体性,保留和丰富族群语言和地区方言的多样性。它们和中国语的关系是多样性和统一性,在统一性中展示多样性,在多样性中体现统一性的关系。"汉语"与"藏语""维语"等在国家语言政策中都属于具有平等地位并从属于"国家通用语言"的族群语言,而中国语则是全体公民有义务采用的无差别的"中华人民共和国国家通用语言"。

在国家主权形态下的族群语言是从属于而非对等于国家通用语言的,这在民族国家历史较长的西方国家中已成为语言通则。中国学者赖海榕的研究表明:"民族"一词,即英文的"nation",国际上普遍的理解是与"国家"(即 state)相提并论的词汇,只是所指方面不同,"民族"指人民,"国家"指政治机关,民族和国家的称谓是一体的。所以跨国公司的英文称谓是"multi – national company",联合国叫"united nation",美国篮球协会叫"National Basketball Association",注意其中的"nation"一词,指的是国家。事实上,我国在 1960 年代以前的很多翻译著作,均把"nation"译为"国族"。近代民族 – 国家革命以后,一个国家只有一个民族,一个民族只有一个国家,每个民族 – 国家内不同宗教、肤色、人种、历史起源属性的人群被称为"族群",英文为"ethnic group"。现代国家,比如美国、英国、法国、德国等都自称为"多族群国家"(英文为"multi – ethnic nation"或"multi – ethnic state"),没有称作"multi – nation state(多民族国家)"或"multi – nation nation(多民族的民族)"。只有帝国才可能是"多民族国家",如哈布斯堡王朝统治下的奥匈帝国是一个"多民族国家",普鲁士统一德国以前的德意志帝国是一个"多民族国家"。赖海容认为:我们中文称自己是"多民族国家",英译文常用"multi – nation state"或"multi – nation nation"。前者可能引起认同上的不当意识,后者在英语世界里直接就是错误的,会引起误解并被误用。赖海容同志建议未来在中国党和政府文件、新闻报道、教材、研究论文中,应该使用称谓"多族群国家",英译文应该使用"multi – ethnic state"或"multi – ethnic nation"。

为此,赖海榕就完善我国语言政策提出下列建议:

1. 如蒙古族人应称为"Mongolian – Chinese"(蒙古族中国人),维吾尔族人应称为"Uyghur – Chinese"(维吾尔族中国人),藏族人应"Tibetan – Chinese"(藏族中国人)。赖海容认为,这是符合国际规范的,美国从来不称自己的华族国民为中国人,都是称呼"Chinese American",即,"华裔美国人"或"华族美国人"。美国在政治上和法律上把少数族裔国民根据其来源分为三类:"Asian American"(亚洲裔美国人),"African American"(非洲裔美国人),"Hispanic American"(拉丁裔美国人),都缀上 American(美国人)的核心词,族裔属性仅仅是定语,而非主体。只有在非正式的场合,美国人才称某某是华人,或西班牙人,或非洲人等等。新加坡在这方面规定也很严格,称华人为"华族新加坡人",马来人为"马来族新加坡人",泰米尔人为"泰米尔族新加坡人"。

2. "少数民族"应称"少数族群"或"少数族裔",英文翻译应为"ethnic minority",而不应使用"nation minority"或"minority nation"。

3. Nation 这个词,只能用在"中华民族"的场合,即,Chinese Nation 或 Nation of China。所有关于国内某个具体族群的词,英文翻译都应使用"ethnic group"或"ethnicity"。

4. "民族关系"一词应称"族群关系",英文应该使用"ethnic relations",而非"national relations"或"relations of nations"(后二者译法在英文世界里是国际关系的意思)。

对于赖海榕先生的研究成果及相关建议,笔者深以为然。

在中国塑造战略语言即无差别的中国语,更不意味着消灭国内多样性的民族特征,而是意味着在保证和进一步丰富民族多样特征的基础上提升国家的统一性。法理上讲,多民族国家联合组建起统一主权的共和国家后,"民族"的内涵就由政治范畴转入文化范畴,民族身份就转为国家公民身份。从法权的角度分析,在统一的国家主权确定的条件下,民族自决权已让位于国家主权,这时,公民效忠的对象是国家而不是民族。与此相应的变化是,这时"民族分裂"已不能准确地表述"分裂国家"的含义,因为民族分合在这时已不是一个法权或说主权再造的过程,而是一个文化再造的过程。比如今天你可以说自己是汉族,明天你也可说自己是其他民族,这种角色转换只形成了新的文化类型,并不触及法律;但如果你说自己不是中国公民或要分裂国家主权,那就要触及政治原则和触犯法律了。同理,这时的"民族自治",也成了一个用于突出特定国家区域行政的概念,而不是突出特定民族的行政概念。在"公民国家"语境中,当个人的人权与公民权冲突时,公民权高于人权,因为这时人权的主体即个人自决权为获得国家保护已在建国时自觉地让渡给了公民权;当民族宗教的权利和义务与公民的权利和义务发生冲突时,公民权利和义务高于宗教权利和义务,国家只依法保护履行纳税和效忠国家等义务的公民的宗教权利;当民族选择权(而非"民族自决权",国家建立后"民族自决权"自动消亡)与国家主权矛盾时,国家主权高于民族选择权。与此相应,国内的族群语言和地区方言在民族和地区中的主体地位就应自觉地让位于国家主体语言——这在中国就是以"汉语"为基础的国家通用语言即"中国语"或"国语"。

近些年此方面的研究已有相当的成果。中国语言学者田惠刚同志在《赞同"普通话"改称国语——也谈国家通用语言的定位》一文认为:"'国语'是一个能够成立并在理解上不会产生困难的语言学术语概念。所谓'国语',系指在一个国家内,主体民族所使用的母语,这一母语又被国内其他民族作为共通语而共同使用,这时它可以由官方定为'国语'以为整个国家的正式共通语和官方语言,其法律地位比后二者更高。""在中国,汉语具有当之无愧的'国语'地位,她同时也是无可争议的唯一的官方语言。正式确立汉语的国语地位对于更正语言文字学领域的积弊和进一步健全语言制约机制,意义重大。从某种意义上说,这也是一种有益的改革。"田惠刚同志从学理上对国际上使用"国语"和没有使用"国语"的国家进行分类说:"如果进一步归类,有国语的国家可以分为单一民族国家和多民族国家。有国语的单一民族国家的例子极少。"

有的同志则持不同看法,认为:"事实上,每种民族语言都是该民族的全民语言,它对全体公民,对社会各阶级、各群体一视同仁。同样,具有族际交际功能的汉语对各民族公民也是一视同仁的。""民族语成为国家正式语言之后仍然是民族语。俄语,现在是俄罗斯联邦的正式语言,是联邦内各民族的族际交际工具。过去,它曾是苏联的正式语言,是当时16个加盟共和国一两百个民族之间的交际工具。可是,俄语仍然是俄罗斯的民族语言,并没有改成'苏联语'。""现代英语不仅是英国的国语,还是美国、澳大利亚、新西兰等国的正式语言。但没有人把英语称为澳大利亚语或新西兰语,即使说澳大利亚英语或新西兰英语,它仍然是英语。"

对此,田惠刚教授有独到的解释,他认为:"前苏联是众所周知的多民族国家,其主体民族俄罗斯的母语——俄语长期以来一直是其国内的民族共通语和官方语言,其地位实际上相当于国语;但是,由于前苏联是一个联盟制国家,特别是乌克兰和白俄罗斯在联合国还有席位,加之其它复杂的因素,俄语当时未能被确立于'国语'的尊荣地位。"笔者同意田教授的看法,并且认为,处于平行地位的多语言共存对于苏联的解体确实起到了隐形的瓦解作用。事实上,斯大林同志预见到这种危险性,他曾十分认真地思考过用一种"新的语言"取代作为苏联国家通用语言的俄语问题。1950年斯大林在答复苏联语言学家阿? 霍洛波夫的信中指出:"当社会主义巩固起来并深入日常生活的时候,各个民族语言就必不可免地会溶合为一个共同的语言,这个语言当然不是俄语,也不会是德语,而是某种新的语言"。斯大林说的这个"新的语言",如应用于当代中国,可以说"当然不会是汉语,也不会是藏语",而就是"中华人民共和国国家通用语言"即中国语。

至于如美国、加拿大、澳大利亚等国家将英语作为官方语言,我们应当注意,不仅这些国家,还有曾长期为其他欧洲殖民主义者占领的国家——比如拉丁美洲诸国——都有将外语作为国家通用语言的现象。这是因为这些国家的统治阶层本身在历史上就是来自欧洲宗主国的殖民者。即使如此,这些国家,比如美国,还在各种场合以各种形式强化"美语"与"英语"的区别。这不仅有强调美国主权的独立性的考虑,同样也是管理美国这样一个多民族国家的需要。美国自称是"民主样板",但它迄今也没有将黑人的族群语言和多种地区方言提升到与英语平行的官方语言的地位。事实上,苏联的语言政策要比美国宽容得多,可今天的美国仍在,而苏联已成往事。

五、塑造中国国家战略语言

"当代中国同世界的关系发生了历史性变化,中国的前途命运日益紧密地同世界的前途命运联系在一起。"向世界宣传中国,让世界认识和理解中国,成了中央"统筹国内国际两个大局"战略部署的重要方面,而塑造国家战略语言的任务也由此迫切地提上国家语言战略的议事议程。

现代国家的重要标志是,在各民族认同联合建立的国家后,从法理上讲,族权就归属于国权,民族自决权就归属于国家主权,族群语言就让位于国语。国语是国家公民统一使用的无差别的交流工具,公民掌握国语是通过国家教育实现的;族群语方和地区方言则是国家内部不同民族和地区内各自通用的有差别的交流工具,掌握族群语言和地区方言的能力培养是通过公民的社区生活自然完成的。

在中国,作为最大族群的汉民族的语言即汉语是中国语产生的基础。语言从族群语言升华为国语即"国家通用语言",是语言从自在阶段进入自为阶段的重要标志。而加速这种转变有助于提升全体公民的国家认同意识,这对处于国家转型期的中国社会治理来说,有着特别迫切和重大的政治意义。

为此,笔者建议,在国家语言层面,将国语语境中的"汉语"与语族语境中的"汉语"分离开来,在保留语族语境中的"汉语"概念前提下,将目前事实上起着国语作用的"汉语"的概念,进一步推进并提升为"中国语"的概念,以此为起点塑造其在国家中的地位高于包括汉语在内的族群语言的国家战略语言。理由如下:

第一,国语的使用有助于国家认同。目前在台海两岸,同是中国语言,可台湾的"国语"与大陆的"汉语"在理论上并不对接,这也不利于推进两岸的主权认同。在中国境内,族群语言和地区方言的使用有利于地域族群认同,而不利于国家认同。中华民国时期国民政府曾推广过"国语"和"国文",新中国建立后,中央政府推广国家通用"普通话"和"语文",这些都是塑造国家战略语言、提升全体公民的国家认同意识的有效实践。但是,比较而言,与"国语""国文""普通话""语文"、甚至有人提出的"华语"等概念比较,"中国语(Chinese)"的概念具有更鲜明的国家认同和更明确的主权归属认同的内涵。主权归属认同是国家问题的实质,也是当代华人世界的政治认同的基本前提。因此,用"中国话"的概念替代事实上起着国语作用的"普通话"的概念,在保留族群语境中的"汉语"概念的同时,将"汉语"概念中具有"国语"语境的部分进一步提升为明确的"中国语"的概念,这对于增进中华民族的凝聚力,对于中国统一大业的顺利完成,有着十分重大的战略意义。

第二,不可否认,汉语在中国公民生活中起着族群语言和事实上的国家通用语言的双重作用,但在理论上,目前中国汉语教学的教材还是从族群语言的角度来定义"汉语"的概念的。比如2002年出版的中国高等学校文科教材《现代汉语》(增订三版)第一章就开宗明义:"汉语是汉民族的语言,现代汉语是现代汉民族所使用的语言。"这样的定义会给国家通用语言政策制定带来相应的困难。

新中国建立后,中央政府推广基于汉语的"普通话",这对于弱化汉语的族群性,强化其公民的通用性,使中国各民族从自在的族群认同过渡到自觉的国家认同,起到了巨大作用,它事实上完成了中国境内族群语言和地区方言向"新的语言"即公民通用语言的过渡。尽管如此,"普通话"在理论上还是欠缺国家主权认同的意识,其使用的结果往往成了族群意义上的"汉语"概念的同义反复。比如目前我们在对外需要强调语言的主权认同时,我们常用"对外汉语教学",这实则是中国"普通话教学"的同义表述,但这样的结果无形中突出了族群认同,淡化了国家认同。这既不符合现代国家政治中各民族间通过对无差别的公民身份认同实现国家认同的一般原则,也不利于而且还会延缓中国尚未完全实现的国家统一任务的完成。比如,有"汉语",就得有"藏语""维语"等不胜枚举的族群语言与之平行,这样做表面上看是"尊重各民族传统",若深入分析,这种通过民族认同实现国家认同的做法并不利于国家的统一。在统一的国家中,不统一的民族自决权让位于统一的国家主权、不统一的民族身份让位于统一的公民身份、不统一的民族认同让位于统一的国家认同,不统一的地区和族群语言让位于统一的国家通用语言。试想,如果美国也要如此"尊重"各民族的"传统习惯",那光一个地名就不是"双语"可以说得清楚的。但美国的主流媒体统一使用的"官方语言"只是英语,英语就是他们的"普通话",就是他们的国家战略语言。美国前总统西奥多?罗斯福对此说得明明白白:"在这个国家,我们只有容纳一种语言的空间,这就是英语,因为我们将会看到,这个熔炉把我们的人民变成美国人,变成具有美国国民性的美国人,而不是成为在讲多种语言的寄宿处的居民。"

在"国语"的实践方面,许多国家已积累了相当成熟的经验供中国借鉴。目前全世界现有的142部成文宪法中,规定了国语或官方语言的有79部,占55.6%。有些国家在宪法中虽然没有规定官方语言,但也对教育、行政、司法中使用的语言作出了规定。中国有56个民族,73种语言;30个有文字的民族共有55种现行文字,其中正在使用的有26种。不同民族、地区间的交流需要有全国通用的语言文字作为载体,对外进行国际交往也需要有代表整个国家的共同语言文字。在制定语言政策时,我们也要学习世界其他国家在这方面的成功经验,将具有语言认同积极作用的"普通话"的概念进一步向国家主权认同方向推进,将"普通话"概念提升为突出国家认同的"中国语"的概念,使"中国语"成为在国内其地位高于族群"方言",在台海两岸有利于双方语言理论对接并由此推进国家主权认同,在国际上有利于祖国认同的统一的国家战略语言。

事实上,2000年10月31日第九届全国人民代表大会常务委员会第十八次会议通过《中华人民共和国国家通用语言文字法》已为"中国语"概念提出作好了法律准备。该法第二条明确指出"国家通用语言文字是普通话和规范汉字",这里已将"普通话"归入"国语"即"国家通用语言",将"汉字"进行规范性改造后使之成为"国家通用文字"即"国文"。它包括"普通话"和"规范汉字"两部分。"国家通用语言文字法"要求"国家机关以普通话和规范汉字为公务用语用字";"学校及其他教育机构以普通话和规范汉字为基本的教育教学用语用字";"广播电台、电视台以普通话为基本的播音用语"(第九条、第十条、第十二条)。明确要求"国家推广普通话",并将"学习和使用国家通用语言文字"列入受国家保护的公民权利,要求"国家为公民学习和使用国家通用语言文字提供条件"(第三条、第四条)。"公民"概念就是中国境内高于所有族群身份的统一身份,与此相适应的语言形式只能是"中国语"。"中国语"即"中华人民共和国国家通用语言"。

第三,国际社会为中国国家战略语言的塑造预留了现成的良好语境。长期以来,英语中将中国百姓用"汉语"要想表达"中国语"的意思,更多地表述为"Chinese"。Chinese,英文的基本解释是"基于北京话的标准中国语":

Chinese, the standard language of the Chinese, based on Peking speech.

而比较接近语族意义的"汉语"一词,英文则用"Mandarin",该词英文的基本解释是"官方或大多数中国人说的主要方言":

the official or main dialect of Chinese, spoken in about nine tenths of mainland China and comprising a standard northern, a southwestern, and southern variety.

既然国际上为我们准备好了只等我们利用而不需费力改造的现成语境,那我们就应当考虑与这种国际语境"接轨":在对内对外主流电视报纸杂志中逐渐用"中国语(Chinese)"代替"普通话"的概念,以此对内将中国公民的国家认同意识提升为高于族群认同的主流意识,对外使国际社会对中国语言的理解减少不必要的歧义,使"中国语"成为用于提升公民国家认同和中国国际形象并因此被尊定为唯一的为全体公民通用的战略性语言。

总之,"国家的统一,人民的团结,国内各民族的团结,这是我们的事业必定要胜利的基本保证",也是我们国家在今后大国博弈中立于不败之地的保证。从这一目标出发,大力推进国家语言战略,塑造具有主体地位的战略语言,对进入新时期、新阶段并面临新的挑战和机遇的中国无疑具有重要而紧迫的意义。(张文木)(《马克思研究》2013.2.19)

全球化背景下的语言战略

自 2004 年第一所孔子学院开办到今,孔子学院已经遍布全球,不仅成为汉语教学基地,同时也成为向全球传播中国文化的重要平台。孔子学院在全球的发展有力地促进了中华文明与世界多元文明的接触与交流,使汉语文化传播出现了前所未有的盛况。在这个发展过程中,负责管理和指导全球孔子学院的孔子学院总部,即国家汉办的工作成绩是巨大的。但从现实发展角度来看,汉语推广的现状与国家的期望还存在差距,这是因为在汉语推广和文化传播的方法和策略上,还需要总结规律、研究方法、继续提高。

理想与现实的差距

历年来,中国政府丰富的社会与行政资源为孔子学院提供了有力的支持。仅 2010 年一年,孔子学院(课堂)启动和运营,支出金额就达到 4704 万美元,总支出近 1.4 亿美元。在 2004～2012 年这 8 年间,中国政府在这一项目上的投入已超过 5 亿美元。即使在当前全球金融危机的大背景下,国家对孔子学院的投入支持仍在增加。

尽管有了较大的体系,但孔子学院自身还难以做到盈亏平衡,以及实现可持续性发展和良性运营,甚至部分孔子学院还处于"不活跃"状态。从语言学习人数来看,国家汉办仅在 2009 年曾公开宣布全球超过 4000 万人在学习汉语。国内媒体宣称截至 2010 年底全球学习汉语的外国人已达到 1 亿。与之相比,2010 年全球有 20 亿人在学英语。显然,英语仍然是全球强势语言,汉语远未成为当今世界的强势语言。

客观地讲,目前汉语推广实现的效果,未能达到理想的状态,历年以来持续投入了大量资源,但全球汉语学习的人数没有显著的提高,与目前中国的国际地位、国际影响力不相称。理想与现实存在落差的原因,需要充分考虑到内部因素(国家战略)和外部因素(文明差异),同时还需要正面认识到战略、策略等方法论方面的问题。

西方的有色眼镜

尽管中国经济飞速发展,民族自信心不断增强,但西方国家观察中国时仍经常戴着有色眼镜,一方面制造"中国威胁论",另一方面又散播"中国崩溃论",由此带来敌视心态和歧视心态复合存在的情况,导致中国文化的对外传播经常遭到西方政治抵制。不客气地说,西方国家一方面残存冷战思维,另一方面坐井观天看不到中国给世界带来的积极变化,这仍然是双重心理作用。

美国军事理论家、美国"海军之父"马汉在 20 世纪初就提出"中国威胁论",1990 年 8 月,日本防卫大学副教授村井龙秀发表了题为《论中国这个潜在的威胁》一文,从国力角度把中国视为潜在的敌人。随着中国经济的发展,国际地位的提升,孔子学院陆续在多个国家开始运作,引起了各国的重视和"反扑"。"中国文化入侵"的论调不断被炒作,西方政客别有用心地攻击孔子学院,质疑孔子学院是以"汉语教学掩护文化渗透","宣传意识形态"为目的,甚至称孔子学院是"间谍系统",是中国软实力渗透战略的一环。

早在 2010 年,美国政府就开始透过各种管道调查孔子学院,对教材、教师以及孔子学院教职员工的来往信件等都进行层层审查。2012 年美国国务院发布指令,要求孔子学院部分中国老师离境。美国北达科他州的州立迪金森学院则拒绝开设孔子学院。这一年,孔子学院在德国遭遇激烈的"围剿"。加拿大现任总理哈珀曾在 2008 年宣称孔子学院是间谍机构;一名加拿大通讯社记者也曾引用加拿大情报局 CCIS 监控孔子学院的报告,宣称中国在全球设立孔子学院,是变相成立"西方洗脑机构"。2010 年,日本大阪产业大学事务局长重里俊行称孔子学院为中国的"文化间谍机关"。

出现"威胁论"、"间谍说",根源在于中西方意识形态及政治制度的差异。孔子学院在西方的形象是一个官方宣传及公关机构。西方媒体认为孔子学院是中国政府的"文化前哨"。尽管在欧洲,法国、德国等国家也设立与孔子学院类似的法语联盟、歌德学院等文化输出机构,但孔子学院是"唯一一个直接由政府赞助和管理的机构"。如果不从宣传方法策略上加以改善,抵制和冲突将持续甚至恶化。

除了政府因素,民众心理也不可忽视。西方国家很多民众看待中国时带有强烈的心理优势,在他们观念里中国仍然贫穷、落后,不屑了解中国的现状,对中国的总体印象还停留在"五千年文化、长城、故宫等比较孤立的角度。"因此,汉语走向世界、中国文化走向世界,都需要研究西方民众的心理特点,采取有针对性的交流方式。

西方国家的语言战略

孔子学院的设立是中国走向世界舞台的需要,也受到了西方国家语言文化推广策略的启发。为推广各自语言和文化,西方主要国家早在19世纪就成立了专门的语言文化推广机构。法国1883年成立法语联盟,英国1934年英国文化委员会,德国1951年成立歌德学院,西班牙1991年成立了塞万提斯学院。由于西方比我国民间财团体系发达,所以相对于孔子学院,英国文化委员会、法语联盟等语言推广机构能够从企业、民间及社会团体获得较大的资金支持,接受政府资金支持比例较小。

研究西方国家的文化传播战略,会发现语言推广机构的使命会服从、服务于国家特定历史阶段的整体外交政策和利益诉求。这些语言推广机构的组织管理实质上都代表了国家的利益取向。政府部门的深入参与和控制语言推广机构显而易见:语言文化推广机构的最高负责人通常是国家元首或政府高官。例如伊丽莎白女王是英国文化委员会的庇护人,查尔斯亲王是副庇护人;历届法国总统都是法语联盟的名誉主席;歌德学院的最高管理层、代表委员会的现任主席犹塔·林巴赫曾历任德国司法部长及德国最高宪法院院长。各国语言文化推广机构的成功运作离不开政府的支持,实质上是政府文化外交战略的具体表现和重要平台。

在全球化背景下,在世界范围内的跨文化语言传播已经成为一种强力的文化殖民手段,西方国家都企图通过语言传播,使本民族的价值观深入到其他国家,进行文化渗透和扩展,进一步推动全球文化趋同倾向。美国很早就将英语的推广作为国家战略,将语言作为"语言战略武器",制定了各种积极策略,并且赋予诸多使命,其中之一便是利用语言工具,传播美国意识形态,对"关键语言"区域进行文化渗透,推销美国的意识形态,破坏他国文化安全。

英国二战后把英语的推广和普及视为政治、军事和经济以外的第四个层面的外交活动,英国文化委员会的最初使命就是推广英语,传播英国文化。1954年,英国政府正式把英语推广纳入国家战略框架。根据发展规划,英国文化委员会到

2015 年让全世界一半以上的人口讲英语。

德国同样重视通过德语来增强国家软实力。歌德学院是德国的文化中介机构之一,是德国对外文化政策的重要执行者。歌德学院的主要工作为语言工作、文化活动和咨询服务。歌德学院在德国对外的文化推广传播中占据核心和主导地位。正如德国驻华使馆墨沛博士所言:"德国在海外的文化方面的工作主要是靠歌德学院,使馆只做很小的一部分,也就是办公室的工作"。

法国在语言教学时不忘灌输法国文化,宣扬法语代表一种"地位"、"修养"和"生活的品位"。针对法语联盟在法国文化传播中发挥的核心作用,法语联盟的前名誉主席希拉克说"法语联盟一直是法语国家的前方哨所"。

我国需要提高语言战略的层级

当今时代,语言和文化传播已经被西方普遍纳入国家战略之中。将语言推广和文化推广相结合,是发达国家向外扩张所采取的的基本政策。第二次世界大战之后,旧的殖民体系被打破,西方主要大国纷纷淡化对外宣传色彩,走上了国际文化传播之路,采用语言和文化推广这种温和、间接而隐蔽的文化外交方式。各国的语言文化外交一般以语言作为起点,但最终目标是文化传播,正如汉办主任许琳所言:"语言是载体,教学是媒介,走出去的是文化,是这个文化所反映的各国的价值观"。

从国家战略角度看,孔子学院与英国文化委员会等一样,作为语言推广机构,都为国家整体外交政策和利益服务。语言推广和文化传播历来是与国家的政治目标相呼应的。国家间的语言与文化交流,其主要或核心内容都贯穿着各自的外交战略。孔子学院作为中国政府的对外语言文化传播机构,也要服从中国的整体大国战略,要为提高中国"软实力",提高中国国际影响力而服务。

孔子学院虽然成绩有目共睹,但是语言文化推广速度并未与经济高速发展、国际地位大幅提升的步伐相适应。究其原因,不能忽视中西方经济、文化上的深层差别。通常而言,人类对某种外语的接纳程度依赖于对该语言所属国家文明的认同程度。一种语言在世界范围内的需求,体现了这个国家在世界上的地位、综合国力以及国际形象,更重要的是国际社会对这个国家未来的预测。国强则语盛。西方发达国家在经济上优越于中国,西方文明相对于中国文化仍然占据优势地位,英语属于强势语言,汉语相对弱势,在此现实之下,西方民众了解中国文化的愿望较低,有意愿学习中文的比例也比较小,与当今中国人学习英语趋之若鹜的情形有天壤之别。

除经济文化上的深层差别,在文化传播手段方面,西方国家拥有我们无法比拟的高效传播手段、巨大的资金储备、丰富的运作经验、严密的网络体系和组织机构。这些差距,是在文化传播领域我国面临的竞争压力的根本原因。而目前这方面中国的经验和手段都不足。

纵观西方国家语言战略状况,我国需要提高语言战略的层级。国家汉办主任许琳就曾指出,目前"汉语国际推广的战略地位不够明确,没有被提到应有的战略高度,没有成为国家外交和外宣工作的有机组成部分,也没有走出去战略的重要内容进行总体规划与实施"。

文化传播要研究方法论

做成一件事情要讲究方法,推进一个国家战略必然需要研究方法论。中国的语言推广战略,不可避免地要与全球各国打交道,因此更需要深入研究有效的方法策略。

语言的推广总是伴随着文化的传播,任何语言都离不开孕育他的文化的土壤。各国语言战略一般以语言作为起点,但最终目标是文化传播,正如许琳所言:"语言是载体,教学是媒介,走出去的是文化,是这个文化所反映的各国的价值观"。

虽然认识到语言战略的本质,但是为避免西方国家种种非难和武断猜疑,甚至被扣上"文化渗透"的帽子,孔子学院在传播中国文化时采取了适度淡化意识形态的做法。这在策略上考虑是可以的,但是核心目标不能动摇,必须坚定不移地提高中国的文化软实力,抵制"西方中心"的话语霸权。只有不断扩大文化交流和传播的领域和范围,语言才能随之发挥其战略作用。

我们应多向文化传播做得成功的国家和机构学习。相比中国汉语推广的现状,英语在全球的推广可以说取得了巨大的成功。我们需要学习英语在全球推广的策略和手段,研究行之有效的策略。西方人只有认同了中国文化,才能激发出学习汉语的内部驱动力。

目前我国对外文化传播中,由于创意匮乏和缺乏再创新,文化作品展示形式较为单一雷同,缺乏创意,对西方民众缺乏吸引力,基本属于浅层次上的文化推广。我们司空见惯的文化资源在西方国家看来却视若珍宝,他们重新诠释,灌入西方价值观,如美国借助中国的传统题材拍摄了《花木兰》动画大片,票房过亿;中国名著《三国演义》被日本的动画和韩国的游戏改编后,在中国赚得盆满钵满。这些原本属于中国的古典文化被国外进行挖掘、创新,加入其价值观、宣传文化,成为他国巨额利润来源。对外文化传播中,我们必须做中国文化的主人,对中国传统文化深挖掘,多创新,把中国文化的精髓和潜力真正发掘出来。

毛泽东同志说过,"越是民族的就越是世界的"。实践表明,文化传播如果与本国特色艺术形式结合推广,会收获出人意料的效果。西方对于中国武术的认识和接受,是看李小龙武术电影而开始的;李玉刚的表演在西方多个国家大受欢迎;一些传统音乐在西方的表演也受到西方民众的热烈评价。我国的文化传播机构一方面要加强文化差异性研究,了解不同国家的文化历史、生活方式和价值取向,采用西方国家容易接受的方式传播文化,水到渠成地完成文化传播任务。另一方面更要让中国传统文化保留自己的特色,展现出卓然不群的魅力,这是一个重要课题。

从文化传播手段上看,以好莱坞为代表的美国世俗文化的全球传播手段,值得我们学习。美国人通过文学、影视作品、艺术品、广告等,从多角度立体展现美国世俗文化,潜移默化传播观念、道德伦理、生活方式和社会准则,培养西方意识与观念。在新媒体时代,世界霸权国家拥有庞大资本、长期对外宣传的传媒系统,严密的网络体系和组织结构,他们必然凭借控制的全球主要媒体和技术优势,冲击他国文化安全。在我国文化传播能力尚不够强大的时候,我们不妨采取文化上的"拿来主义",积极地参与、学习并逐渐地利用它来壮大自己,并且健全自己的传播手段与传播渠道。

孔子学院任重道远

我们应该认识到,我国的对外汉语推广战略虽已起步10年,但仍步履维艰,困难重重。

目前,承担汉语推广职能的机构,在国外主要是国家汉办领导的孔子学院体系,在国内主要是各大学的留学生教学部门。这两个体系,在对外交流方面有其独有的优势,也有其天然的局限性。汉语推广不仅需要官方带动,还需要调动民间力量参与。由于对外汉语培训市场大潮初起,民间培训机构普遍规模偏小、生存周期太短。整个市场缺乏有效的运作标准,恶性竞争屡见不鲜,导致培训机构能够深入研究教学方法和推广战略的很少。目前对外汉语培训行业,许多企业转瞬即逝。近10年以来,民间机构只有唐风汉语教育科技有限公司做得比较扎实,能够有计划地、逐步有序地拓展海内外市场,在汉语水平考试、汉语师资培训、教学资源开发等方面取得了一些重大进展。但"一枝独秀不是春,百花齐放春满园。"汉语要走向世界,首先需要国内的对外汉语培训行业整体上有充分的发展。

在全球化时代,中华民族的伟大复兴,需要汉语和中国文化走向世界,作为汉语推广和文化传播的重要阵地的孔子学院担负着这一光荣而艰巨的任务。经过近10年的发展和努力,孔子学院成为代表中国的文化品牌。此品牌的良好运作,将成为我国构建文化软实力,实现中国语言战略的重要一环。孔子学院要抓住当前机遇,迎接挑战,研究西方国家文化传播之道,制定传播策略,把中国文化的精髓真正"送"到全球。(李秀梅)(环球财经 2013.5.13)

中国表达提升文化软实力

当今世界,国际战略竞争更普遍、更广泛和更深入地表现在语用文化上,语言能力是各国必须培育的核心竞争力之一,也是关系到本国未来命运和国际地位的不可替代的重要战略资源之一。

习近平总书记在全国思想宣传工作会议上首次要求"着力打造融通中外的新概念新范畴新表述",增强对外话语的创造力、感召力、公信力。这是党的最高领导人首次从"语用"角度主张国际文化交往中的语言创新,透露出中国当代政治领袖对全球化背景下如何提升国家文化软实力、致胜各国语言博弈的深度战略思考。在 2004 年 6 月举办的世界语言大会上,国务院副总理刘延东发表《促进语言能力共同提升,推动人类文明和社会进步》的主旨报告,站在文化发展的战略高度,郑重提出"语言能力提升"这一概念,并把它写入这次国际大会的主要思想成果《苏州共识》中,向全世界庄重宣示了"语言能力提升"这一具有中国话语特色的人类共同主题。由此可见,释放语言活力、打造中华民族强大的语用能力,已经成为我们国家当前及今后长时期文化建设的重大战略使命。

国家可持续增值的文化资本

语言与文化天然融为一体。语言本身就是人类文化长期积淀的智慧结晶,语言又构成人类文化最集中和最深刻的一种象征。一切人类创造的思想文化成果都需要通过语言来深度表达和精彩阐释,语言是人类文化最主要的载体,即使凭借其他符号或代码来创造的文化成果,无一不需要通过社会共享的语言来"通译"并给予广泛的传播和久远的宣扬。如果将文化视为人类精神或思维自觉遗留的形形色色的神奇"痕迹",那么,语言就是这种"痕迹"中最鲜活、最深邃和最久远的核心部分。

今天,当我们置身于文化创生的语境或社会生活中,"语言"的内涵就是指特定语境中使用语言的"言语"行为或"语用"活动。就生活个体而言,"语用"是构建个人与世界的深广联系、获取自身利益和实现人生理想的最重要途径;一旦离开

"语用",个人就必然蜕化为一种封闭、狭隘和孤立的自然动物,难以达成一己的社会价值和现实利益。就民族整体而言,对母语创造性功能的社会共识度和使用效度,尤其是母语语用的核心力量即思想的"表达力"和艺术的"创造力",以及传播以后收获的国际美誉度和凝聚力等,综合性地构成全球化时代多元文化博弈的一种不可取代的重要软实力。

全社会公民(尤其是未来公民)所具备的全部母语素养,特别是其中的母语"表达力"和"创造力",无疑是国家发展、社会进步所必须具备的可持续增值的巨量文化资本。在我国深入推进现代化的过程中,这种巨量文化资本具有难以估算的创造性升值前景,构成国家走向伟大复兴和辉煌建树的核心精神资产。正如德国语言学家洪堡特的著名论断所揭示的那样:"民族的语言即民族的精神,民族的精神即民族的语言。"

确立"表达本位"的价值取向

作为以培育语言能力为宗旨的母语教育,不仅是承传和吸纳民族文化必要的环节,而且是发展与创造民族文化新高度和新境界的重要奠基工程。母语教育不但可帮助年轻一代认知、理解、鉴赏和接受民族传统文化的精华,还以永葆民族文化的灵魂和气韵,还以培育民族文化传人的语用能力为宗旨,最终汇合并升华为一种充满活力、激情澎湃的母语创造力,以造就民族未来的新文化。因此,"构建优质语言教育体系,创新教育理念和教学方法",已成为我们国家的文化战略任务。

着眼于国家语言能力的建设与民族文化的发展前景,特别要强调的是努力实现母语教育范式从"接受"到"表达"的根本转型。如果母语教育仅仅停留在让学生简单复制、盲目"悦纳"层次上"接受"语言文本,那么,实际上就意味着人被动地由语言所驱使;如果母语教育鼓励学习者在理性审视并用心灵过滤语言文本基础上,再独立自主地"表达"己见,那么,就意味着学习者能够超越对语言文本内容的简单复制而成为现代文明社会中自主表达的主体,并由此可能发展为这个社会群体中自由思考、担当责任的积极平等而富于理性的参与者——这完全符合社会主义核心价值观所倡导的"自由、平等、公正、法治"之精神。

两者比较,前者是长期流行的"接受本位"的母语教育的旧思维,其背后隐含的逻辑前提是,以往的社会文明和知识体系已经完美无缺,学习者就是有待"被塑造"的既有传统文化的接受者。而后者,则是前瞻文化强国战略的实施远景而必须重新确立的"表达本位"的母语教育新观念和新思维。表达"是人类文化的母亲",是"语用"的目的指向和价值彰显;而自觉培育"表达力"则是母语教育的终极目的。唯有如此,母语教育才会获得促进学习者终生可持续发展的意义和价值。

从"表达为本"的语用命题出发,意味着母语教育要自觉借鉴国际语言课程的普遍教学形态,为学习者提供充分和自由的表达契机;以思维"留白"和时间"留白"为实施途径,为学习者留足内语用(即"思")的思维空间和时间空白;通过以激励为主的积极评价来引导学习者表达能量的充分释放,从而走向"积极语用"新课堂这种语言教育的真境界。尊重表达天性、提供表达契机、释放表达欲望、养成表达习惯、炼就表达能力,最终使每一位学习者的表达力伴随生活阅历的丰富化、思维品质的深刻化而获得终生可持续发展,而个体母语的表达力将自然汇合并弘扬为中华民族强劲的文化创造力。

活力汉语实现"文化梦"

全球化时代的特征之一就是以语言为载体的多元文化的深度博弈,而多元文化的博弈聚焦在各国、各民族以母语语用为表征的软实力竞争上。西方学界和政界已经意识到"核心英语"在多元文化博弈中的强劲辐射力和同化力,期望以充满强劲表达活力的这种"核心英语",来承载英美普世文化价值并向全球各个角落展开深度的渗透。

当今世界,国际战略竞争更普遍、更广泛和更深入地表现在语用文化上,这是人类历史上一种空前剧烈的文化博弈现象。语言能力是各国必须培育的核心竞争力之一,也是关系到本国未来命运和国际地位的不可替代的重要战略资源之一。全球化时代语言在虚拟世界的"软实力"甚至超越"大棒或胡萝卜"在物理空间的"硬实力",这给长期以来挤占了生存与发展空间的汉语提出了严峻的警示和清醒的启迪。

汉语弱,则国运衰;汉语强,则国运昌。今日汉语之命运,将深刻地预示着中国文化之未来与东方文明之走势。以汉语为母语的语文教育,当是奠定文化强国战略的一项重要基础工程;而创新母语教育范式、打造活力汉语,则是培育文化软实力的一条根本的中国特色路径,也是在全球化深入推进的特殊背景下中国文化发展战略的必然逻辑选择。因此,学校教育应当高瞻远瞩地精心培育全体公民源自心灵、充满理性与激情的活力汉语,并以活力汉语来渐进性地涵养我们国家的文化软实力。

中国梦当然是超越经济意义上的伟大时代的"文化梦",而"文化梦"则很大程度上就是活力四射、青春灿烂的"汉语梦"。活力汉语是承纳中国精神、蓄养东方文明的普遍载体,是孵化中国梦想、催生中国未来的精神摇篮。作为新世纪中国文化的当然"名片",活力汉语既能理性地叙述好"中国故事"和"中国梦想",又能从言语形式上传播好铿锵悦耳、情趣横生的"中国声音"和"中国话语"。构建在"表达本位"教育基础上的活力汉语,将释放出全民族文化创造、思想解放的伟大力量,提升国家文化软实力,并以此而积极地回应创造至上的热切呼唤。

　　一个国民生产总量"坐二望一"的经济大国,必然需要与之匹配的国际文化地位——汉语的兴盛将是不可逆转的历史逻辑。顺应这种历史趋势,弘扬"表达本位"的新理念,自觉实现从"被思考"、"被体验"和"被表达"的消极语用到源自心灵、主动表达和精彩创造的积极语用新范式的历史性蜕变,这是变革中的汉语文教育为实现中国"文化梦"可能做出的独特贡献。(潘涌,系浙江师范大学教师教育学院教授、中国高等教育学会语文教育专业委员会常务理事;该文系浙江省高校重大人文社科攻关计划项目"全球化背景下的语言强国战略研究"阶段性成果。)
(《中国教育报》2015.6.13)

三、中国语言资源保护工程稳步推进

为推广和规范使用国家通用语言文字,科学保护各民族语言文字,我国于2015年启动中国语言资源保护工程。在全国范围内开展以语言资源调查、保存、展示和开发利用等为核心的各项工作。目前,语言资源保护工作稳步推进。

相关报道

教育部、国家语委启动中国语言资源保护工程

为贯彻党的十八大和十七届六中全会关于大力推广和规范使用国家通用语言文字,科学保护各民族语言文字的精神,落实《国家中长期语言文字事业改革和发展规划纲要(2012－2020年)》的任务要求,教育部、国家语委决定自2015年起启动中国语言资源保护工程(以下简称语保工程),在全国范围开展以语言资源调查、保存、展示和开发利用等为核心的各项工作。

一、实施基础

为更好地掌握语言国情,保护国家语言资源,传承和弘扬中华优秀传统文化,为国家建设和发展战略提供服务,教育部、国家语委从2008年起,先后在江苏、上海、北京、广西、辽宁、福建、山东、河北、湖北等省份开展了中国语言资源有声数据库建设试点工作。目前,江苏、北京和上海已完成本地区相关语言资源的调查、采录和整理并通过验收,其余相关省份的调查工作正在有序推进。上述省份富有成效的试点工作检验了有声数据库建设技术规范和工作规范的科学性和可行性,完善了中国语言资源有声数据库建设方案,探索出一套"政府主导、学者支持、社会参与"的工作模式和一系列行之有效的专家团队运作及项目管理办法,为在更大范围内开展语言资源保护工作积累了宝贵经验。同时,"中国语言资源有声数据库技术规范与平台研发"项目得到科技部2014年度国家科技支撑计划的支持,为语言资源保护工作提供了有力的技术保障。

党的十八大和十七届六中全会对语言文字工作提出了明确要求,赋予了科学保护各民族语言文字的重大使命。《语言文字规划纲要》将科学保护各民族语言文字列为重要任务。鉴于当前工作任务的需要和前期良好的工作基础,教育部、国家语委经过科学论证,决定启动语保工程,并印发《中国语言资源保护工程管理办法(试行)》。

二、实施内容及组织管理

语保工程是对原有中国语言资源有声数据库建设的进一步扩充、整合,目标是利用现代化技术手段,收集记录汉语方言、少数民族语言和口头语言文化的实态语料,通过科学整理和加工,建成大规模、可持续增长的多媒体语言资源库,并开展语言资源保护研究工作,形成系统的基础性成果,进而推进深度开发应用,全面提升我国语言资源保护和利用水平,为传承中华优秀传统文化、促进民族团结、维护国家安全服务。

教育部、国家语委是语保工程的主管部门,由教育部语言文字信息管理司负责语保工程的管理并制定有关管理办法;由中国语言资源保护研究中心作为专业机构负责研究拟订工程的总体规划,以及工作、技术、培训、验收等规范,并受主管部门委托,指导和管理工程的具体实施。

三、实施步骤

语保工程由国家财政予以支持,按照"国家统一规划、地方和专家共同实施、鼓励社会参与"的方式进行,计划用5年时间完成。2015年,工程针对急需开展记录保存的汉语方言和少数民族语言,首先在山西、浙江、福建、重庆等省份启动汉语方言调查,同时由中国语言资源保护研究中心聘请专家组成调查团队,在全国范围内开展少数民族语言等调查。2015年度共计划开展80个少数民族语言(含濒危语言)调查点、50个汉语方言(含濒危方言)调查点和30个语言文化调查点的调查工作,同时开展中国语言资源采录展示平台建设和已有资源的整合汇聚。

在总结经验、完善管理的基础上,工程将陆续在其他省份有计划地展开。鼓励各地在工程整体规划的基础上,根据需要,筹措经费、落实保障条件,扩大调查点规模,并纳入语保工程。

(一)明确启动工程建设的4个省份,由当地教育行政部门负责,按照工程管理办法组织本地区内工程的实施。

(二)正在开展中国语言资源有声数据库建设的广西、辽宁、福建、山东、河北、湖北等省份,需按计划有序完成建设工作,在根据要求通过验收后,建设内容统一纳入语保工程。该省份今后的建设工作将纳入语保工程统筹部署。

（三）尚未启动工程建设的省份，应积极做好筹备工作，了解本地语言资源现状和专家队伍情况，研究本地工程建设的可行性和实施方案，按照语保工程的总体规划适时启动，条件成熟的也可向教育部语言文字信息管理司提出先行启动申请。

四、有关要求

语保工程是科学保护各民族语言文字，推进国家语言文字事业科学发展的重要举措，得政心、得民心，功在当代、利在千秋。这一工程建设任务量大、学术性强、技术要求高，为保障工程的顺利实施，有关要求如下。

（一）高度重视。各地教育行政部门和相关高校、科研院所要高度重视，当地教育行政部门和工程承担单位主管领导要亲自负责，加强组织协调，提供保障支持，认真落实语保工程总体规划。要把工程任务纳入科研项目管理。

（二）注重质量。要按照工程相关管理规定和技术规范精心组织实施，严格执行管理办法，明确责任分工，确保工程进度和质量。对于高效优质完成工程任务的团队和个人，其所在单位以及当地教育行政部门应给予适当的奖励。

（三）加强监管。各地要规范经费管理，做到专款专用，确保工程经费使用效益。要加强工程实施过程中的监管，积极配合做好中期检查评估、项目验收等相关工作。

（四）通力协作。语保工程涉及面广，具有规范化、科学化、社会化、协同化的特点，参与各方要充分发挥积极主动和团结协作的精神，积极稳妥推进工程实施。
（教育部网 2015.6.5）

中国构建国家"语言资源库"守护多样民族文化

当绚烂多彩的民族文化不断绽放其光彩的同时，承载着民族文化基因的一些少数民族语言或方言，却正在城镇化浪潮中濒临灭绝的风险。中国政府将着力构建国家"语言资源库"，让民族语言资源"有声博物馆"守护多样的民族文化。

记者从近日在贵州雷山县召开的中国民族语文工作现场会上获悉，为了保护丰富的语言文字资源，中国将加大语言数据库建设和开发力度。此项工作由中国国家民委、教育部组织，科技部提供技术支持。目前正在全国多个省份有序推进当中。

"语言是文化的载体和重要组成部分，是珍贵的非物质文化资源，是构成文化多样性的前提条件"，教育部语信司司长张浩明说，中国是一个幅员辽阔、人口众多，拥有多民族、多语言、多文种、多方言的国家，这些语言和方言都承载着自己民族或地区的发展历史，积淀着丰富多彩、不可再生的文化信息，是中华民族引以自豪的文化基因和宝贵财富。

随着经济社会的快速发展、城镇化进程的加快和人员流动的增加,中国一些语言和方言的使用人口正在日益减少,传承面临威胁。张浩明说,一种语言的消亡也就意味着该语言所代表的文化遗产的消失,这对于一个国家乃至人类都是无可挽回的损失。

为此,中国政府着力开展运用现代信息技术手段加强语言文字保护工作。中国语言数据库项目2008年在江苏省启动,涵盖汉语和少数民族语语言文字资源、规范标准资源、不同语种人才和文化资源等多项内容,初步构成了语言资源的基本框架。其中,中国语言资源有声数据库,是整个语言数据库建设中的最重要的项目之一。

目前,江苏省已经完成全省的语言调查、采集和存储工作,开通了江苏语言资源库展示网;少数民族资源大省云南已试点采集傣语、景颇语、卡卓语等10多种语言词汇,拟定了资源库建设的框架;上海、北京、辽宁、广西、山东等地,已相继启动这一项目。

中国各地高校也加入语言数据库的建设队伍。中央民族大学目前已经开展少数民族语言资源有声数据库的建设试点工作。贵州民族大学文学院,则是贵州省语言资源有声数据库的存储点。利用中国高校丰富的学术资源,为语言数据库进行资源整合和备份,无疑能够进一步提高数据库建成的效率。

除了全国各地的充分配合以外,语言数据库的建设还得到了有力的技术支持。目前,中国语言资源有声数据库建设,已经被列为中国国家科技支撑计划项目。国家民委正在组织专家,开展有声数据库国家库的顶层设计和相关技术研发工作。

张浩明表示,中国语言资源有声数据库的最终目标,是建成世界上规模最大、语料最丰富、技术水平最先进、使用价值得到充分发挥的各民族语言资源"有声博物馆"。

除了正在建设中的中国语言数据库,中国还有国家语言资源监测语料库,其研究结果,每年都以《中国语言生活状况报告》形式向社会发布。其中的少数民族语语料库,已经实现每年不同语种2亿字的采集量。(《中国教育报》2014.11.24)

人大代表建议保护汉语方言与少数民族语言

作为一个多民族、多语种、文化多元的国家,我国拥有五大语系、十大汉语方言,方言土语及少数民族语言难以计数,是当今世界上语言资源最丰富的国家之一。然而,随着经济的发展和城镇化进程的加速推进,我国少数民族语言和汉语方言正在以前所未有的速度发生变化,许多语言、方言趋于濒危或面临消亡,珍贵的文化资源也随即消失。今年两会期间,很多代表不约而同地聚焦语言保护问题,提出一系列加强保护汉语方言与少数民族语言的建议及措施。

党的十八大对我国语言文字工作提出了明确要求,"大力推广和规范使用国家通用语言文字,科学保护各民族语言文字。"的确,繁荣民族文化,讲好中国故事,首先得保护好我们的语言。

"无论是少数民族语言还是汉语方言,都承载着一个民族、一方水土的特色文化,如果不及时加以重视,或将导致民族文化和地域文化走向衰微。"在全国人大代表、浙江广播电视集团浙江卫视主播许婷看来,当下需从国家战略高度来认识、理解语言作为文化资源的战略地位和价值。许婷祖露自己由来已久的担忧:"在现存的我国130多种语言中,有68种语言使用人口在万人以下,在汉语方言中,广大农村、偏远地区的方言处于绝对弱势状态,城镇中人们使用方言的比例也在迅速下降,语言文化资源快速流失的现象日趋严重。"

2015年5月,教育部、国家语委决定在全国范围开展以语言资源调查、保存、展示和开发利用等为核心的语言文化工程。"这项工程更大的意义在于通过全面、科学的调查,把语言、方言的实际面貌记录下来,进行保存和展示。但语言是一种工具,它是在不断的使用中得以传承和发展的,如果把它作为一种资料放在博物馆或资料库里保存起来,或进行展示,当然也有它的意义,但是这远远不够。"为此,许婷建议加强顶层设计,把方言保护应用放到更为重要的位置,进一步明确其重要性和紧迫性;同时,各地应结合本地区语言的发展状态和使用情况,制定相关的语言政策和切合实际的语言保护规划,抢救、保护和发展并重。

"对于即将消亡的语言,当务之急是语言保存,应尽快进行全方位的语言实态调查,建立永久保存的数据库,像保护非遗那样确立语言传承人目录;对于濒危的语言,要通过建立语言保护区、建设语言文字博物馆等措施,进行语言抢救。"

全国人大代表、全国人大财经委委员李礼辉及其他11名代表共同提出《关于及早着手保护方言的建议》。在李礼辉看来,方言是传统文化的活化石,还是植根于民间的文化形态,具有深厚的民间文化土壤。"语言文化作为非遗具有双重属性:它既是其他非遗的载体,其本身也是非遗。"

李礼辉建议加强方言的调查和研究,设立专项资金,有计划地组织专家学者对全国方言开展广泛而深入的调查(重点调查濒危方言、弱势方言、城市方言),积累丰富的方言资料(特别是有声资料),在此基础上形成系列研究,并为政府制定方言保护方案、编写方言教科书等提供专业指导。

"普及普通话与保护方言其实并不矛盾,就像学生同时学习汉语与英语一样,普通话与方言在社会生活中发挥着不同的功用,各有其价值,且方言往往承载了丰富的文化历史价值,对继承与弘扬传统文化有重要意义。所以我鼓励有条件的学校开设与方言和地方文化相关的素质拓展课程,提高中小学生对当地方言的认识,增强学习兴趣和传承意识。"李礼辉说。

"目前,汉语、外语都有了较为成熟的语言能力测试机制,但民族语言仍然没有形成统一完备的标准等级评定体系。"对此,全国人大代表、甘肃省高级人民法院院长梁明远建议,建立民族语言等级评定制度,并附之建立民汉翻译资格考试等配套项目,推动民族语言的学习和发展。

"民族语言仍将成为民族地区社会生活、工作、教育、文化领域的重要工具,仍需要一批懂民族语言的从业人员。培养民汉兼通型人才也是当下民族语言教育工作的一项重要任务。"梁明远说。(《中国文化报》2016.3.17)

中国语言资源保护工程调查点年内覆盖全国

教育部语言文字信息管理司副司长田立新4月7日在贵州汉语方言调查项目启动会上指出,目前我国已完成81个少数民族语言(含濒危语言)、53个汉语方言(含濒危方言)和32个语言文化调查点的工作任务,今年中国语言资源保护工程调查点将实现全国覆盖。

据悉,中国语言资源保护工程是由教育部和国家语言文字工作委员会领导实施的一项语言文化类国家工程。为推广和规范使用国家通用语言文字,科学保护各民族语言文字,2015年8月,该工程正式启动。去年,福建、浙江、重庆、山西四省市已承担首批汉语方言调查任务。今年贵州是第二批启动的八省市之一,年底前全国所有省份都将全面启动此项工作。

根据计划,语保工程将用五年时间完成大约1500个调查点的工作任务。该工程的目标是按照统一的工作和技术规范,对语言和方言进行调查、采录、整理和加工,建成大规模、可持续增长的多媒体语言资源库。

田立新表示,语保工程是一项抢救性工程。开展语言和方言文化的整理、保存和展示是语保工程的重要组成部分。早在2008年,中国语言资源有声数据库就开始建设,经过七年的试点探索,去年正式启动中国语言资源保护工程。未来除建设数据库,提升语言的信息化水平外,还将编写濒危语言志、方言志,以真正留住乡音、记住乡愁。(新华网2016.4.8)

"语保工程"维系文化和情感的纽带

2015年5月,教育部、国家语委共同启动了中国语言资源保护工程(以下简称"语保工程")。这是继1956年汉语方言普查后时隔六十年,又一次由政府出面组织的语言资源采集工作。一年来,工程进展如何、遇到了哪些困难?记者采访了北京语言大学中国语言资源保护研究中心副研究员王莉宁博士。

记者:"语保工程"总体规划涉及哪些方面的工作?

王莉宁:"语保工程"包括田野调查、资源平台建设、保护研究和开发应用四个部分。我们总体规划调查1500个点,其中汉语方言900个点,少数民族语言300个点,濒危语言方言200个点,语言文化100个点。其中,调查汉语方言原则上东南方言地区一县一点,官话和晋语地区三四个县一点。在调查基础上,我们将撰写方言志、语言志并开发数据库系统。

记者:"语保工程"目前取得了哪些进展?

王莉宁:其实,2014年的时候我们就已经在14个点进行了调查论证,2014年年底财政部资金支持已经到位。2015年主要完成的是顶层设计和试点工作,我们在42个汉语方言点、60个少数民族语言点、11个濒危语言方言点、32个语言文化点进行了试点调查。教育部、国家语委要求,各省市(自治区)在今年5月底前全部启动"语保工程"。

记者:"语保工程"采取什么方式来记录、保存语言资源?

王莉宁:语言保护分两个方面,一个是实态的保存,一个是使用中的保护。实态保存就是要采集原生态的语言,通过"音像图文影"的形式记录下来。"语保工程"不光是用国际音标和录音保存语言的原始样态,还会增加发音人在发音时的图像资料。我们还计划拍摄纪录片,反映各方言与少数民族语言区的语言艺术和文化特色。使用是最好的保存,我们也呼吁提高母语者的认同感。

记者:开展这项工作中遇到的最大困难是什么?

王莉宁:其实路途艰险、经费困难、当地人的误解我们都可以承受,最困难的还是转变老百姓对自己语言的态度。大家往往认为说土语的都是最底层、境况最不好的人。我们需要通过自己的努力,让老百姓觉得自己的语言很美好。我们保护方言、民族语言不是保留符号系统,而是维系文化、情感的纽带。这是一门看着研究对象死亡的学科,但我们想让衰亡来得慢一些。(《光明日报》2016.6.6)

从战略高度看待语言多样性

我们生活的这个世界有 6000—7000 种语言。据统计,多达 94% 的语言只占全世界人口 6% 的人在使用。这种语言种类和使用人数上的严重不平衡表明,许多语言的生存状况堪忧,其中有些语言甚至会变成濒危语言直至消亡,语言多样性正在遭受前所未有的威胁。当前,如何拯救濒危语言、保护语言多样性,进而保护文化多样性,成为语言学家、人类学家乃至社会公众都非常关注的一个重要问题。

语言无论使用人数多少,都担负着传递人类信息的职能。语言作为文化的载体和重要组成部分,既担负着表达和传承文化的职能,又体现一定的文化观和文化传统,能帮助不同文化群体形成自己的认知方式、思想观念和哲学体系。一种语言的消亡往往意味着一种文化传承的中止,最终将导致这种文化消亡。从这个意义上说,没有语言的多样性就没有文化的多样性。对于一种语言,无论其使用者多少,都应给予足够的尊重和保护。

不过,在现实生活中,"大语种"和"小语种"的说法却相当普遍。在一些人看来,似乎只有英语是"大语种",英语之外的语言包括西班牙语、阿拉伯语甚至法语、俄语和德语等都是"小语种"。显然,这是一种概念模糊的用语。语言的"大"和"小"是相对的,并没有一条泾渭分明的分界线。划分"大""小"语种的标准是什么? 使用人数和地区达到多少才算"大语种"? 对于这些问题,语言学界还未形成共识。西班牙语、阿拉伯语、俄语和法语不仅是联合国的工作语言,而且其使用人数均超过一亿。把西班牙语作为第一语言使用的人口绝对数几乎与英语持平。因此,我们应慎用"大语种"和"小语种"的说法。如果一定要表示类似的概念,不妨采用"英语语种"和"非英语语种"之说,以示区分英语和英语以外的其他语言。

其实,学习不限于强势语言的外语,不仅是保护语言和文化多样性的需要,更是开展对外交流的需要。然而,在一些英语国家,人们长期以来存在语言优越感,感觉不到外语学习的压力,其外语能力并不能令人满意。比如,美国在第二次世界大战后长期为英语的优越地位感到自负,不重视外语人才培养,结果在阿富汗战争和伊拉克战争中吃了亏,在跟伊朗打交道时也痛感不便。相关外语人才的奇缺,迫使美国不得不调整外语人才培养计划。类似的经验教训启示我们,不应只把眼睛盯着英语等少数几种使用范围广泛、使用人数多的语言,国家的语言政策要有统筹规划的意识。应充分尊重各国、各民族的语言和文化,像保护濒危动物和生物多样性那样保护濒危语言、保护文化多样性。一方面,对世界上影响大、使用范围广、使用人数多的语言,应有计划地培养相关语言人才。另一方面,对某些使用人数少的非通用语言,甚至对有些已经消亡却有重要学术价值或文化价值的语言,像拉丁语和梵语等,也应根据实际需要培养少数专门人才。对那些濒危语言,要赶在它们消亡之前抓紧开展记录和描写工作,尽可能多地留下可供进一步研究的材料。

推进"一带一路"建设,不仅给我们提出了语言学上的新挑战和新要求,也为我们了解、运用和研究沿线各国各地区语言提供了新机遇。仅以丝绸之路经济带为例,历史上多民族、多文化、多语言的密切接触及频繁的商贸活动,使这一地区成为"语言富矿",产生了许多混合型语言。遗憾的是,我们对它们的关注度还远远不够。今天,仅中亚丝绸之路地区涉及的官方语言就有几十种,如果加上其他语言,总数可达数百种。研究掌握这些语言,有助于我们深入了解这一地区的民族变迁和文化史,从而对推进"一带一路"建设起到积极作用,也能为保护语言和文化多样性作出我们应有的贡献。(《人民日报》2016.4.20)

保护民族语言,正与时间赛跑

截至今年3月,教育部、国家语委已按计划完成81个少数民族语言(含濒危语言)调查点、53个汉语方言(含濒危方言)调查点和32个语言文化调查点的工作任务。

早在去年5月,教育部、国家语委就印发了《关于启动中国语言资源保护工程的通知》,在全国范围内开展以语言资源调查、保存、展示和开发利用等为核心的各项工作。该工程的目标是按照统一的工作和技术规范,对语言和方言进行调查、采录、整理和加工,建成大规模、可持续增长的多媒体语言资源库。根据计划,语保工程将用五年时间完成。

中国语言学家、上海高校比较语言学E–研究院首席研究员潘悟云教授指出,语言具有不断演化的特性,因此,有必要尽力保护现存的语言及其体系,尤其是濒危语言。语言保护,形同与时间赛跑。

如果全国只有千篇一律的普通话,那么多姿多彩的中华文化画卷会不会变成苍白无力的一张白纸呢?贵州民族大学文学院副院长龙海燕教授说,少数民族语言和汉语方言不仅是交际工具,也是民族文化和地方文化的载体。一种语言或方言的消亡,都会导致特定的文化走向消亡。

"你要来采访我?我这样讲话,你听得懂吗?"贵阳市花溪区青岩镇达夯村村干部唐文华在电话那头,用夹杂着贵阳当地口音的普通话询问着,不敢相信自己竟要成为采访对象。

清明节后的第二天,从贵阳市区出发,辗转近3个小时车程,终于抵达了达夯村——这里混居着汉族、苗族、布依族。山寨间,梯田星罗棋布,有的已经身着绿装,有的刚刚被犁成条状,还有的"穿上"塑料外衣孕育新苗……

听见汽车的喇叭声,年近半百的唐文华不再站在自家阳台观望,而是兴冲冲地跑到坡上迎接客人。生在苗寨、长在苗寨的唐文华,说得一口流利的汉语,"上小学之前,我一句汉话都不会说。现在,说汉话和说苗语一样自在!"

发音合作人需事先摸底

许是天资聪颖的缘故,上小学一年级以后,唐文华只用一个礼拜就能听懂汉语,又用了一周基本会说简单的汉语。问他两种语言的转换难不难,他信心满满地说:"不难! 可能是环境影响,我们在寨子里都说苗语,出门就说汉话。"

去年,精通苗语和汉语的唐文华被贵州民族大学文学院副院长龙海燕教授选为苗语惠水次方言的采集对象。

龙海燕的语言数据采集工作,是2014年度国家社科基金重大项目——"贵州省少数民族语言资源有声数据库建设"的主要研究内容,该项目由龙海燕担任首席专家。早年的《中国语言地图集》(2008年版)收录了少数民族语言130多种,对每个民族语言的具体分布、人口分布、方言划分有了较为详细的分析记录。而现在,龙海燕不仅要记录贵州省的民族语言,更重要的是录制音频和视频,成为大数据的重要组成部分。

"2015年3月,贵州省少数民族语言资源有声数据库建设工作正式启动,目标是到2019年12月完成66个采集点的采录工作,现在已经完成了14个点,语种包括苗语、布依语、侗语、水语、仡佬语、毛南语、莫话等。"龙海燕说,相对一般的语言调查而言,他们采集的材料更全面,使用的技术手段更丰富,其学术价值也会更大。

龙海燕进一步解释说,平日有教学任务,少数民族语言的采录通常放在寒暑假进行。要确定少数民族语言采集点,首先会根据已有的研究成果,确定某一语言、次方言或土语所在的地区,然后再确定要调研的具体村寨。

发音合作人的选择也要事先摸底。"首先,采集对象最好有点文化,初中或高中毕业。但文化程度不能太高,大学或研究生毕业,受汉族文化影响太深的也不行,影响原汁原味的表达。其次,采集对象通常为2个人,一个是六七十岁的老者,另一个是二三十岁的青年,前者代表'老派'口音,后者代表'新派'口音。最后,采集对象的身体心理素质要好。有的乡亲不太习惯,觉得带上耳机,对着镜头和麦克风讲话,好像五花大绑,话都说不流利,那也不行。尤其,老人家最好耳聪目明,反应要快;年轻人得热爱自己本民族的语言,才能支持这项工作。"龙海燕坦言,如果采集对象不具有强烈的责任心,语言的准确性就难以把握。

唐文华还记得,他到贵州民族大学录音室进行录音时特兴奋。他说,苗族人一生有4个名字:乳名、学名、老名和鬼名。以他自己为例,出生时有乳名"小玉";上学后有学名"唐文华"。结婚生子后,父母的名字都会以长子(或长女)的小名冠名,比如,他的大女儿名为"相",苗寨的人都会称他为"伯相玉","伯"意为年长者;待他百年后,则有鬼名"yang(第二声)相玉"。唐氏妻子,则相应地有老名"ma(第三声)相玉"、鬼名"bao(第一声)相玉"。

"拉锯战"呈现真实的语言

龙海燕说,完成一个数据点的采集,最短也要十多天,最长会超过一个月。刚开始,一天只能录入两三百个词汇,待熟悉特定语言的声母、韵母、声调等音系词之后,速度才能加快,可以一天录入七八百个词汇。

"最关键的是我们要把对象所说的每一个字、词、句,用国际音标记录下来。"龙海燕说,很多少数民族没有文字,只有语言。关于它的发音,需要反复核实,不能臆断。比如说,苗语有个词,声母由两个辅音(tl)复合而成,这在汉语中未曾见过,但在少数民族语言中,不算鲜见,各种各样的发音都有。

要采集的2500个常用词汇中,有一部分属于"敏感"词汇,少数民族因其民风淳朴,有时不愿意说,比如接吻、乳房、交媾等。面对这样的尴尬,龙海燕及其带领的科研团队还需运用一些技巧才能获取想要的信息。

"他们不愿意在录音室或大庭广众下说出来。偶尔,我就跟他们一起去钓鱼、喝酒,趁人少时,再问这些词怎么说。"龙海燕举例说,乡亲们有时候脸涨得通红,想了半天,还是不肯说,只说"丑死了、不能讲"。非得几个回合"拉锯战",才会"实话实说"。"如果乡亲们刻意地选用文雅词汇,回避常用词汇,就无法还原真实的语言。这也是一个难点。"

当然,2500个常用词汇,并非完全一层不变,也会随着不同民族的生活环境有所增减。"有的民族居住区,没有某种动物,而有另一种动物,我们就会适时地对调查大纲做出调整。有些外来借词,少数民族群众不会完全照搬,而会根据自己的理解,对它进行改造,以符合自己的认知方式,比如汉语的'火车',进入少数民族语言后,会被称为'长龙'。"

除了500个音系词、2500个常用词汇,在录音室里还需完成300个句子(涵盖多种语法结构)和长篇语料的录入工作。长篇语料的话语形式,又分单人讲述和多人会话。采集单人讲述语料,通常会让采集对象讲述一件事情、一段经历或一则故事,内容紧扣民风民俗或切身经历,有效时长约 20 分钟。龙海燕说,如果有条件,还会到民族村寨进行现场录音,选择两三人对话的场景,以保存真实的语言面貌。

"在进行语言采集时,一定要保证话语的自然性,保证语音记录的准确性。有时候,乡亲们知道在录音,说话就不太自然,话语的流畅度以及上下文的衔接可能会产生偏差。同时,使用国际音标准确记录语音,对调查者的能力和经验要求很高。比如说,贵阳市花溪区养牛坡布依语的'九',音标应为 ku22,调查者很可能会记录为 ku33,如果记录为 ku33,就变成'我'的意思。在当地布依语中,'九'和'我'声母、韵母完全一样,声调也很相近,一个稍高,另一个稍低,很容易混淆。此外,在调查之前,调查人要做功课,要深入了解目标语的特点,否则会遗漏一些信息。比如,黔东苗语的远指代词'那',根据远近不同一般有四种说法,如果调查者事先不做功课,可能只会采集到一种说法,这就不符合实际情况。"龙海燕娓娓道来。

有时,在汉语中,仅有一个词,在少数民族语言中,却有多个词来表达不同的含义。唐文华指出,汉字"借"在苗语中有两种表达。第一种,原物奉还,完璧归赵,称为 gei(第一声);第二种,以物易物,价值相同,称为 zai(第三声)。"比如说,你借给我 100 块钱,我还钱你,如果是原来那张百元大钞,就叫 gei(第一声)。如果换成另外一张百元大钞,或者变成 50 + 50、50 + 2 × 20 + 10 等其他钱币,甚至换成大米、蔬菜等形式归还,那就得用 zai(第三声)。混用会被族人笑话。"

又比如,汉语的"洗"为动词,在苗语中,因为宾语的类型不同,表达"洗"这个意思也有各自对应的词汇。洗衣服、布料、鞋子等软货,称为 cuo(第一声);洗杯子、橱柜等硬物,称为 cha(第一声);洗蔬菜、水果等特定对象,称为 biu(第二声);洗澡的洗,称为 zuo(第一声)。

再有,少数民族语言的词序,也与汉语大相径庭。比如,汉语称苹果树、香蕉树,而在苗语中,词序为"树苹果"、"树香蕉"。至于为什么是这样,唐文华也说不上来,只道"约定俗成就是如此"。

创造价值才能延续语言生命

刚上小学时,唐文华才学汉语没多久,常把苗语混在汉语中使用。有一次,他想形容外面的鞭炮很响,直接说成了"炮仗好 piao(第二声)"。"当时,同学们都不知道我在说什么,但我不知道汉话'响',怎么说嘛!唐文华乐呵呵地说。

在苗寨里,还有个大笑话流传至今。那时,汉语尚未普及,老一辈人更习惯说苗语。一个汉族村干部到寨子里串门,问老汉去哪儿了。结果,老太太回答:"lei

（第二声）da（第二声）去了"。汉族干部一听，坏了，昨儿还见着的老汉，今天怎么就被雷打去了。"实际上，苗语 lei（第二声）da（第二声）的意思是犁地……"说完，唐文华哈哈大笑。

现任达夯村村长陈廷富是布依族人，从小学的是布依语。曾经，他也遭遇过相似的尴尬。那时候，他还在学校教书，跑来一个布依族家长接孩子。明明是个中年女子，却当着全班同学的面说："我是 xxx 的父亲"，引得全班同学哄堂大笑。布依族人刚开始学习汉语时，只明白"亲"是亲人的意思，却把性别弄反了。

类似的沟通障碍，让布依族的青少年日益缺乏对本民族语言的热情。王隆刚说："比我年龄大的人讲布依语，很流利；到我这一辈，像我这样能说，还能编布依歌的已经很少了；到了我的下一代，能够听得懂，但基本不说了；到了孙辈，连听都听不懂，更别提说了。"

龙海燕说，少数民族母语人的担忧，也恰是语言保护工作者急需关注的问题——作为交际工具，国家通用语和方言、民族语之间，既有相互促进、相互补充的一面，但也有竞争的一面。如何因势利导做好语言规划，形成和谐的语言关系、保持语言的多样性是难题，也是责任和义务。

"在这样的背景下，我们有必要开展语言保护和语言抢救工作。"他指出，"语言保护应特别重视对活态语言的保护。语言保护是一项系统工程，要充分调动各方面的力量，语言工作者、政府部门、学校教育以及少数民族母语人都必须参与进来，缺一不可。同时，要充分尊重母语人的生存权和发展权，不宜孤立地谈论语言保护，要把语言保护同民族地区经济社会发展结合起来，使之相互促进，形成良性循环。民族语言、民族文化是一种不可替代的资源。实践证明，民族语言和民族文化在乡村旅游开发当中，已经成为重要支撑，反过来，民族地区经济有了发展，才能更好激发少数民族群众的母语意识，也才有更好的条件去保护民族语言。"（中国民族宗教网 2016.4.19）

"世界语言地图"拯救濒危语种

"很多语言正在以非常快的速度消失，如果我们什么都不做的话，到本世纪末，全球 6700 种语言中的一半会消失。这非常令人遗憾。"7月8日，"世界语言地图"项目启动仪式暨发布会在北京举行。联合国教科文组织信息与传播部知识社会处主任英德拉及特·班吉在启动仪式上表示，语言交流可以加快知识传递，保护文化和传统，而当前，越来越多的语种濒临灭绝。

全球越来越多语种濒临灭绝

"世界语言地图"项目由联合国教科文组织与中国在线教育公司——"全球说"（Talkmate）共建，是一个以加强世界语言的多样性，尤其是促进多语言在互联网上的发展为目标的全球性项目。该项目与联合国教科文组织推动的世界遗产项目一样，同属该组织的重要文化多样性保护项目。

语言多样性是文化多样性的重要组成部分，保护语言多样性对人类文明的传承和发展有着十分重要的意义。然而，在过去十年中，由于社会和经济的迅速变革，越来越多的语种濒临灭绝，语言多样性程度大大降低。另外，随着互联网占据人类生活的比重越来越大，互联网环境下的语言多样性问题也日益突出。

为了拯救濒危语种，保护语言多样性，推动不同语言及文化间的平等对话、和谐共荣，并以此促进人类发展，联合国教科文组织启动了"世界语言地图"项目，并在近年来不断增加与各国政府、社会及民间机构的合作，在世界各地广泛开展多种多样的活动来保护多语言文化，普及多语言信息知识。

传承、监测、推广语言相关信息

"世界语言地图"项目从建设全球性语言平台、提高语言保护技术与能力、建立语言保护意识三个方面展开。一是动员合作伙伴为世界语言地图的建立贡献力量，打造出一个全球互动、合作、开放的在线平台，从而传承、监测、推广语言相关信息与知识的分享及教学，并积极丰富多语言互联网所需的信息与通讯技术；二是提高专业和学术能力，促进语言活力并通过多语种的网页界面协同完成文献工作，提升创造和分享教育资源的能力，语言教育者也可获取培训材料以及海量在线资源；三是通过国际化的倡导和推广活动，提升具有很多濒危语言的成员国、社区、学习个体和学术机构对于语言多样性保护重要性的意识。

"之所以做语言教育，并参与囊括世界上所有国家官方语言和各种方言的'世界语言地图'项目，除了希望真正解决语言学习的效率问题之外，我们还有更加宏伟的理想，就是积极参与全球语言的保护和传承事业。""全球说"首席执行官温荣辉表示，由此提高社会对濒危语种的使用度和关注度，从而能够让"语言链接世界"，并让此项目成为世界上最大的语言数据库和文化交流平台。

正是基于保护和传承语言多样性的共同理想，联合国教科文组织与"全球说"达成了全球范围内的合作关系。而发布会之后，为了推进"世界语言地图"项目，双方将联合展开全球宣传推广和语料收集系列活动，包括在国际上16个城市举办巡回路演、世界母语日活动、"语言大使"活动等。

尽快实现每一种语言的数字化

"中国55个少数民族中,除了满族和回族,其他53个少数民族一共有80多种语言,实际上应该有120多种语言。这些语言大概有五大语系、九大语种,38种文字,还有新创文字。"中央民族大学教育学院院长苏德毕力格教授在启动仪式上表示,中国少数民族语言中的濒危语言大概是17种。强势语言正在借助科技手段不断地挤压弱势语言的使用空间,这是一个全球性问题。

为了保护这些少数民族语言,苏德毕力格认为,应该尽快实现每一种语言的数字化,并做好不同语言之间的翻译、转化工作。同时,积极采用大数据技术,找到不同语言之间的相同部分和不同部分,以更好地总结多语言教育经验。最后,依靠互联网积极宣传多元文化。(《中国教育报》2016.7.8)

普通话与方言如何相得益彰

方言,指各地用语。周秦之时,政府派遣"轩使者"(乘坐轻车的使者)到各地搜集地方用语,并加以记录整理。两千多年前,西汉扬雄著《轩使者绝代语释别国方言》,东汉应劭将此书名简称为《方言》,此后"方言"开始作为特定词语使用。与方言对应的是雅言,后称官话、国语,1956年后称普通话并予以推广。六十年后,普通话推广已非常成功,而方言却面临着式微、需要保护的局面。

推广普通话与保护方言的两难困境应如何应对?政府、学校与社会又当如何形成保护方言的合力?记者采访了北京语言大学教授曹志耘。

方言正在迅速消失

记者:目前方言的使用有哪些形式,存在的特点是什么?

曹志耘:评价当今中国方言的存在,应正视两个基本事实:一是丰富性,二是濒危性。一方面中国的语言资源十分丰富,是语言文化资源大国,另一方面这些珍贵的文化资源和文化遗产正在迅速消失。以我的老家浙江为例,老年人以说方言为主,中青年方言和普通话都会,少年儿童以说普通话为主,而且这种势头还在加强。

记者:政府、学术机构既有推广普通话的责任,又有保护语言多样性、传承文化的使命,这中间的矛盾如何化解?

曹志耘:似乎一谈起普通话和方言的关系,就是非此即彼的对立关系,其实不然。我觉得问题的症结在于我国尚未对方言的地位和作用作出明确规定,或者说未对普通话和方言的关系作出明确的规定。实际上普通话和方言不是同一层次上的交际工具。普通话是全民共同语,是官方语言,而方言是区域性的,是民间语言。通过明确界定,普通话和方言可以做到并行不悖,甚至相辅相成,相得益彰。现在有些地方比如上海提出"推广普通话,传承上海话"的口号,这样的理念就很好。普通话是推广,上海话是传承,并行不悖。

说方言就是"土"和"落后"吗

记者:有人说方言代表着"土"和"落后",这一点您怎么看?

曹志耘:方言是绝大多数中国人出生后最先习得的语言,是母亲一字一句教的语言,是祖先一代一代流传下来的声音。但长期以来,方言被贴上了"土""落后""不文明"的标签,甚至被视为糟粕和负担。如此对待自己的母语,值得我们反思。

说方言,保持乡土文化,不影响推广和使用普通话,在教育和传媒高度发展的今天更是如此。现在我们需要重视的是重拾传统,建立语言文化自信。就像习总书记所说的,要努力从中华民族世世代代形成和积累的优秀传统文化中汲取营养和智慧,延续文化基因,萃取思想精华,展现精神魅力。

记者:作为交流工具,边缘化的方言如何保持活态传承?

曹志耘:传承方言,从根本上说要靠使用,而使用的关键在少年儿童身上。那么,对培养少年儿童的语言能力最有影响的是什么?是学校。现在很多地方,小孩一进入小学甚至幼儿园,就完全被普通话覆盖,连课堂之外也只说普通话,原先习得的方言很快就被抛弃。即使回到家里,和父母长辈沟通也都用普通话。假如在课外时间允许甚至鼓励小孩说方言,他们的方言就能够一直传承下去。

要让百姓知道方言的价值

记者:交流便利化带来了方音同化和流变。如何向百姓阐明保留方音纯正的意义?

曹志耘:要让老百姓来保护方言,关键是要让他们知道方言的价值。当然,实现这点有一定难度,仅靠学者的说教效果微乎其微。我们必须寻找更有效的方式,比如通过明星去影响年轻人,通过艺术化的手段去感染社会大众。我们现在花很大精力在推动这件事儿。比如支持并参与有关方言传承的综艺活动,比如拍摄方言文化的宣传片、纪录片,还有发动大学生开展志愿者行动等等。

记者:对国家、今天的社会而言,方言研究在哪些领域正在发挥作用?

曹志耘:目前我们在做的"中国语言资源保护工程"是一种抢救性的工作,目的在于赶在传统方言大面积消亡之前,尽可能地利用现代化技术手段记录、保存当今方言的实际面貌,这将成为一份极为珍贵的历史文化遗产。当然,方言文化资源可以应用于很多方面,例如通信技术、在线翻译、在线学习、博物馆展览以及文化产品开发,比如方言 APP、游戏、歌曲、旅游产品等。

记者:方言保护需要人才的推动。方言学领域人才培养的现状如何?需要解决的主要困难是什么?

曹志耘:人才问题其实不是人数问题,也不是水平问题,更重要的是观念问题,或者说是评价体系问题。"中国语言资源保护工程"自 2015 年开展以来,已有1000 多名专业人员投入其中,但我们在工作中遇到了很大的困难,其中最大的挑战就是我们做的工作无法纳入现有科研评价体系,无法得到学术共同体应有的评价和认可。当前,党和政府都在强调学术研究的"社会责任",号召要"为人民做学问",希望这些理念能够早日落地。(凤凰网 2016.7.10)

我国濒危语言保护的困境与出路

语言是人类认知世界的工具与载体,反映了特定地区的生态特征与人们认知世界的独特视角。作为一个多方言、多语言、多文化的国家,中国的语言资源相当丰富。但随着社会经济的迅速发展以及人口流动性的增强,越来越多的语言问题暴露出来,保护语言资源的多样性,鼓励保护与运用濒危语言资源,实现语言资源的可持续发展,成为当今必须解决的重要课题。

我国语言资源的现状

我国是语言资源较为丰富的国家,境内共有 120 多种语言,分属多个语系,具有特定的使用区域和人群,具有不同的发音、词汇与语法体系。但经济、文化占优势地位的语言的"黑洞效应",使语言多样性面临威胁,导致了越来越多的语言濒危,甚至濒临灭绝。据研究统计,当前我国处于濒危状态的语言已达 20 余种,其中,使用人数在千人以下的语言有 15 种。预计在未来的 20 年到 50 年之间,将会有 20% 的语言不复存在。我国偏远地区的少数民族语言,如鄂伦春语、赫哲语、土家语、彝语、仡佬语、纳西语、仙岛语等语言和方言的湮灭,都已在"旦夕之间";塔塔尔语、畲语、基诺语、普米语、怒语等一些少数民族语言已完全失去交际功能,加速向濒绝迈进;而一些地方方言,例如浙江的温州方言,因为受强势的普通话影响,使用人数特别在青少年人群中正日趋减少。

笔者认为,建设"美丽中国",不仅包括实现人与自然的和谐,还应包括人文文化的多样性传承与发展,而后者的重要组成部分即为语言资源。语言是文化传承和传播的主要载体,语言差异反映了文化、思维与行事方式的差异。特定的语言承载着特定的文化元素,文化的可持续发展离不开语言的可持续发展,语言的多样性势必与文化的多样性紧密相连。如果把人类语言和文化的存在环境、相互关系、变异和发展过程看作生态系统,那么人类的语言和文化也具有类似自然生态系统的生物多样性特点。在文化的各种形态中,语言是知识得以世代相传的最有效工具,促进了非物质文化的发展。一种语言的消亡往往意味着一种族群文化的丢失,也预示着人类多元文化和人文生态系统的破坏,依附于该语言的文化、艺术、传统也将会消亡,中华文化的多样性就会被削弱,"多元一体"格局也将受到一定的冲击,继而影响整个社会的健康发展。假若人类只使用一种语言以迎合单一的、全球性的文化,那么这将与物种单一化引发的恶性循环一样,最终破坏人类语言文化生态系统。由此可见,我国语言资源的现状不容乐观,值得重视。

我国濒危语言保护所面临的困境

我国一直致力于民族教育和民族语言的发展,现阶段,濒危语言的保护工作已引起了各方人士的广泛关注,取得了一些可喜成绩,不少濒危语言得到抢救性的记录,一些语言在一定范围内部分恢复了交际功能,一些地方政府甚至建立了专门机构用以传承代表该地区文化的语言。但应当看到,我国的濒危语言保护工作仍不到位,依然存在不少问题,具体表现在以下两个方面:

从语言资源的价值来看,人们对语言的选择是自觉行为。信息在全世界的快速传播需要通用语,而语言多样性似乎增加了不同族群间的交际难度,甚至造成彼此间的冲突。由此,谋求共同语的愿望成为许多人的追求,不少人甚至企图推广世界语。同时,一些强势语言因具有更高的认同而逐渐成为人们选择的对象,反之则被视为价值较小逐渐被放弃。由此可见,语言的濒危和濒绝有别于物种的灭绝,不能简单地概括为"不适应性",因为语言的濒危和濒绝并非由语言结构或者语言应用的"不适应"而触发,而是由社会文化与语言政策等因素导致。在这种背景下,濒危语言的使用群体会逐步变成双语人,在使用双语过程中逐步发展成语言转用,选择更有用的强势语言。由此可知,语言的选择行为往往是自觉的,是随着语言资源的价值变化而变化的。然而,追求语言统一的人们忽略了语言与特定历史、文化的联系,简单地把语言文化的多样性看作是全球化的绊脚石,导致语言的濒危进而带来文化的濒危。

从政策制度来看,相关保障依然欠缺。从政策层面来保护濒危语言非常必要,而目前政策层面的问题主要在于政府财政投入的不足。针对濒危语言保护的专项基金项目较少以及相关研究人才的匮乏,严重制约了濒危语言保护工作全面、深入开展,使得科研工作缺乏连贯性,更无从谈及建立濒危语言文字数据库、建立"濒危语言保护示范区"等措施的实施,导致语言生态维护处于被动状态。同时,从中央到地方缺乏系统的双语教育法规和足够的资金支持,过度强调官方语言在传媒、学校与政府机构的绝对主导地位,忽略方言的凝聚作用。与此同时,大部分人把濒危语言保护局限于语言本身,使得语言保护工作流于形式,尤其是一些经济落后的少数民族地区,往往将濒危语言保护视为增加经济收入的途径,这种商业化行为所整理的语言和文化资料逐渐偏离了日常生活的真实内容,给人以"作秀语言或文化"的感觉。

加强濒危语言保护的路径

为了不断完善与发展语言,使语言生态永葆青春,进而平衡和发展既有的文化生态世界,当务之急就是强化和鼓励濒危语言的使用,扩大其使用范围,充分体现其功能,最终提高该语言的活力。

结合本国实际情况,汲取国外先进经验。濒危语言是全球性问题,国外有着较为丰富和多样的语言保护经验。在澳大利亚,不少高校鼓励学生以濒危语言的调查描写作为学位论文,墨尔本大学计算机系的一些教授投入巨大精力进行语言材料的编档和数据保存工作,对本土语言的保护作出了巨大贡献。从世界范围来看,从政府到民间,不同专业的学者对语言抢救工作倾注了极大的心力,伦敦大学亚非语言学院把抢救濒危语言当作一项重要工作,成立了专门工作管理机构,并投以巨额经费作保障,资助专家和学者在全世界范围内开展相关研究工作。英国威尔士地区用英语与地方语言标注路牌等措施来鼓励人们使用地方语言。我国应当结合本国的实际情况,汲取国外的先进经验,实施正确的语言规划和措施,鼓励高校、科研院所加强对濒危语言资源的研究,加大对语言资源的保障力度。

建立濒危语言语料库,落实相关立法。濒危语言的抢救和保护需要跨学科的合作,需要科学的手段和不同领域专家的通力协作。我国应当开展大规模的语言田野调查,抢救性地记录濒危语言,建立书面语与口语语料库,特别是创建包含文本、语音、图像与动作的多模态语料库,使得在后续研究中可以还原真实的使用语境。除此之外,还应当制订相关的"濒危语言保护条例",把濒危语言保护工作纳入法制轨道。通过立法和规范,强化文化、教育、民族等相关部门的工作职能,并加强高校、科研机构的合作。相关责任部门应当增加语言保护领域的科研立项,拨出专款支持相关研究。

建立"语言保护示范区",扩大社会影响。政府应当有系统地实施语言复原计划。参照"经济建设、精神文明示范村社"的模式,我们可以在语言资源丰富的地区设立"濒危语言保护示范区",开通濒危语言保护网站,采取积极措施鼓励使用母语。例如,在公共场所鼓励使用母语,中、小学与幼儿园设立地方方言课,电视媒体播放方言动漫节目等等。相关政府部门还可以向社会征集与该民族语或当地方言有关的歌谣、故事,搜集、整理、挖掘、提炼以汇编成册,鼓励大家传唱或传诵。以温州为例,当地政府对温州方言的保护可谓尽其心力,开播诸如"百晓讲坛""温州鼓词"等温州话电视节目,在公交车上使用温州话报站,在中小学开展温州话童谣比赛,将具有温州方言特色的童谣整理汇编等。

应当认识到,没有一种语言或文化能够独霸天下,世界本来就应当是多元的,根植其中的语言和文化也应是多元的,全球化进程的加剧并不能成为破坏语言多样性的理由。只有充分尊重语言的多样性和文化的多元性,才能传承和创造灿烂文化,才能建成美丽中国。(《光明日报》2014.3.17)

延伸阅读

把语言作为资源来认识

语言是文化的载体,在现实社会生活中发挥着极其重要的作用。作为传递信息、交流思想的交际工具,我们每个人都要使用语言,语言在推动物质文明建设和精神文明建设中都是不可或缺的重要资源。尤其需要强调的是,源远流长的中华文化正是依靠有着悠久历史的汉语来承载的,离开汉语这一载体,中华文化也就无所依附。但长期以来,人们只注意到语言作为交际工具的性质,对语言的资源性质缺乏认识。把语言作为资源来认识,这是当代语言学在语言观上的重大突破,它要求我们对如何用好语言资源进行顶层设计。

从事任何一项建设,都离不开资源的运用。13亿多中国人民所使用的语言包括各种方言,是我国得天独厚的丰富资源。正是这些形式多样、异彩纷呈的语言,有效沟通着、凝聚着不同地域、不同族群、不同社区的人,让中华儿女能够和谐相处,携手并肩为实现中华民族伟大复兴的中国梦而努力。认识到语言是重要资源,要求我们对语言的开发利用进行战略思考和顶层设计,使丰富的语言资源能够充分发挥其应有的作用。如孔子学院的设立就让汉语资源走了出去,让这一充满魅力的古老民族的语言连同它所承载的中华优秀传统文化,成为各国人民共同享有的精神财富,提升了中华文化的影响力。

进入21世纪以来,我们国家十分重视调查了解我国的语言生活。从2006年开始,国家语言文字工作委员会每年都以"中国语言生活绿皮书"的形式发布《中国语言生活状况报告》,从各个方面详尽披露语言生活的实际情况。《国家中长期语言文字事业改革和发展规划纲要(2012~2020)》把语言文字事业提升到国家战略的高度,认为语言文字是文化的重要组成部分和鲜明标志,是推动历史发展和社会进步的重要力量。我国成立了"国家语言资源监测与研究中心",对我国语言资源的应用与服务情况进行经常性的监测。与此同时,还启动了中国语言资源有声数据库建设,有计划、有步骤地在全国范围进行语言资源调查工作。

既然语言已作为国家资源受到高度重视,我们就应该在保护语言资源、善用语言资源等方面多下功夫。如中国语言资源保护工程,就是利用现代技术手段,收集记录汉语方言、少数民族语言和口头文化的实态语料,开展语言资源保护研究工作。此外,应在普及语言知识方面继续下功夫,教育广大人民群众树立正确的语言观,认识我们使用着的语言作为资源的重要性,在全社会形成人人热爱祖国语言、处处注意保护语言资源的风气。同时,还应特别关注某些濒危语言和方言的抢救工作,防止珍贵的语言资源因抢救不力而陷于消失境地。

在保护语言资源的同时,我们还需要注意善用语言资源。我国多彩多姿的语言各有其自身的特点和规范,在使用时一定要恪守其规范和规律,否则就会适得其反。就以汉民族共同语和各地方言的社会应用来说,普通话是全国范围通用的共同语,在公共场合、执行公务、宣传、教学的用语中就应该使用普通话,不要滥用地方方言。方言这一语言资源,可以在家庭之内、乡亲交往的场合来用。在弘扬地域文化(如地方戏剧曲艺)中,则可以尽量发挥地方方言的作用。这就体现出共同语的普及并非要使方言在社会上消失,而是为了形成共同语和方言始终保持既共存并用,又有主有从、各司其职的关系。只有形成这样的语言社会应用格局,才是善用语言资源。(詹伯慧,暨南大学汉语方言研究中心名誉主任)(《人民日报》2016.6.26)

中国语言资源保护工程的缘起及意义

2015年5月,教育部、国家语委印发了《关于启动中国语言资源保护工程的通知》,决定在全国范围开展以语言资源调查、保存、展示和开发利用等为核心的重大语言文化工程,这标志着我国从国家层面以更大范围、更大力度、更加科学有效的方式来开展语言资源保护工作。本文从实施这一国家工程的缘起和意义两方面,对中国语言资源保护工程进行阐述。

一、缘起

(一)语言资源的重要性和濒危性

随着经济一体化、社会信息化进程加快,资源已成为经济社会发展和现代化建设的决定性要素,在决定国家综合实力和影响力方面具有举足轻重的作用,当前,文化资源的战略价值已上升到国家战略层面,对国家发展具有重要的促进作用。语言是一种重要的文化资源,是文化的基础要素和鲜明标志,是非物质文化资源的重要组成部分,在传承文明和保持文化多样性方面具有重要的作用;语言是文化的根基,又是在文化的"培养基"中发育成长的,二者相互依存,关系密不可分。我们需从国家战略高度来认识、理解语言作为文化资源的战略地位和价值,认识并理解语言及其衍生产品既是现代社会的交际工具和信息载体,更是战略性文化资源以及现代化建设各领域的基础性资源,我们有责任、有义务积极利用并开发语言资源,更好地为国家发展大局服务,为建设社会主义文化强国和提升国家文化软实力服务。

我国是一个多民族、多语种、文化多元的国家,拥有汉藏、阿尔泰、南岛、南亚和印欧五大语系的130多种语言和十大汉语方言(包括97个方言片,101个方言小片),方言土语难以计数,是当今世界上语言资源最丰富的国家之一,在文化战略上具有得天独厚的优势。然而,随着现代化和城镇化进程的推进,我国少数民族语言和汉语方言正以前所未有的速度发生变化,许多语言、方言趋于濒危或面临消亡,导致民族文化和地域文化走向衰微。在现存的130多种语言中,有68种语言使用人口在万人以下,其中25种语言使用人口在千人以下,像赫哲语、满语、苏龙语、仙岛语、普标语等少数民族语言,使用人口已不足百人,处于濒危状态。在汉语方言中,广大农村、偏远地区的方言处于绝对弱势状态,其中如浙江九姓渔民方言、澳门土生粤方言以及各地的小方言岛(例如东北的站话、海南的军话、广东的正话、浙江一些地方的畲话等)则已成为濒危方言。语言文化资源快速流失的现象日趋严重,同时也引起了社会各界的广泛关注。近些年来,我国各级人大、政协的代表委员们多次就语言资源保护问题提出提案或建议。例如,全国人大代表于洪志《科学保护民族语言文字》、全国人大代表富春丽《保护满—锡伯语言文字》、民建中央委员赵宾《关于拯救我国少数民族濒危语言的建议》、致公党广东省委《保护和弘扬中华语言文化,构筑海外华人与祖国交流的语言文化平台》、杭州市政协委员毛海涛《关于保护杭州方言,防止历史文化名城内涵缺失》等等。值得注意的是,国外一些机构和组织通过网站或在线协作平台,搜集、记录汉语方言和少数民族语言语料,由此给国家安全带来一定隐患。在此情况下,我们应该充分意识到问题的严重性,并正确应对。

语言资源危机不仅是我国的问题,也是一个世界性问题。联合国教科文组织濒危语言问题特别专家组的《语言活力与语言濒危》一文指出,在全世界6000多种语言中,约96%的语言的使用者占人类总人口不到3%,意味着每一种语言的使用者平均只有3万人。全世界6000多种语言中,至少有半数语言,其使用人口正在减少,到21世纪末,在全世界的大部分地区,约90%的语言可能被强势语言取代。该文还指出:"已经无法保持、延续或恢复活力的语言,仍然值得对其做出尽可能完整的记录。这是因为,每一种语言都蕴涵着独特的文化知识和生态知识,同时也因为各种语言不尽相同。对这类语言进行记录的重要性表现在几个方面:①它丰富了人类的智力财富;②它展现了一种于现有知识而言可能是全新的文化视野;③记录过程常常能够帮助该语言使用者重新激活其语言和文化知识。"目前,保护和发展语言文化的多样性,已经成为联合国和各国各地区普遍重视的问题,我国是保护非物质文化遗产、促进人类文化多样性国际公约的签约国,应当走在语言资源科学保护工作的前列,在传承、发展人类语言文化多样性方面做出特有的贡献。

(二)党和政府高度重视语言资源保护工作

鉴于语言资源的重要性及其生存现状,近年来,党和政府高度重视语言资源保护工作。党的十七届六中全会通过的《中共中央关于深化文化体制改革推动社会主义文化大发展大繁荣若干重大问题的决定》明确提出,要"大力推广和规范使用国家通用语言文字,科学保护各民族语言文字"。这是中国共产党第一次在中央全会的决定中对语言文字事业提出明确要求,凸显了语言文字事业在文化建设中的战略地位。《决定》同时提出,要"维护民族文化基本元素","抓好非物质文化遗产保护传承","弘扬中华优秀传统文化"。党的十八大报告指出,要"建设优秀传统文化传承体系,弘扬中华优秀传统文化。推广和规范使用国家通用语言文字。繁荣发展少数民族文化事业"。这是继十七届六中全会对语言文字工作提出要求之后,我们党从新的战略布局高度对语言文字工作提出的新要求。解读这些要求的核心内涵,"建设优秀传统文化传承体系,弘扬中华优秀传统文化",就是要充分发挥语言文字作为文化载体的作用,为建设优秀传统文化传承体系、弘扬中华优秀传统文化、促进文化大发展大繁荣做出更大贡献。"繁荣发展少数民族文化事业",就是要在坚持推广和规范使用国家通用语言文字的同时,采取有效措施加强对各民族语言文字的科学保护,以利于维护国家统一、民族团结和社会和谐,以利于保持中华文化的丰富性和多样性。

国家领导人也多次对语言资源及其保护问题作出重要指示。习近平主席2014年3月在柏林会见德国汉学家、孔子学院教师代表和学习汉语的学生代表时指出："在世界多极化、经济全球化、文化多样化、国际关系民主化的时代背景下,人与人沟通很重要,国与国合作很必要。沟通交流的重要工具就是语言,一个国家文化的魅力、一个民族的凝聚力主要通过语言表达和传递。掌握一种语言就是掌握了通往一国文化的钥匙。"2011年1月,时任国务委员的刘延东在纪念《国家通用语言文字法》颁布十周年座谈会的讲话中指出:"对方言特别是一些濒危的方言,还应利用现代技术手段,如有声数据库建设等进行调查、整理、研究和开发应用。"她对语言资源保护问题多次作出重要指示,明确指出,语言和方言是中华传统文化的载体和地方历史文化的见证,是宝贵的文化财富。要作为抢救工程,切实做好汉语方言和少数民族语言的整理。

在党和政府以及国家领导人的高度重视下,语言资源保护工作成为新时期国家语言文字事业科学发展的重要任务。《国家中长期语言文字事业改革和发展规划纲要(2012—2020年)》(以下简称《语言文字规划纲要》)将"科学保护各民族语言文字"列为主要任务,强调重点开展"语言国情调查""各民族语言文字科学记录和保存""少数民族濒危语言抢救和保护"等工作。上述各方面为中国语言资源保护工程提供了政策依据。

(三)前期工作成效为工程实施奠定良好基础

1.语言资源保护理论探索

曹志耘将"语言保护"概括为:通过各种有效的政策、措施、手段,保持语言、方言的活力,使其得以持续生存和发展,尤其是要避免弱势和濒危的语言、方言衰亡。将"语言保存"概括为:通过全面、细致、科学的调查,把语言、方言的实际面貌记录下来,并进行长期、有效的保存和展示。他指出,"语言保护"和"语言保存"是两种不同的概念,也是两种不同的措施。在中国目前的情况下,既需要语言保护,也需要语言保存。语言保护需要政府制定相应的语言政策,还需要社会大众采取具体行动,而语言保存的具体工作主要应由学术界来承担。对于如何确定科学的语言资源保护规划,李宇明指出,要深入了解各民族语言的发育状态和使用情况,根据不同的语言实态,制定切合实际的语言保护规划。例如,对于即将消亡的语言,当务之急是"语言保存",应尽快进行全方位的语言实态调查,建立永久保存的数据库,像保护非物质文化遗产那样确立"语言传承人"目录;对于濒危中的语言,要通过祖孙隔代传承、建立语言保护区、建设语言文字博物馆等措施,进行"语言抢救";对于有衰落倾向的语言,主要是通过教育传承、鼓励应用等措施,增加其语言活力;对于具有活力的语言,主要是在政策、教育、使用等层面保持其语言活力。

2.语言资源保护实践探索

我国语言资源丰富,语言调查的历史悠久。近一个多世纪以来,我国的语言调查研究取得了丰硕的成果。20世纪上半叶,在内忧外患、战乱频仍之时,前辈们就开始了语言调查;五六十年代,在国家百废待兴、百业待举之际,进行了一次全国汉语方言和少数民族语言普查。1956年,国务院发出《关于推广普通话的指示》,要求"在1956年和1957年完成全国每一个县的方言的初步调查工作",在国家统一领导下,全国语言学界专家学者和师范院校语文系师生在2—3年内,共调查了1849个县市的方言,出版了300余种各地人学习普通话手册,为国家推广普通话提供了重要的学术基础,我们对中国语言状况的了解也多来自于此。80年代以来,《方言》《民族语文》等杂志经常刊载语言方言调查报告,并有《中国语言地图集》《现代汉语方言音库》《现代汉语方言大词典》《普通话基础方言基本词汇集》及多种方言和民族语言的系列丛书出版,语言调查始终未断。1999年,教育部等11部委联合开展了"中国语言文字使用情况调查"。这次调查重点在于收集语言生活、语言使用方面的数据,未对语言、方言的本体面貌和有声语料进行采录。近十年来,濒危语言、方言等现象已经引起社会各界的关注,语言多样性、语言保护等观念逐渐得到政府和社会大众的重视。国内学术界开展了多项相关的研究,例如:中国濒危语言资料记录(联合国教科文组织项目)、中国濒危语言调查研究与新编《中国语言地图集》(中国社会科学院项目)、《汉语方言地图集》(教育部和北京市项目)、《中国方言文化典藏》(教育部项目)、中国少数民族濒危语言语音资料库(教育部项目)、中国濒危语言个案对比研究(国家社科基金项目)、广西濒危语言个案研究(国家社科基金项目)、西南地区濒危语言调查研究(教育部项目)等等。

随着语言信息处理技术和多媒体技术的发展,语言资源保护工作进入了新的发展阶段。国际上大型的语言资源保护项目,如荷兰纽梅茵马普心理学研究所的"濒危语言记录"(Dobes),英国伦敦大学亚非学院的Hans Rausing"濒危语言计划",剑桥大学的"世界口头文学计划",美国《国家地理杂志》的"不朽的声音",谷歌推出的在线协作平台"濒危语言",等等,旨在用文字、音频、视频等多媒体方式,对世界上的濒危语言进行调查或数字化整理,达到语言资源保护目的。

2008年10月11日,由国家语委主持的中国语言资源有声数据库建设试点启动仪式在江苏省苏州市举行,这标志着中国有史以来最大的语言调查和语言保护工程拉开帷幕,进入了一个全新的时代。中国语言资源有声数据库的调查目的、内容和技术都有别于以往的汉语方言、少数民族语言普查和语言文字使用情况调查,是一次以先进理念为指导、以先进技术为支撑的高标准和具有时代性的语言调查。该项目的宗旨是：按照科学、统一的规划，调查收集当代中国汉语方言、少数民族语言和普通话的实态、有声语料，并进行科学整理、加工和有效保存。调查内容包括语言方言状况、常用语音词汇语法现象、方言话语录音、各地普通话情况。调查材料除了使用传统的耳听手记的方式以外，还全部采用先进、统一的录音设备和技术进行录音，以得到一份时间相同、内容对应的中国各地语言、方言、地方普通话的有声语料，最后在调查的基础上建立中国语言资源有声数据库。数据库分为汉语方言、少数民族语言、地方普通话三大分库。每一分库包括文本（文字和音标）、声音、图像（照片和录像）三种形态，三种形态之间的内容具有对应性和链接功能。该数据库的基本功能是保存实态的有声语料，此外，还可加载有关标记软件，使数据库具有可比性、可听性、可视性，具有多角度检索、多目的的开发功能。

为保证中国语言资源有声数据库建设的科学性，国家语委前期做了大量的准备工作。自 2007 年起，召开多次专题会议进行有声数据库建设的前期论证；共下达 20 余项课题研制技术规范和工作规范；2008 年至 2010 年，先后在江苏省的五个城市进行试点。2010 年，有声数据库建设的重要规范《中国语言资源有声数据库调查手册·汉语方言》正式出版。其后，上海、北京、广西、辽宁、福建、山东、湖北、河北等八个省份先后启动了建库工作。截至目前，江苏、北京和上海已经完成本地区有声数据调查和整理工作，并已通过了验收，其余各省区的调查工作也正在有序推进。

中国语言资源有声数据库建设是一个从无到有、从理论到实践的系统工程，在条件较为具备的江苏、北京、上海等省市先行开展的试点工作，检验了数据库建设技术规范、工作规范等的科学性和可行性，完善了中国语言资源有声数据库建设方案，探索出一套"政府主导、学者支撑、社会参与"的工作模式和一系列行之有效的专家团队运作及管理办法；培养锻炼了一批干部，形成了一支团结协作、作风扎实、业务精湛的专家队伍，取得了很好的效果。虽然当时受经费所限，这项工作只是在部分有条件的省份进行试点，未能全面展开，但富有成效的试点工作为在更大范围内开展的语言资源保护工作积累了宝贵经验。

与此相关，"三方工程中国语言有声数据库技术规范与平台研发"项目得到科技部 2014 年度国家科技支撑计划的支持。该项目由教育部组织申报实施，北京语言大学、江苏省语言文字工作委员会、清华大学分别承担有声数据库的技术规范研究、技术工具研发、平台技术研发。该项目以中文信息处理、数据库、地理信息系统等先进技术为手段，开展有声数据库技术规范研究以填补相关空白，开展汉语方言、少数民族语言和地方普通话有声语料的采集、整理、加工、保存、展示等关键技术研究,研制软件工具,实现信息技术在这一领域新的突破。这为之后语言资源保护工作的顺利实施提供了有力的技术保障。

综上所述,党的十八大和十七届六中全会对语言文字工作提出了明确的要求,赋予了科学保护各民族语言文字的重大使命。《语言文字规划纲要》将科学保护各民族语言文字列为重要任务。鉴于当前工作任务的需要和前期良好的工作基础,为推动语言文字事业的科学发展,教育部、国家语委经过科学论证,决定启动中国语言资源保护工程(以下简称语保工程),工程自2015年开始实施,计划用五年时间完成。

语保工程是由国家财政支持,教育部、国家语委领导实施的一项大型语言文化类国家工程,是对原有中国语言资源有声数据库建设的进一步扩充、整合,工程利用现代化技术手段,收集记录汉语方言、少数民族语言和口头语言文化的实态语料,通过科学整理和加工,建成大规模、可持续增长的多媒体语言资源库,并开展语言资源保护研究工作,进而推进深度开发应用,全面提升我国语言资源保护和利用水平,为传承中华优秀传统文化、促进民族团结、维护国家安全服务。

语保工程将按照"国家统一规划、地方和专家共同实施、鼓励社会参与"的方式进行。总体规划拟对全国约500个汉语方言(含濒危方言)点、400个少数民族语言(含濒危语言)点以及100个语言文化点进行调查。2015年,针对急需开展记录保存的汉语方言和少数民族语言,首先在山西、浙江、福建、重庆等省份启动汉语方言调查,同时聘请专家组成调查团队,在全国范围内开展少数民族语言等调查。2015年度共计划开展53个汉语方言(含濒危方言)点、81个少数民族语言(含濒危语言)点和32个语言文化点的调查工作,同时开展中国语言资源采录展示平台建设和已有资源的整合汇聚。

语保工程的立项和实施,体现了党和国家对我国语言资源保护工作的高度重视。为顺利实施工程,教育部、国家语委加强领导,教育部语言文字信息管理司负责工程的管理并制定有关管理办法,以保证工程实施的科学性和严谨性。鉴于语保工程涉及面广、工作量大、专业性强等特点,教育部语信司与北京语言大学共同建设中国语言资源保护研究中心,作为专业机构,负责研究拟订工程的总体规划以及工作、技术、培训、验收等规范,并受主管部门委托,指导和管理工程的具体实施。工程将采取国家语委、中国语言资源保护研究中心、省级语言文字管理部门或项目负责人、课题负责人这种自上而下的分层组织管理模式。

二、意义

语保工程的实施,能够更好地掌握语言国情,保护国家语言资源,传承和弘扬中华优秀传统文化,为国家建设和发展战略提供服务,具有重大而深远的现实意义。

(一)科学有效保护语言文化资源,为传承弘扬中华优秀传统文化奠定基础

我国是世界上语言资源最为丰富的国家之一。语言及其方言是文化最重要的载体和重要的组成部分,也是构成文化多样性的前提条件,是珍贵的非物质文化遗产和不可再生的宝贵资源。与物质文化遗产不同,口口相传的儿歌、童谣、吟诵、民间传说故事等语言文化资源如果不经过科学记录和利用现代技术保存,一旦消失,将永远无法复现。在汉语方言和少数民族语言全面走向萎缩衰亡之际,通过科学规划,利用现代技术手段全面调查保存我国当今汉语方言、少数民族语言和口头文化的实态语料,及时抢救和保护弱势与濒危的语言和方言,保护中华语言文化遗产,是我国政府和学术界迫在眉睫的历史使命,具有历史性的意义。

(二)全面掌握语言国情,科学制定国家的语言规划和语言政策

语言国情是国情的基本内容之一。语言是资源,是软实力,也是影响社会稳定的重要因素。要科学制定符合国情的语言规划和语言政策,构建和谐语言生活,必须以对语言国情的全面、客观了解为前提。20世纪开展的语言调查取得了一定成绩,但鉴于当时的形势和条件,在调查工作的统一性、科学性方面,在调查资料的整理、出版、保存方面都存在许多不足,以至于今天所能利用的资料和成果极为有限,有声语料几乎为零。时至今日,我国尚未按统一、科学的规划,对全国的语言资源进行过全面、系统的调查,没有建立起基于统一调查基础上的语言资源数据库,也没有建立起用于中国语言资源大规模采录和展示的平台,这与中国作为世界语言资源大国的地位极不相符。而语保工程在确立的目标和实施内容上都有别于以往的语言方言普查和语言文字使用情况调查,是由国家统一规划、以先进理念为指导、以现代化技术为手段的高标准和具有时代性的语言文化工程。

(三)维护社会稳定、民族团结和国家安全,为国家周边战略和"一带一路"战略服务

语言和方言是民族文化的标志,是民族凝聚力的重要因素,同时也是不同民族、地区相互沟通理解的钥匙和交流互鉴的纽带。目前,我国各民族的语言发展和保持状况很不平衡。我国周边的安全形势比较复杂,跨境语言与边境安全息息相关。"一带一路"战略涉及我国大部分地区和众多国家,语言方言及其文化状况极为复杂,亟待厘清。我国台湾、香港、澳门地区都通用汉语方言,在海外使用汉语方

言(主要是粤方言、闽方言、客家话)的人口更多达1000多万,遍布全球各地。汉语方言在增强中华民族凝聚力、维系海内外华人关系方面能够发挥重要作用。因此,厘清我国语言国情状况,保护好语言文化资源,有利于科学制定和灵活调整语言政策,构建和谐语言生活,并在国际经贸往来、人文交流和安全合作中发挥独特的作用。

(四)推进语言文字信息化建设,提升国家信息化水平

信息化和数字化是当今社会发展不可逆转的前进方向,是发展知识经济的必然选择。语言是信息最天然的载体和最重要的工具,人类交换信息约有80%是通过语言文字进行的,语言文字信息化是整个社会信息化的基础。在社会信息化进程中遇到的许多瓶颈问题,和需要攻克的许多关键技术,例如语音自动识别、自然语言理解、人工智能、智慧系统建设等,都与语言信息化紧密相关。语保工程的实施,将通过数千个地点的语言资源调查和开放持续的语言数据汇聚,构筑覆盖全国各地、资源有效增长的语言方言大数据平台,可为将来的数据挖掘、人文计算提供巨大空间,从而提升我国语言文字信息化水平,增强国家的信息处理能力,增强我国在虚拟空间的话语权,有效维护国家信息安全。

(五)促进语言文化产业发展,增强社会服务能力

语言文化产业涉及语言科技、语言服务、语言文化创意等,是符合我国产业转型升级要求的新兴产业,但目前尚处于起步阶段。语言资源是大力发展语言文化产业的重要基础。我们应认识到,语言资源保护虽然需要大量的前期投入,但是也能够产生一定的经济效益。在空前丰富多样的语言资源大汇聚的基础上进行相关开发利用,能够衍生出更多更长的产业链,产出更加丰富的语言文化产品,为我国语言文化产业的创新发展带来广阔前景。当然,语言资源本身就具有很高的学术含量,通过语言保护所产生的语言资源,能够促进语言学、民俗学、人类文化学、信息科学的发展,产生学术效益和社会效益。

此外,在完成第一期语保工程的基础上,后续还将开展语言资源的开发应用,产出更高的经济效益和社会效益,例如中国语言计算,汉语方言和少数民族语言语音技术、在线翻译、在线学习,公安刑侦和国安用语言鉴别系统等。

三、结语

语保工程是科学保护各民族语言文字、推进国家语言文字事业科学发展的重要举措,功在当代,利在千秋。工程自2015年5月启动以来,福建、浙江、山西、重庆等省、市教育主管部门高度重视,调动区域内高校和研究机构的学术力量,在各地市的积极配合下,先后启动了针对急需记录保存的汉语方言调查,中国语言资源

保护研究中心同时聘请专家组成调查团队开展少数民族语言调查。截至目前,已在全国范围内组织成立调查团队 173 个,设立 186 个课题,参与的专家近 500 人,按计划对汉语方言调查点、少数民族语言调查点和语言文化调查点开展调查,同时开展中国语言资源采录展示平台建设和已有资源的整合汇聚。

分析语保工程的立项背景、实施目标以及形势任务,以下几点需给予特别重视:

(一)建设任务量大,时间紧迫,责任重大

按照工程总体规划部署,2015 年为开局之年,主要任务是制定工程实施方案,进行顶层设计,展开汉语方言、少数民族语言、濒危语言方言、语言文化等项目的试点调查,同时准备开展已有资源汇聚、中国语言资源保护平台建设工作。2016 年至 2019 年为工程实施的主体阶段,全面展开语言资源调查、汇聚、平台建设等各项工作。各地语委和各级负责人要切实担负起监督和管理责任。

(二)工程范围广,情况复杂,技术要求高

工程实施需要从顶层设计到具体执行的各个环节统一思想,按照工程相关管理规定和技术规范开展工作,需要通过严格科学的管理机制和管理办法来明确责任、明确分工,以保证工程实施的进度和质量。要切实抓好培训、实施、预验收三个环节。

(三)工程社会性强,涉及面广,影响力大

语保工程具有规范化、科学化、社会化、协同化的特点,实施过程中需要社会的广泛关注和支持,参与各方需要通力合作,充分发挥积极主动和团结协作的精神,稳妥推进工程实施。同时,要充分重视互联网的作用,通过互联网进行语保工程的宣传,不断强化社会的语言资源保护观念,提高社会的知情度和参与度,扩大语保工程的社会影响力。(田立新)(《语言文字应用》2015 年第 4 期)

四、两岸语言文字交流合作机制已经基本形成

2009 年,第五届两岸经贸文化论坛《共同建议》中提出两岸合编中华语文工具书等 7 项语言文字方面的合作建议。2010 年,两岸合编工具书项目启动。六年来,双方本着"积极推动、先易后难、循序渐进、求同存异、化异为通"的原则,相互尊重、平等协商,举办了十余次会谈,两岸专家学者开展了大量艰苦细致的编写工作,合编工具书工作取得重大阶段性成果。目前两岸语言文字交流合作机制已经基本形成,两岸语言文化交流合作不断拓展深化,对于促进两岸经贸文化交流合作、方便两岸人民的沟通和语文应用、共同传承和弘扬中华优秀文化具有重要的推动作用。

相关报道

两岸合编中华语文工具书成果在南京发布

大陆和台湾两岸专家合作编纂的《两岸通用词典》等工具书日前在南京艺术学院正式发布。它们是两岸合编中华语文工具书的重要组成部分,将进一步促进两岸的科教文化交流。

"两岸合编中华语文工具书发布会暨 2015 两岸大学生汉字文化创意大会作品展"开幕式,1 月 8 日在南京举办。两岸合编中华语文工具书台湾总召集人、台湾"中华文化总会"秘书长杨渡表示,过程相当不容易,从一开始,两岸学者仅就各自使用的汉字如何称呼,讨论起来就相当激动。为贯彻 2009 年"第五届两岸经贸文化论坛"《共同建议》中关于"鼓励两岸民间合作编纂中华语文工具书"等语言文字方面的精神,方便两岸人民的沟通和语文应用,加强两岸文化交流合作,在 2010 年初两岸分别成立小组,启动合作编纂中华语文工具书等工作。为切实推动两岸的进一步交流与合作,小组开展了十轮会谈和多次分组会谈,同时举办了合作成果发布会,开通了两岸"中华语文知识库"网站,该网站使两岸文化交流实现了互通互

联。"支持两岸合编的中华语文工具书《两岸常用词典》的推广使用,加强中华语文知识库的建设"被写入了 2012 年《第八届两岸经贸文化论坛共同建议》,《两岸常用词典》《两岸差异词词典》《两岸生活常用词汇对照手册》《两岸科学技术名词差异手册》《两岸通用词典》《两岸科技常用词典》等多部合作交流成果先后出版。两岸小组还共同举办了两届两岸大学生汉字书法艺术交流夏令营活动和 2015 两岸大学生汉字文化创意大会,两岸之间的语言文字沟通合作机制已基本形成。2015 年 12 月,《两岸通用词典》、《两岸科技常用词典》也相继出版。

教育部国家语委咨询委员、《两岸通用词典》主编李行健表示,两岸编写双方都认为,合编辞典是两岸经贸文化交流合作中没有争议、社会影响较大、最具有实质性进展的举措,可以有助于消除两岸交流间的不少隔阂,像在各自使用的汉字名称上,就达成台湾用字叫"标准字",大陆用字叫"规范字"的共识。

李行健说,1949 年以后,海峡两岸在一段时期内处于隔绝状态,两岸的汉语言文化发展出现差异,一些词汇的意义和用法不尽相同,有些甚至完全相反。比如,大陆的"窝心"是指很郁闷,而在台湾则是非常高兴的意思;大陆的"土豆"是指马铃薯,而在台湾"土豆"是指花生等。

随着两岸交流越来越多,两岸合编词典具有重要意义。2010 年初,两岸分别成立语文词典编写班子,开始合力编纂工具书。《两岸通用词典》的编纂工作从 2013 年开始,共收录两岸通用的 8 万字词条目,其中字头 1 万多个,其中包括大陆的《通用规范汉字表》中的 8105 个字,也包括台湾《国字标准字体母稿》中的常用字和次常用字,词语 7 万条。

《两岸科技常用词典》共收录两岸常用科技名词 1.95 万词条,涉及科技领域 30 个学科,全书共 250 万字。词典实现了两岸科技名词对照的多功能性、普及性、科学文化典藏性,如实现大陆名和台湾名对照、中文名和英文名对照、词目拼音和词目注音字母对照、简体和繁体对照等;为方便对科学文化的理解和普及,词典中一些条目特配有知识窗和插图;屠呦呦获诺贝尔生理学或医学奖的科学事件就及时入典,载于"青蒿素"条目之下的"知识窗"。《两岸科技常用词典》主编刘青表示,两岸过去长时间互不沟通,各自定名导致大陆科技名词不一样,这一现象受到两岸业界高度关注,1993 年汪辜会谈就提出将两岸科技名词的统一任务栏入共同协议。为突出对照性特点,《两岸科技常用词典》在编排上进行创新,包括大陆名和台湾名对照、中文名和英文名对照、词目汉语拼音和注音符号对照等。

有趣的是,透过网络,两岸年轻人用字趋向相同,杨渡笑称,虽"好的不快坏的快",像台湾年轻人爱用的"吐槽"、"呛声",大陆年轻人爱用的"小三"、"山寨"都传播相当快,但年轻人透过网络互相了解彼此文化是个好现象。

李行健认为,编纂词典的目的是化异为同、互相吸收,使得台湾的"国语"和大陆的"普通话"向同一方向发展。两岸合编中华语文工具书台湾总召集人杨渡说:"从逐渐接受对方的语文用法到文化认同,未来两岸交流将逐渐深入。"

目前,两岸专家正在进行《两岸通用词典》的扩编,共同努力编纂《中华语文大词典》,完成后,预计将收纳约 14 万字词条目,于 2018 年出版发行。(中国社会科学网 2016.1.30)

互融共通,搭建两岸语言文字交流新平台——首届"两岸语言文字调查研究与语文生活"研讨会在福州召开

4 月 18 日至 19 日,首届"两岸语言文字调查研究与语文生活"研讨会在福州召开。本次研讨会由两岸语言文字交流与合作协调小组主办,中国语言学会等 10 余家语言文字学术团体协办,福建师范大学承办。来自海峡两岸的 70 余位专家学者参加了会议。两岸语言文字交流与合作协调小组顾问、原全国人大常委会副委员长许嘉璐向会议发来贺信,两岸语言文字交流与合作协调小组组长、北京语言大学校务委员会主任李宇明、福建省教育厅巡视员刘平、福建师范大学校长王长平、台湾政治大学教授竺家宁、中国语言资源开发应用中心副主任田立新分别致辞。

本次研讨会为海峡两岸与会专家搭建了高水平的学术交流平台。李行健、竺家宁、黄德宽、姚荣松等 10 位著名专家学者作了大会报告,报告主题涉及两岸语音词汇的对比研究、汉语国际传播、汉字简繁文本转换和闽南方言研究等。会议还专门设置了"两岸语言文字传承与中华文化传播"和"两岸语言文字合作研究、机制建设及展望"两场专题讨论。两岸学者一致认为,两岸语言文字发展与中华文化传播密不可分,应从国际化、信息化和多元化的视野看待两岸语言文字的差异,特别是词汇差异和简繁问题,当前两岸交流积累了很多共识,今后应进一步加强合作研究、交流互访。

李宇明组长在大会总结中指出,本次研讨会形式创新、气氛融洽,两岸老中青专家学者相互启发、开怀畅言。两岸语言文字有分歧更有融合,希望今后加强合作,开展更多面向两岸语言生活的研究。协调小组将采取措施积极支持两岸学会交流、学者互访、青少年活动等,为两岸语言文字交流合作贡献力量。

两岸语言文字交流与合作协调小组于 2013 年 7 月在北京成立,旨在进一步推动两岸语言文字交流与合作,促进两岸经贸文化发展。小组本着积极稳妥、合作共赢的方针,按照加强交流、增进共识、求同化异、便利应用的原则开展工作,范围涉

及语言文字规范标准、科技术语、辞书编纂、汉字编码、汉语国际教育、人名地名翻译、盲文手语、方言和地域文化等两岸共同关心的领域。第九届、第十届全国人大常委会副委员长许嘉璐先生、国家语委原副主任陈章太先生担任顾问,北京语言大学校务委员会主任李宇明教授担任组长。小组成员由各语言文字学术团体推荐,秘书处设在教育部语言文字应用研究所。(教育部 2015.4.20)

《汉字简繁文本智能转换系统》发布,推进两岸文化交流

由两岸语言文字交流与合作协调小组主办的《汉字简繁文本智能转换系统》发布会于 11 月 18 日在北京发布。此系统主要解决面向台湾和面向古籍两种简繁转换,克服了"一简对多繁"转换情况下的不足,对于便利两岸民众的沟通,促进深度交流,传承和弘扬中华文化发挥了积极的作用。

《汉字简繁文本智能转换系统》是落实第五届两岸经贸文化论坛关于两岸合作研发汉字文本简繁转换系统建议的成果,于 2012 年底启动,由厦门大学、教育部语言文字应用研究所、北京师范大学联合承担。经过两年的努力,2014 年 7 月通过专家鉴定。

此系统可以同时进行字、词、专业术语、标点符号等多种转换,并提供网站全部页面转换功能,能够满足用户不同转换需求。对此,厦门大学教授史晓东以两岸交流的实例为我们做了介绍,他说,"比如说周润发的头发湿了,这个句子里有两个'发'字,大家比较熟悉周润发这个人,周润发的'发'应该使用发财的'发',那么头发的'发'应该转换成'髪',所以就需要采用不同的转换方式。另外,系统也提供了词转换功能,比如说在常见的外国人的译名中,大陆和台湾经常出现不同的译法,比如说普京,在台湾叫做'蒲亭',所以也需要转换,这样不至于给理解造成障碍。"

两岸由于长期隔绝以及经历不同的发展变化,出现了繁体字和简体字的差别和文字在形、音、译上的差异。对此教育部副部长、国家语委主任李卫红女士认为,这给两岸民众的日常生活和文化深度交流带来了不便。《汉字简繁文本智能转换系统》从技术层面上解决了这一问题,既是两岸语言文字交流发展的客观需要,也是解决目前存在差异最可行的方式。她说,"语言文字是人类最重要的交际工具和信息载体,是文化的基础要素和鲜明的标志。近年来,海峡两岸在语言文字领域的交流合作不断发展,成效显著,对于便利两岸民众的沟通,促进深度交流,传承和弘扬中华文化发挥了积极的作用。"她强调,对推进两岸语言文字交流合作要重视并加强两岸语言文字交流合作的顶层设计,要完善两岸语言文字交流合作协调机制,

要加强沟通,坦诚交流,循序渐进,讲求实效。

近年来,随着两岸关系和平发展新局面的形成以及两岸大交流的深入发展,两岸有关语言文字各类交流合作持续热络。两岸合编中华语文工具书取得了实质性的进展,出版了《两岸常用词典》、《两岸生活常用词汇对照手册》以及多个学科的术语规范,此外两岸还共同举办了五届汉字艺术节、海峡两岸现代汉语问题学术研讨会等多个学术会议及论坛,这些都成为两岸学者沟通交流的平台。

此次发布的《汉字简繁文本智能转换系统》是两岸语言文字交流合作的重要平台,中共中央台办、国务院台办主任助理龙明彪希望进一步推动研发成果,使之成为两岸民众广泛认可并使用的日常工具,成为两岸同胞加深了解的重要载体。

"为推动两岸语言文字交流与合作,对两岸在语言文字上求同存异、聚同化异、消除隔阂,增进两岸同胞的相互了解和认同,推动两岸关系和平发展具有重要的意义。"

《汉字简繁文本智能转换系统》免费提供给社会使用,用户可直接使用网页版,也可以在中国中文信息学会网站、中国语言文字网、教育部语言文字信息管理司网站下载安装。经中国中文信息学会评测,该系统在字级别简体到繁体的转换准确率达到99.99%。专家认为,该系统转换准确率高,功能丰富,性能稳定,研究成果处于国际领先水平。(国际在线 2014.11.20)

两岸合编《中华语文大辞典》在台湾发布

为落实马英九2008年文化政策白皮书"两岸合编中华大辞典"之构想,中华文化总会特邀集两岸数百位学者专家,合力编纂《中华语文大辞典》,历经六年努力,终于完成两岸常用字13004字、复音词和固定短语88728条,合计101732条词条,总计千万余字,并在此时出版。于4月20日举办《中华语文大辞典》新书发表会。

这部辞典收录两岸当代生活、文化、社会、政治、经济现象等用语,邀请两岸学者专家共同编审,互为印证,共收集十万余词条,八千余两岸差异用语,合计千万余字。它特别重视呈现两岸之当代性,力图以语词来记录现代社会生活与文化现象。其目标,即是让六十年分裂分断的两岸人民,增进彼此的了解,使两岸的语言交流畅通而无障碍。

此项两岸合编辞典之重大工程,自2010年初启动,在经过与北京国务院台办协商后,两岸决定避开官方色彩,以利工作的进行。台湾方面由本会邀请前教育部门国语会主委李鍌教授组织编辑团队,大陆则由学术性的中国辞书学会出面作为对口单位。自此开始,两岸团队展开繁重而细致的工作,动员两岸数百位学者专家共同编审,并集合辞书与信息等各方专才一起合作,互为检视,层层把关,务求精确。为呈现合作之初步成果,双方曾于2012年发行《两岸常用词典》,台湾以标准字为主,大陆则以规范字为主。《两岸常用词典》共收录两岸常用字5701字、复音词和固定短语27187条,合计32888条词条;收释两岸各自流通且常用的词语,除了反映两岸用法异同之外,也方便于两岸交流之时,民众使用所需,同时也是外国人士学习汉语的最佳工具书。

马英九在致词时指出,两岸隔海分治至今已67年,不论是生活习惯或政经制度皆有所不同,双边差异甚大,确实有需要编纂一部辞典,增进彼此的了解。因此,他上任后即请中华文化总会负责这项工作。2012年,《两岸常用词典》编纂完成,共计收录3万多笔数据。如今,《中华语文大辞典》也已完工,总计收录10万多条词条。两岸合编该辞典代表两岸在政治方面的和解,双方就"一个中国、各自表述"达成共识后,"在许多领域搁置争议,求同存异,互惠对等,共创未来就比较容易"。

他表示,过去大陆政协开会时,曾有退休小学教师及日本华侨提案恢复正体字。但是使用简化字的人口超过13亿,使用正体字的人口则只有4000多万,难以在短期之内改变这个现实。因此,最好的办法不是要大家做选择,而是以较为务实的办法,包容、并用及并列。

谈及海外华语文教学,马英九说道,侨委会已发展出一种新的做法,所有的中文课本皆使用正体字,但将简化字像注音符号一样标注在旁。据统计,中文字的笔画平均是13笔,而简化字平均仅简化两笔,其实并没有太大的改变。政府开放大陆旅客来台观光至今已近8年,也从来没有陆客反应看不懂正体汉字。如今,《中华语文大辞典》将正体字及简化字并陈,大陆民众可"以简识正",未来更可进一步"识正书简",如此一来,即可让正体字与简化字的对抗走入历史。

他也提及,台湾已发展出许多与大陆不同的语汇,例如电音三太子及妈祖遶(同"绕")境等民俗语汇,以及桩脚、走路工、扫街及拜票等用语,这些词汇虽在台湾耳熟能详,但大陆民众却不了解。现在透过《中华语文大辞典》,即可让双方在文化上减少不必要的隔阂。

马英九强调,他之所以积极推动编纂《中华语文大辞典》,完全没有任何政治考虑,"完全是文化本位",因为炎黄子孙不能忘记自己的正体字。《中华语文大辞典》将正体字与简化字并列,用最开放的办法让大家了解两者的区别,由当事人自己学习,就像美国人与英国人使用的英语有所不同,而葡萄牙人及巴西人使用的葡萄牙文也不尽相同。更重要的是,《中华语文大辞典》也有云端版本,用户可以透过网络,以最快的速度找出文字的异同。

中华文化总会刘兆玄会长表示,这项大工程有两件骄傲的事可与大家分享:第一件事是,两岸合作编纂辞典,这是合作层级最高的,双方都获得各自教育部的全力支持;第二件事是,编纂过程严谨,本会特邀前教育部国语会主委李鍌教授组成编辑团队,与大陆中国辞书学会合作编写,并邀集两岸数百位学者专家共同编审,务求精确。

执行团队召集人杨渡秘书长表示:文字不是问题,问题在文化。经过多年编纂工作,我们最后发现,文字本身不是问题,问题出在社会文化的差异。特别是源自制度与生活的差异,使两岸人民的认知有所不同,非语词所能改变。这一点只能透过辞典加以注释,解决一部分问题。但实际上有些很微妙的地方,尤其是价值判断的部分,依然得靠深层的了解,才能有所体会。像台湾人对"土地改革"、"加工出口型工业"等,就与大陆认知不同。

辞典总编辑蔡信发强调:这部辞典的内容,以描写性、通用性、实用性为主,客观描写所收字头、词目的音读、意义和用法,以帮助读者正确了解和运用现代汉语。在收词上,这部辞典以收录两岸通行的常用字、词和固定短语为主,酌收两岸现行字形、音读和词义不同的词目,采求同存异、异中求通的方式,使两岸的语言交流畅通而无障碍。此外收释部分两岸各自特有的词汇,以便相互了解。(台湾中华文化总会 2016.4.20)

国台办:继续推动和深化两岸语言文字交流合作

国务院台办发言人安峰山 4 月 27 日在例行新闻发布会上应询介绍了两岸合编《中华语文大辞典》的出版进展。辞典台湾版已于日前正式出版,大陆版的电子版将于今年 7 月发布,纸质版将于 2018 年出版发行。

据介绍,两岸合作编纂中华语文工具书于 2010 年初启动,由大陆编委会与台湾方面中华文化总会分别牵头,《中华语文大辞典》是重要成果之一。此外,两岸还共同建设、开通了"中华语文知识库"网站,出版了《两岸常用词典》等工具书,连续举办多届两岸大学生汉字书法艺术交流夏令营等活动。

安峰山说,两岸合作编纂中华语文工具书是两岸共同传承和弘扬中华语言文字的良好开端,目前已基本形成交流合作机制。我们希望双方持续推进这项工作,取得更多成果。我们将为推动和深化两岸语言文字交流合作,促进两岸同胞沟通交流、传承弘扬中华文化,创造良好条件,提供积极帮助。

安峰山在回答国台办是否考虑在社交媒体上开设账号时表示,关于开设微信账号一事,我们会积极考虑。

对于大陆方面近期是否会就台湾参与"一带一路"建设推出具体安排,安峰山指出,大陆的经济发展和转型升级,为包括台商在内的广大企业提供了非常重大、良好的市场机遇。我们将结合大陆"十三五"规划纲要的全面实施,积极协助台资企业进行转型升级,同时,也协助台企以适当方式参与大陆的"一带一路"建设。(新华网 2016.4.28)

大陆词语在台湾:从"进入"到"融入"

海峡两岸的语言文字,既有一些差异,也有融合。在两岸开始交流之初,甚至在此后一段不短的时间里,所谓融合,主要表现为一种单向性的趋同,即大陆向台湾靠拢,具体表现就是从台湾引进了大量的新词、新语、新用法,以及一些表达方式等。随着大陆经济的持续强劲发展、国际地位的不断提高、两岸交流的持续升温,以及网络交际的快速与便捷等,这一情况已经有了很大改观。

一、从"登陆"到"复现"

我们曾以词汇为例,就此进行过调查(见《台湾"国语"词汇与大陆普通话趋同现象调查》,《中国语文》2015 年第 3 期)。比如利用《两岸常用词典》(高等教育出版社,2012 年),从前往后依次选取加星号(表明为大陆特有)的 50 个词语,在台湾媒体上进行检索,结果显示共有 18 个有用例,占总数的 36%;而同一词典前 50 个加三角号(表明为台湾特有)的词语,在大陆则共有 17 个有用例,占总数的 34%。仅就这一结果来说,目前两岸的词汇交流基本已经实现了双向对等。

时下,如果我们随意浏览台湾媒体,会不时看到许多大陆首创的词语,并且很多词语还有着不低的使用频率。2016 年 4 月 9 日,我们在台湾比较大的媒体网站"联合知识库"中以下列大陆词语为关键词进行检索,所得使用数量如下:

阿里 13674,互联网 + 3469,山寨 2843,一带一路 1732,全国人大 1637,一国两制 1266,亚投行 969,中国梦 524,十三五规划 289,大众创业、万众创新 146。

以下一组是学界公认的两岸差异对应词语的使用数量(前大陆后台湾),其中的大陆词语在台湾也有一定的使用频率:

方便面 776—速食面 601,熊猫 2512—猫熊 2868,计划生育 139—家庭计划 178,导弹 1048—飞弹 5347,幼儿园 4118—幼稚园 12670,出租车 488—计程车 14247,光盘 340—光碟 9015,集装箱 417—货柜 9765,打印机 98—印表机 3124,数

字技术 8—数位技术 222。

其中有的数量对比还属悬殊，但大陆词语毕竟已经在台湾"登陆"，并且也有了一定的复现率。

二、从"引用"到"自用"

看了以下一个例子，我们或许就会对当下大陆语言形式在台湾的使用情况有一个直观的印象了：

叶宇真表示，由中国经济转型带动的牛市同时具备了"天时、地利、人和"三大要件。"天时"为全球增长模式重构中，依赖互联网代表的技术推动，中国不仅具备天然互联网基因，一带一路、亚投行推进中国走出去正由大变强；"地利"是国家政策培育新兴行业、助力制造业升级，多层次资本市场促进融资优化，启动大众创业、万众创新；至于"人和"则为中国工程师红利助推产业结构调整，生活质量提升激发多样化需求，人力资本创新、创业机会无限。（《自立晚报》2015.6.10）

如果说以上一例中的大陆词语还只是"引用"的话，以下则是"自用"，与前者相比，显然属于更高级阶段的使用：

追欠税只拍拍苍蝇不打老虎？"议员"指军公教欠税数万元的追缴达标率92.48%，但对欠税百万、上千、上亿元的欠税大户却束手无策，痛批税务局没执行力，增加人手、成本支出多了 2000 多万元，但成效不成比率。（《联合报》2015.5.9）

他也呼吁"监察院"不要只打苍蝇、打蚊子，不敢打老虎，应该向社会大众公布事实真相。（《自立晚报》2015.9.10）

三、从"数量"到"质量"

"万能动词""搞"来自西南官话，有一定的俚俗性，建国以后在普通话中获得相当高的使用频率，仅 1946 年至今的《人民日报》中就有含此词的文本 137,235个。一些台湾学者曾经对普通话中"搞"的高频使用颇有微词，实际上台湾"国语"中此词用得也确实不多。但是，现在这一情况已经有所改观，我们同日在上述"联合知识库"进行检索，一共得到含"搞"的资料 54780 笔，如果与上一组"方便面"等的使用数量相比，这已经是一个相当不小的数字了。

考察台湾"国语"与大陆普通话的趋同现象，不能只看"数量"，还要看"质量"，前者反映大陆词语是否"进入"台湾，代表着趋同的初级阶段；后者则说明大陆词语是否"融入"台湾"国语"，即是否由初级阶段进入高级阶段。

所谓融入，就是变简单的"引用"为自主性的使用，甚至是"化用"，而时下这在台湾"国语"中也早已不是个别现象了。

上边例子中"打老虎"等在台湾的自用就是如此。再比如前边提到的"搞",台湾一向之所以少用,主要是使用范围有限,即通常只限于某些比较固定的组合,且多用于贬义,如"搞错、搞不清、搞怪"等,而现在的使用,有不少已经完全摆脱这一限制,例如:

他比较前政府的经济表现,"我们搞经济,比他们在行"。(《联合报》2011.11.23)

四、"引申"和"衍生"

自从邓小平就香港回归中国提出"一国两制"政策以后,"一国两制"就在港澳台地区引起高度关注,特别是港澳先后回归以后,能否把这一模式用于两岸统一成为人们关心和热议的话题,由此进一步拉高了它在台湾的使用频率,并且在使用范围上有新的拓展。最主要的表现有以下两点:

第一是引申性使用,即凡是不同地区或人群等在物价、税收、待遇等方面有所差异,均可使用,因为涉及的范围较广,所以此义的使用频率相当高。以下是台湾《自立晚报》中的两个例子:

县府建设局最后强调,多数的县民对水价一国两制的问题深表不公平。(2004.1.7)

其他住在急慢性病房的病人也需要照护服务,却没有被加收生活照护费,"一国岂能有两制",医院不应该向呼吸照护病房病人收取这笔费用。(2016.2.5)

特别是后一例,采取拆分使用的形式,大致属于前边所说的"化用",无疑是只有在高级阶段才可能有的变化。

第二是作为类推的基础形式,衍生出新词语。以下一例很有代表性:

周柏雅指出,台北市垃圾筒的设置不只是一市两制,甚至是一区两制。同样是大安区,有些路段摆设的很密集,有些路段却完全不设,让人搞不清楚市政府设置人行道垃圾筒到底有无标准?(《自立晚报》2010.9.27)

除了此例中的"一市两制、一区两制"外,我们看到且有一定使用频率的还有"一县两制、一法两制、一路两制、一本两制",以及"两国两制、一国两区、一国多制"等仿造形式。

综上所述可以看出,海峡两岸的交流势不可挡,两岸的民族共同语也在这一过程中见证、记录和反映了双方交往与交流的变化,并且在交流过程中不断地缩小差异、化异为同,而这也正是两岸民众向心力的具体体现。(刁晏斌,北京师范大学文学院教授、现代汉语研究所所长)(《光明日报》2016.5.29)

谈两岸文字的统合

两岸同属中华民族,同文同种,讲的是相同的语言,使用的是相同的文字。但由于近 60 年的分离,两岸语言文字在使用中存在一些差异,主要表现在词语差异、繁体字和简化字的使用、汉语拼音与注音符号等方面。近年来,两岸在语言文字方面开展了多方面的交流,合编《中华语文词典》,出版了《两岸常用词典》,开通了中华语文知识库网站等,成效显著,为凝聚共识、消除因差异带来的交流障碍做出了积极贡献。"一中框架"、"一中共识"必将深化两岸语言文字的交流,本文对两岸文字的统合谈点看法。

一、如何看待两岸文字差异

(一)两岸文字差异被夸大

在文字使用上,两岸差异主要表现在:台湾主要使用繁体字(台湾称"正体字"),尤其是出版物印刷,必须使用繁体字,简体字(也叫俗体字)在正式场合较少使用,但在日常书写中广泛使用;大陆一般使用简化字,在书面和手写领域较为一致,但大陆没有废除繁体字,只是限制了繁体字的使用范围。两岸文字的差异被少数媒体和专家夸大。大陆 1964 年颁布的《简化字总表》中,第一表收录了 350 个不作偏旁用的简化字,第二表收录了 132 个作偏旁用的简化字和 14 个简化偏旁,三者总计 496 个。根据台湾学者的研究,按照上述 146 个简化偏旁类推,可以推出 1753 个偏旁简化字。这样的 496 个简化字和简化偏旁,或再把偏旁类推的计算在内,共约 2000 余个,只占汉字总数 60000 到 70000 的不足 1% 或 3%。简繁体的差别不过是汉字体系中的绝大同中的极小异,而不是"两种文字体系"。

台湾也多次进行过汉字简化,只是因为种种原因未能推行。1970 年起,台湾开始整理国字,先后出台了《常用国字标准字体表》《次常用国字标准字体表》《罕用国字标准字体表》《异体字表》等,这四大表成为台湾汉字标准化的核心部分。1977 年,编制完成《标准行书范本》,在该标准中,收录了大量简化字。陈立夫先生为该标准作序。在序中,陈先生除了强调制定行书标准的重要性外,还有请台教育主管部门协助推行的意思。事实上,在日常生活中、某些正式场合甚至学校教育中,台湾也使用一些简化字。如"南臺科技大學"公文书中"台"与"臺"两字经常混用,台南应用科技大学、台北海洋技术学院等就一直使用简体的"台"。近年来,随着两岸交流的扩大,大陆简化字出版物允许在台销售,大陆赴台旅游人数的增加,特别是台湾开通大陆游客自由行后,台湾简化字使用越来越多。尽管台湾"交通部观光局"撤除了简化字网站,台故宫、博物馆等关闭了简化字网页,但不少商家仍提供简化字服务。

2012年教育部语言文字应用研究所在福建平潭、泉州、厦门开展语言文字使用情况调查,在与台胞座谈中,不少台胞表示,经过短时间适应,认读简化字没有太大困难。问卷调查数据显示,97.1%的台胞"经常"和"有时"阅读大陆出版物。从大陆1999年"中国语言文字使用情况调查资料"中可以看到,大陆民众阅读繁体字书报22.71%基本没有困难,35.98%有些困难但凭猜测能读懂大概意思,41.30%困难很多,但教师等专业人员接近50%基本没有困难,困难很多的不足10%。2013年4月18日,马英九出席台"国家图书馆"80周年馆庆致词说,台湾开放大陆人来台探亲、观光,至今已累积700万人,他向好几个导游打听过,还没听说有任何一人反映看不懂正体中文字。这也从一个侧面反映大陆人士认读繁体字困难并不是很大。总的来说,两岸文字使用方面存在一些差异,但差异并不严重,没有严重影响两岸的交流。

(二)凝聚共识,求同存异

近年来,两岸均发生了简繁之争,甚至非常激烈,部分原因是把简化字与繁体字严重对立,夸大了简繁的差异,也有"泛政治化"、"泛文化化"的因素,复杂性很高,两岸在文字使用上的差异短期内难以消除,急于消除两岸文字差异不现实。但维持两岸文字使用现状的主张则略显保守,还是可以通过交流,凝聚共识,求同存异,有所作为。应当说,两岸在包容简繁差异方面有了更多的共识,出版《两岸常用词典》等更是求同存异、有所作为的结果。

二、推进两岸文字统合的路径

(一)当前两岸文字统合的主要主张及简要分析

1."识繁写简"主张。1989年,袁晓园先生提出"识繁写简",主张"把繁体正字作为印刷体,把简化字作为手写体",引发一场激烈争论,并持续四年之久。1992年袁晓园先生承认其本人认识有个发展过程,对"识繁写简"重新做了解释,认为"识繁写简"主要包括两个方面:第一,在海内外,在自愿的前提下,不识繁者识繁,不识简者识简。这是主要的内容。第二,印刷品以繁体字为正体的地方,允许印刷一些简体字读物;以简体字为正体的地方,允许印刷一些繁体字读物。用繁用简,主要应由印刷读物的性质决定,不必完全统一。近年来,大陆有包括政协委员在内的有关人士提出恢复繁体字、在中小学进行繁体字教育等,也有专家认为恢复繁体字不可取,建议"识繁用简",争论一直没有停止,类似概念、提法也越来越多,但不同人员对概念的理解、解释也不相同。

2."识正书简"主张。2006年12月,马英九先生在出席台北第三届汉字文化节时提出"识正书简"概念,其本意是希望两岸在保持目前文字使用现状情况下,大陆民众能更多了解繁体字,台湾民众多认识简化字。但没引起太多关注。2009年6月9日,他在接见北美返台侨界代表时表示,希望两岸将来在文字方面能够达成协议,建议叫作"识正书简","识正"是认识"正体字",但书写可以写简体字,印刷体尽量用正体字。没想到,这次讲话在两岸引起轩然大波,台湾民进党对此进行了猛烈批评。6月23日,马英九发表长文《大陆"识正书简"的文化意涵》对"识正书简"进行了全面阐释,明确表示,"识正书简"是对大陆说的,台湾不需提倡简化字。两岸文字差异是双方必须面对的问题,两岸交流,文字是很好的切入点。之后,马英九谈语言文字问题时,言必称"识正书简",但很少再涉及其"内涵",也感到要求大陆印刷用繁体字,手写采用简体字存在巨大难度,因此主张采用对照表的方式,即"并列分陈、互相尊重"的方式来推动大陆"识正书简"。2013年4月18日,马英九出席台"国家图书馆"80周年馆庆致词时,首次使用繁体字一说,甚至不再坚持"正体字"一说。

3. 再次"书同文"主张。2012年2月8日,两岸同时在北京和台北召开记者会,通报了两岸合编语文工具书的进展。刘兆玄在会上提出两岸汉字再一次书同文的愿景。之后,刘兆玄在多种场合发表演讲提出"书同文"问题,他表示,两岸的汉字(正体字、简体字)如能够整合,将是继秦始皇之后史上第二次"书同文"成就。有别于第一次秦始皇用霸道的方式,第二次将会是透过文化交流,以王道及民主的方式逐渐成形。他在回答提问时表示再一次书同文的结果将是使用正体字,同时保留一些好的简体字,如"台、笔"等,而一些不好的简体字,如"面、发"等,中国大陆应该要丢掉不用。

4. "识楷书行"主张。2011年10月17日,台湾师范大学何怀硕教授在《人民日报·海外版》发表《繁简体字统合建议"识楷书行"》的文章,呼吁两岸在同一个中国文化中同宗的语文,不应再各行其是,应打破框框,互相倾听,取长补短,虚心合作,以求有统一的规范。期望未来统合成功的汉字,称为"新汉字",包括"印刷体"(不是"古楷",也不是"简楷",可称为"标准今楷")和"手写体"(可称为"标准行书")两部分,把手写体纳入规范。并提出了繁简体字统合程序的三点建议。

从袁晓园、马英九等先生"识繁写简""识正书简"以及其他一些人"识繁用简""学简识繁"等主张来看,很多概念内涵不清楚,甚至同一个人,前后期看法也不一致,用概念不明确的词语作为两岸文字统合的主张容易产生歧义,显然不合适。刘兆玄先生的主张最终还是要求大陆放弃使用简化字改用繁体字,这种主张不现实,也是不可能的。何怀硕先生提出了两岸文字统合为"新汉字"并且包括"印刷体"

和"手写体"的美好愿景,但工程巨大、难度巨大,短期内甚至很长一段时期都难以达成共识。不过,有关统合程序的建议值得两岸有关部门重视。总之,上述两岸文字统合的主张都很难行得通,尤其是试图完全改变两岸文字使用现状的主张更是难以被广大民众接受,经济社会成本也太高。

(二)两岸文字统合的思路

两岸通过不断深化语言文字的交流与合作,共识不断增加,并能够包容彼此政策的差异,特别是在两岸合编中华语文工具书过程中,经过反复协商,陆、台双方同意以"大陆规范字"和"台湾标准字"来分别命名。这样命名,既客观反映了两岸用字的现实,双方均守住了各自现行语文政策法规和规范标准的"底线",又搁置了争议,充分尊重了两岸汉字整理的历史。显然,这是目前双方都可以接受的一种处置方式。当然,双方不应该仅仅停留在包容差异上,特别是大陆成立了两岸语言文字交流与合作协调小组,希望台湾也有类似的机构,通过加强交流,平等合作,包容差异,力争化异求同。尽管统合的难度很大,但还是需要积极推进,达到渐进统合的目的。概括起来,两岸文字统合的思路是:"凝聚共识,包容差异,化异求同,渐进统合"。具体可以在整合规范(标准)上下工夫。

目前,大陆有《国家通用语言文字法》,坚持推行规范汉字,制定了《第一批异体字整理表》《简化字总表》《印刷字形整理表》《现代汉语常用字表》《现代汉语通用字表》等一系列规范标准,并将继续坚持规范化、标准化方向。新出台的《通用规范汉字表》集成了相关成果,是对已有规范的继承和发展,也考虑了台港澳的实际情况,便于应用是制表考虑的重要原则。台湾从20世纪70年代起,也一直在对汉字进行整理,出台了一系列标准。大陆、台湾都在对汉字进行整理,实施规范化、标准化工作(台湾可能不叫规范化,是否同意叫标准化也可商榷),今后双方制定、完善各自规范(标准)过程中,要多加强交流,求同存异,聚同化异,像陈立夫先生所说的"爱其所同,敬其所异",可先从比较容易实施统一规范的方面做起,诸如标点符号、字典的查字法、电脑的编码法以及把简繁体字都包括在内的"大字符集"等等。积少成多,从小到大,伴随着海峡两岸和平统一的进程,逐步实现文字的统合与规范。操作方面,可在两岸合编《中华语文词典》的基础上,成立语言文字交流合作平台,定期交流,研讨语言文字规范,只要双方的汉字规范化(标准化)不是两条平行线(不可能是反其道而行之),就一定会有交集,就一定有统合的一天。(魏晖,国家文字应用研究所)(《武陵学刊》2014年1月)

两岸语言被汉语拼音统一的文化思考

一段时期内,同一种语言,大陆使用的是汉语拼音法,而台湾地区使用的则是"通用拼音"——一种整合了普通话、闽南话、客家话等语言的拼音法,但在一个月后,两岸汉字拼音将实行统一。台当局日前发出通牒,要求在一个月内必须将在台湾使用的拼音标注法全部改为大陆使用的汉语拼音。一些分析认为,这一措施是台湾当局从文化层面软性抵拒"台独"意识滋长的根本之计,有利于两岸文化寻求共识,扩大沟通面,在文化教育方面具有一定的历史意义。

语言是文明和文化的载体,如何标记拼读,则是保证语言文字统一的重要标志。汉字五千年,读音虽有古今变化,但在 20 世纪初,其读音基本固定下来。审视现代汉语汉字的注音历史,首推 1918 年的"注音符号"。1949 年后两岸分治,大陆使用汉族拼音方案,台湾使用"注音符号"。但这两"拼音"的分野,并没有多少文化上的隔膜,毕竟在汉语拼音之前,大陆人士也都使用过"注音符号"。

1986 年,中国大陆的汉语拼音被联合国正式标记为汉语的注音方式,也就意味着汉语拼音有了国际法的规范意涵。延伸开来,即凡学习华语的域外人士,应以学习汉语拼音为标准。目前,使用汉语拼音的有中国大陆、新加坡和马来西亚。也就是说,使用汉语拼音的人数在 13 亿左右。在使用繁体字的汉字文化圈,香港也逐渐使用汉语拼音标注法。日韩两个使用繁体字的汉字圈,在学习华语的过程中,也通用汉语拼音标记。

遗憾的是,和中国大陆同文同种的台湾,在汉字注音上却摒弃掉汉字的文化传统,采取意识形态挂帅。自 2000 年台湾政党轮替后,力主"台独"的陈水扁制定所谓的"通用拼音",刻意回避汉语拼音,在汉字读音上制造文化混乱。这就造成了相同的汉字有不同的标记,如"张"大陆的汉语拼音标为"ZHANG",而岛内通用拼音则是"JHANG"。如"毛泽东"大陆的拼音是"MaoZedong",但在台湾则标记为"MaoTsetung"。如此等等,汉字读法就失去了规范的法度,成了随意解读的符号,这违背了汉字"训诂"的文化传统。更困惑的是,马英九执掌台北市府的时候,他下令台北市采取汉语拼音标记法。如此一来,在岛内就存在着一个汉字两种拼法的混乱境况。这种文字读音上的随意性,绝非文化上的多元和自由,而是特定政治人士秉承意识形态偏见的"恶搞"。所以说,岛内汉字拼音标注法的混乱,也是台湾现实迷茫的真实写照。

岛内文字使用汉语拼音,是理性的文化抉择。确保了两岸文化认同和汉字的"书同文"、"音同读"。形象地说,不仅是汉语拼音统一了两岸汉字的读音标识,也使汉字标注法在全球范围内真正实现了统一。从此,两岸四地以及新加坡和马来西亚这六大华文聚集区的汉字读音标记再无混乱之虞。这对提振汉字在全球的软实力也有着十足重要的作用。因为中国大陆凭藉全球数百座孔子学院,已经成为在全球推广汉字的主力军,外国人学习汉语汉字的辅助载体就是汉语拼音。两岸统一使用"汉语拼音",就能形成推展汉字的全球化合力。

两岸分治,由于汉字的繁简区隔,两岸曾有汉字正统权之争。但随着联合国确定汉字简化字为国际社会法定的汉字书写方式,汉字的繁简之争落下了帷幕。在岛内,熟悉和使用简化字的人越来越多;在大陆,繁体字的使用价值虽然有所降低,但其承载的文化传统和审美艺术价值并未丧失,繁简兼容、工具和审美兼具的趋势正在形成。在字形多元共处的情势下,拼音标注的统一,则使得汉字剥离了人为的意识形态偏见,回归到承载中华文明文化的纯粹状态。(张敬伟)(新浪网 2009.3.11)

两岸统一,文字先行——汉字简繁之我见

作为大陆赴台驻点记者,笔者曾对两岸的图书出版及繁简汉字问题进行了考察和思考。笔者认为,随着两岸经贸人员往来的日益频繁和文化交流的深入发展,积极推进简化字进入台湾适逢其时。

文字的主要功能是记录语言的工具

在台湾驻点采访时,笔者曾和有关学者就汉字繁简问题进行了交流探讨。主张繁体字的主要理由是:繁体字保留了中华民族文化传统的精髓,如象形表意、书法艺术等。汉字简化后则抛弃了文字历史渊源,强调简单易记,文字的文化色彩大减。对此,笔者表示理解和赞同。但是,我想从以下方面做些补充,并提出一些不同看法。

首先,文字所具有的这种历史文化的"承载"功能并非简单地体现在一部分汉字本身的结构上,而是体现在汉字总体应用上。至于汉字的其他功能与其主要功能相比都属于次要的和从属的,如书法艺术、象形表意等是其字体本身派生出来的。对于中华文化的传承,简化字体现的是"总体承载",而非繁体字的"个体承载"。

其二,在当今信息化、数字化、网络化的时代,人们学习和掌握文化知识,人际交流,传播信息,追求的是快捷方便。文字作为记录语言和传播信息的工具和载体,要适应汉字输入法、互联网等现代传媒方式的要求。

繁简字相比,各自的特点缺欠显而易见。过去的传统方式如繁体字书写、毛笔

书法等如果作为记录语言的传播方式,显然是不适应信息时代的发展要求。

其三,如同任何新生事物一样,汉字改革后出现的简化字并非完美无缺。例如字体简化后给阅读古籍带来一定的困难,有些字体的简化不够合理,给读者造成不必要的麻烦,这些都需要在今后实践中加以总结修正。但是从总体来讲,基本上是成功的、可行的、利大于弊的。任何事物都要抓主要矛盾及主要矛盾方面,简化字的缺欠和弊病与他的优势和利处相比,显然是次要的,瑕不掩瑜的。这是我们正确地认识和评价简化字所应坚持的唯物辩证法的思想方法。

在汉字的繁简之争中,某些人所担忧的繁体字所保留传统文化的问题,不无道理。其实传统的繁体字与现在和将来推行简化字并无根本的矛盾,推行简化字是基于现代社会人际交往、信息传播、文化交流的需要,是作为记录语言的工具与时俱进;而保存繁体字是出于对传统文化的考量,他们在各自的领域其功能用途是各不相同的。

汉字简化是社会发展的大势所趋

中华人民共和国成立后推行简化字的背景是建国初期,为了迅速普及广大人民群众的文化知识,尽快改变中华民族文化水平落后的状况,适应人们学文化的需要。繁体字复杂的笔画结构无疑成为汉字学习的阻力和障碍,简化汉字书写笔画的工作应运而生。在当时对于扫除文盲,普及文化知识,促进人们广泛地参加新中国的社会主义建设,起到了重要的历史作用。学习语言文字要从小学习,不言而喻,儿童学习简化字的效率远远大于学习繁体字。现在,台湾学生使用的繁体字课本,与大陆的简化字课本相比,学生学习汉字所花费的时间精力成本显然事倍功半。对"是否应恢复繁体字教育"的问题,中国人民大学校长纪宝成认为,简体字是中国文化的一个进步。"繁体字是一种历史,现实当中,它也起到一定的作用,比如说在书法、艺术上可以写繁体字。但是从象牙塔走到市场的时候,简体字要方便得多、好得多。所以,我认为还是应该继续推广使用简体字。"厦门大学校长朱崇实以台湾为例,认为"在认字这方面,在最偏僻的农村,我们在扫盲方面的工作做得比台湾还要好"。其原因在于"繁体字加大了认字的难度"。

判断一个新生事物是否有生命力,能否生存和发展,最根本的是看它是否符合经济社会发展的要求,作为上层建筑领域的语言文字也一定要适应经济基础。从人们的生理记忆规律特性来说,简化字比繁体字易学易记、便于掌握、方便快捷,有利于人民群众的文化知识普及,也适应信息化时代的语言文字处理和大众传播规律的要求。随着中国国力和国际影响力的不断增强,全球范围内的汉语学习热方兴未艾,值此推广简化字正逢其时。

20世纪50年代以来,从大陆和台湾语言文字的发展实践来看,简化字的优势显而易见。繁体字是在特定的历史条件下形成的字体,他在承载历史文化中起到了它应有的历史作用。但是由于它难学、难写、难辨的特点,最终将会随着社会的发展逐步被简化字所取代。

在社会发展到互联网信息化时代,人们使用汉字输入法,学习和掌握知识技能,交流传播信息,追求的是快捷方便简易。有人会说,现在是电脑时代了,繁简字互相转换非常方便。其实即使用电脑输入,由于最初学字时是繁体字,难以掌握,花费了很大的时间精力,在以后的使用中还要重复认记一套繁体字,这就从根本上决定了后来的应用问题。信息化程度越高,越要求规范和统一文字使用。

我们这一代"50后",经历了学习和普及简化字,繁简交替过渡时期。上学时期学的是简化字,但是阅读的书籍有许多是繁体字。现在,我们一般人对繁体字能认识,但是基本上写不出来。简化字已经推行几十年了,人民群众早已习惯了简化字,如果再从简化字倒退回繁体字,这种"倒行逆施"既不应该更不可能。

随着社会的发展和进步,在语言文化信息传播中,追求简化,拒绝冗长,似乎已渐成时尚,不仅体现在汉字的简化,也体现在语言词句的"简化"上,如:国内生产总值简化为GDP、祖国大陆和台湾的关系简化为"海峡两岸",等等。

当然,汉字的"删繁就简"并非越简越好,任何事物都要有个"度"的制约。实际上汉字也不可能无限制地简化,到一定程度即"适可而止"。二十世纪七、八十年代我国第二批简化字的公布和废止即说明了汉字不适当地"简化"违背了客观规律,事与愿违。然而,目前大陆推行的简化字经过几十年来的实践检验,是可行的、有益的、值得推广的。

对于台湾来说,大陆实行简化字的经验得失,完全可以从学术文化的角度去研究、借鉴、分享、试用,直至繁简字体相互融合"书同文",这一过程完全是适应两岸文化传播的需要。

推广简化字体现国家一体形象

近几年来,大陆简化字图书已大规模登陆台湾,而且成快速发展之势,越来越多的台湾民众开始认识简化字。与此同时,随着大陆居民赴台旅游的不断升温,台湾商家的简化字商品介绍、广告宣传也随处可见。我们有理由相信,随着两岸经贸文化往来和旅游业的不断发展,简化字在台湾的使用范围及社会影响会越来越大。

据了解,作为我国对外汉语教学的重要机构北京语言大学出版社出版的对外汉语教学图书基本上是简化字,比如在美国发行的汉语教材,除了台湾的老师教学仍使用繁体字并成萎缩态势以外,绝大部分教材都在使用简化字。另据国家汉办透露,在海外创办的孔子学院已超过 500 所,国外已有几千万人在学习汉语。这说明海外华侨华裔和外国人学习汉语简化字已成大势。在某种意义或某种程度上来说,统一的文字,是国家统一程度的标志之一,也体现了统一的国家形象。考虑到历史和现实情况,促进两岸统一,虽然需要两岸政党和民众做长期的努力,但是文字的统一可以也应该走在前面。笔者注意到这些年,两岸学者业界对汉字的"繁简之争"一直不断,见仁见智,各抒己见,这是正常的。掌握了繁体字再学简化字也相对容易一些,反之则难。特别是在当今经济全球化、学汉语风行世界的形势下,简化汉字是大势所趋,势在必行。全球学汉语(简化字)尚且如此,作为同属汉民族的海峡两岸,有什么理由不实行文字统一呢?

多年以前,全国人大常委会原副委员长许嘉璐先生在任国家语委主任时,我曾就这一问题采访过他,许先生那时明确主张对台湾地区及海外也应积极推广简化字。当然,简化字从推行到普及需要一个长期的过程,不可能一蹴而就。加快文字统一的步伐,需要做长期的、大量的、艰苦的工作。日前,由两岸专家学者合编的中华语文工具书已经编纂完成,这对于促进两岸民众沟通,消除用语及文字方面的差异而造成的交流障碍无疑将起到积极的促进作用。我们应该客观认识汉字在两岸使用中的历史和现状,求同舍异,顺势而为,使两岸的文字使用逐步趋于融合统一。

(惠志军)(《两岸关系》杂志 2012 年第 2 期)

延伸阅读

台湾"拼音大战"的历史,两岸拼音为何大不同

但凡去过台湾、或者熟悉台湾的人都知道,不同于大陆一套汉语拼音走天下,台湾存在着多种拼音系统。为汉字注音的职能由注音符号承担(就是那套看起来有点像日语片假名的系统)。而国语罗马字、汉语拼音和通用拼音则为谁来承担汉字拉丁化(即将以拉丁字母拼写汉字)的职能展开了争夺。尤其是后两者之间的较量超出了语言学范畴,上升到政治斗争,引发了广泛的关注和激烈的讨论,故被称为"拼音大战"。

相对来讲,大家对汉语拼音都比较熟悉,这里就不多做展开。国语罗马字出自1926 年"国语统一筹备会"制订的《国语罗马字拼音法式》(俗称"老国罗"),制订者汇集钱玄同、黎锦熙、赵元任、林语堂等多位著名语言学家。1928 年,南京国民

党政府大学院将其作为"国音字母第二式"公布,与注音字母同时推行。1986年台湾地区又发布了俗称"新国罗"的《国语注音符号第二式》。而通用拼音方案最早在1997年提出,1998年率先在陈水扁担任市长的台北市使用。2002年,台湾教育部门通过"华语拼音系统为通用拼音",用通用拼音取代了汉语拼音。

说实话,国语罗马字和通用拼音看起来和汉语拼音差不多,都使用拉丁字母,只是在某些问题的处理方面有差别,比如说某些发音到底用哪个字母表示,要不要增添附加符号,怎么表示汉语声调等。例如,台北有个木栅地区,用汉语拼音拼写就是"Muzha",用罗马字拼写就是"Mucha",用通用拼音拼写就是"Mujha"。一般来说,各个国家或地区都希望并努力推广一套标准的拼写方案,而不同的拼写却常常在台湾地区长期共存。

多种汉字拼写方案并存的局面,其实是台湾地区政治角力的结果。在1958年大陆推出《汉语拼音方案》之前,汉字圈内一直存在着多种汉字拉丁化方案。但1958年之后,大陆地区的拼写统一为汉语拼音,而海峡对岸的台湾地区,却仍坚持使用国语罗马字。

即使在汉语拼音从1979年起为联合国秘书处采用,用于在各种拉丁字母文字中转写中国人名和地名;即使1982年国际标准化组织(ISO)规定拼写汉语以汉语拼音为国际标准(国际标准ISO7098),台湾地区仍然沿用罗马字拼写汉字,甚至还发布了一套甚少人使用的"新国罗"。国语罗马字和汉语拼音之间的竞争,或许可以看做"拼音大战"的前奏。

大约是因为汉语拼音越来越得到国际认可,出于科技文化、学术资料交流的需要,更为了与世界接轨,1999年,台湾当局行政主管部门议决,采用大陆的汉语拼音法,并拟定于两年后,将汉语拼音列为小学生的必修课程。

如果故事发展到这里就结束了,那么"拼音大战"也算被扼杀在了摇篮里。可偏偏在2000年,陈水扁上台,推行"台独"政策,在文化上不断"本土化"与"去中国化"。在这样的背景下,声称更适合拼写"台湾国语"的通用拼音取代了汉语拼音。

这样的举动遭到了岛内各方面的激烈批评和抵制,"拼音大战"由此爆发。论战中反对者最主要的论点就是,通用拼音一点也不通用,连在台湾通行都有困难,遑论与国际接轨。虽说官方称不会强制执行通用拼音,可采用"通用拼音"的县市可以申请巨额补助,采用汉语拼音的则没有政策优惠。尽管这样,还是有些县市不买账。比如曾为通用拼音打头阵的台北市就"风水轮流转",坚持使用汉语拼音。

虽然岛内各地的配合度不高,各界的反弹声浪也始终未曾断绝,但台湾官方一直没有放弃让通用拼音"一统天下"的努力,甚至准备在 2007 年底前让全部地名统一采用"通用拼音"。不过局势在 2008 年却陡然扭转,那一年马英九成为台湾地区领导人,9 月 16 日,台湾"教育部"就决议全面放弃通用拼音,改用与大陆通用的汉语拼音。持续多年的"拼音大战"终于落幕。

当然,这场战争虽然结束,但还有许多战场需要打扫。比如六年来推广通用拼音,留下了很多路牌指示标,将其全部更换自然是一大笔支出。所以在相当长的一段时间内,两种方案并存是必然态势。

到底使用汉语拼音还是通用拼音,原本只是一个语言学问题,只要按照学术和实用的标准比一比,哪种方案更有系统性,哪种方案更能准确记录和反映汉语语音,哪种方案更易教学,哪种方案更能与国际接轨,并不难得出答案。其实汉语拼音和通用拼音大体相同,只有少量区别。两种方案孰优孰劣,语言学家和使用者自有评判。不过通用拼音推行之时,国亲两党也猛批民进党当局"政治压过专业、意识形态打倒实用"。难怪当台湾有关方面决定将中文译音政策由采用"通用拼音"改为"汉语拼音"后,当时的《人民日报》配了八个字评论:"切中肯綮,务实之举。"(《北京晚报》2016.1.22)

另一种凝视——网络时代,加速两岸文字趋同

在编辑两岸《中华语文大辞典》的过程中,我们发现了一些以往未曾料想到的现象,非常值得提出来讨论分享。

首先,两岸语词的差异,共有词占了 93%;而差异词占了 7%,约有 8000 多个。质言之,差异固然有,但不如想象中的严重。而差异词之中(包括同实异名、同名异实、大陆特有、台湾特有),大陆特有词是台湾特有词的两倍。自 2014 年起,大陆特有词更是台湾的三倍。这显现出大陆地方特性明显,各地文化词语不同,故而比台湾多。

第二,比起过去的辞典,新字新词特别多,外来语的翻译更层出不穷。每年光是国际政治、经济、学术、明星人物等,名词就上千条,两岸翻译不一,让阅读者非常头痛。会议过程中,我们曾多次讨论是不是要建构一个平台,让翻译名词尽量相同,或者更容易对照,方便阅读? 知名的例子太多了,光是很可笑的电影片名、明星、体育明星等,就不胜枚举。但它有一个难题是:速度太快,大陆本身的媒体(如新华社、人民日报)都无法统一,更不必说台湾的各大媒体都有不同译名。两岸内部都做不到,何况合作? 所以此事虽然是一个好主意,但现实上实在难以着手。

第三，网络新兴用语多又快，有的风行一时，成为社会现象（如"打酱油""老炮儿"），但未必会成为常用语，有的具备一定的新兴社会现象的解释力（如小三、山寨、小确幸），但会不会被长久使用，无从判断。这就造成编辑辞典的困难。到底收，还是不收？还有一些火星文，根本不是文字，只是图释，又该如何？这些都是新兴的语文现象。得由学者讨论，逐一解决。要言之，我们以具备长远社会影响与社会解释力为原则，初步加以判断，务求辞典里的文字保有相对稳定性。如此才足以成为经典。

第四，两岸趋同现象日益明显。这确乎超出我原本的想象。在网络快速而大量流动的信息世界里，两岸交流之迅速十倍百倍于以往。特别青年世代的用语，大量流通，影响日渐增强。像"同志"，以前大陆是指政治上的同志，但这几年受到台湾影响，它逐渐变成同性恋者的代名词。初编之际，台湾将之列为两岸有所不同的语词，现在已经趋同了。

拜网络之赐，有些台湾用语迅速在大陆风行；有些大陆的段子、顺口溜立即被台湾网友疯传。许多两岸各自的特有语词，在初编之际，可能只是一地的特殊用语，得列入对照。但六年下来，这些用语竟成为两岸共用语。典型的例子太多，如台湾的呛声、吐槽、叩应等，大陆的小三、山寨、平方米等，都已为两岸共享。这种趋同现象，是网络时代才有可能产生的，如今已成为普遍现象，这也增加我们判断某些语词性质的难题。不过，此种现象却是两岸流行文化日趋同步的一种反映。

第五，文字不是问题，问题在文化。经过多年编纂工作，我们最后发现，文字本身不是问题，问题出在社会文化的差异。特别是源自制度与生活的差异，使两岸人民的认知有所不同，非语词所能改变。这一点只能透过辞典加以注释，解决一部分问题。但实际上有些很微妙的地方，尤其是价值判断的部分，依然得靠深层的了解，才能有所体会。像台湾人对"土地改革""加工出口型工业"等，就与大陆认知不同。我们也发现，青年世代的网络文化使得沟通变得迅速而容易，但误解与冲突也很容易发生。

即使如此，对未来两岸的青年文化，我们还是可以抱以乐观的期待，这是由于两岸的社会经济发展日渐接近以后，两岸青年之间没有太多历史的包袱，却有更多相同的流行文化，彼此都更愿意关注未来，对相同的主题，如设计、创意、创业、流行文化、影视等，有更多共同话题，彼此的了解会更宽广，更真实。这六年来的编纂工作，我们感受着此种变化，愈加觉得两岸未来的希望仍在青年世代。（杨渡，两岸合编中华语文工具书台湾总召集人）（台湾《中国时报》2016.3.2）

架设海峡两岸交流的桥梁——访《中华语文大词典》大陆版主编李行健

误会频频,两岸合编词典沟通语言的呼声日渐高涨

读书:请您先介绍一下编写《中华语文大词典》的缘起?

李行健:1994 年,由我任团长的大陆第一个语言文字学术代表团,应我国台湾中华语文研习所董事长何景贤博士邀请访问台湾,共同研讨两岸文字词汇问题。两岸相互交流语文上虽然没有太大的问题,但也不免有一些词语相互不能理解。在讨论会上,台湾学者就问到大陆有"退休",又有"离休",两者有什么不同;大陆学者对台湾的"伴手礼、眷村、中古车"等词,也搞不清楚是什么意思。经过两天坦诚认真的讨论,两岸学者取得不少共识。其中之一就是两岸合编一本词典,反映并整合两岸词语相同相异的情况,以便两岸交流沟通。

经过何景贤先生的策划筹资,两岸学者于 1995 年开始此项工作。台湾地区由李鍌任主编,大陆由我和陈亚川(亚川去世后由施光亨继任)任主编,经过五年努力编成《两岸现代汉语常用词典》。但当时台湾地区正由陈水扁主政,两岸隔绝不相往来,该词典出版后也没有受到社会的关注。

随着两岸交流往来增多,语言产生障碍的事也时有发生,甚至闹出笑话。2005年 5 月,台湾地区亲民党主席宋楚瑜访问大陆,在清华大学讲话时说:"听到顾秉林校长刚才赞美之词,套用一句北京话,我感到忒窝心了。"此话一出,全场愕然,面面相觑。"窝心"在北京话里是"苦闷、不开心"的意思,同台湾地区的意思正相反。

又如台湾同胞到大陆见饭馆菜单上有"炒土豆丝",他们很佩服大陆厨师能把"土豆"切成丝炒。原来大陆说的"土豆"(马铃薯)不是台湾理解的"花生",以致出现了误会。于是两岸合编词典沟通语言的呼声日渐高涨。马英九先生在当年竞选时就提出,主政后要两岸合编一本《中华语文大词典》。2009 年第五届两岸经贸文化论坛上,双方协商一致,提出两岸民间合作编纂语文工具书的倡议。

2010 年 3 月,两岸在北京召开合编《中华语文大词典》的协商会,为词典确立了编写原则,制定了编写凡例,正式组成了编写班子。

会议商定全部工作分三步走:先尽快编一本《两岸常用词典》,收条目四万余条,以应两岸交流急需。第二步计划除前已收的常用词外,再扩充四万多条词目成为《两岸通用词典》。《两岸常用词典》(高等教育出版社)已于 2012 年出版,《两岸

通用词典》(高等教育出版社)大陆版也于 2015 年出版。两岸 2014 年在北京进行了第十次会商,决定第三步在《两岸通用词典》的基础上扩编成《中华语文大词典》,收词十三万至十五万条,重点扩充中华文化方面的词语。这项工作正积极地进行,预计再用三年时间即可完成。

与此同时,为了两岸同胞交流方便,大陆和台湾还分别编辑出版了两岸生活常用词语对照手册等。大陆就出版了《两岸差异词词典》(商务印书馆 2014 版)和《两岸生活常用词汇对照手册》(福建人民出版社 2014 年版)。

读书:这本词典的主要编辑方针是什么?收词遵循哪些原则?体例是怎样的?词典的大陆版和台湾版是一样的吗?

李行健:词典的特殊作用众所周知,但不同词典有不同特色和功能,它们分别解决不同的问题。《中华语文大词典》旨在促进两岸交流,化解语言文字中的歧异,弘扬中华传统文化。因此在两岸合作、求同存异的原则下,其应该是一部反映两岸当代汉语词汇面貌、注释现代字词意义及用法异同为主的中等规模的实用型语文工具书。词典主要面向两岸中等文化程度的普通读者,满足两岸经贸文化等交流的日常需要。根据这一思路,《中华语文大词典》在编纂理念上将主要体现以下思想:

1. 立足两岸语文。本词典所收字词应限于大陆和台湾地区语言文字使用范围,不涉及两岸以外的其他国家或地区的华人华语的语言文字使用情况。

2. 立足当代语文。以大陆和台湾地区通行的现代汉语词语和用字为主要收录对象,不收已经死亡的古语词和方言土语词以及生僻的词语。

3. 立足本体语文。只收进普通语文生活的词语,不收语文范畴以外的学科术语和各种专业词汇,重点阐述字词常用含义和用法上的同异,挖掘其文化内涵。

4. 立足描写语文。全面描述两岸语文的真实状况,不评价两岸语言文字政策和具体的规范标准,不将一方的语文规范标准强加于对方。

为了方便两岸同胞使用,决定出版大陆和台湾两种版本,大陆版以大陆的规范字(常说的简化字)打头,后列台湾现用的标准字(一般说的繁体字),台湾版则反之。两种版本均采取字形对照双呈,注音也用汉语拼音和注音字母双呈的形式。两种版本除个别特殊情况外,应该一致。

词典所收字头和词条,由两岸共同筛选,确定后各撰写一半,然后互相交换"检视"(不用"审改"或"审订",以示双方平等合作),提出检视意见。参考检视意见修改后,再将双方稿子合在一起,形成"初定稿"。双方再交换检视一次,最后落实检视意见后才能形成定稿。遇有重要问题,还不时进行视频或电子邮件协商交流,取得共识后再确定。

由于指导思想清楚,操作程序严整,词典内容充分体现了双方合作的精神,保证了词典的质量和特色。

科学定位、求同存异,妥善解决敏感词问题

读书:编这样一本词典,与您以往编写的词典相比,困难在哪里?

李行健:海峡两岸在 1949 年分治以前,使用的是同一种语言和文字。但分隔半个多世纪后,两岸语言发生了变化,相互出现了歧异。由于词义演变轨迹的不同、新词新义产生的途径不同、对外来词语消化吸收的机制不同等,两岸在语言上各自产生了一批独有词语或者是形同义异或义同形殊的特殊词语。大陆推广以北京语音为标准音的普通话与台湾推行的老"国音",客观上也造成一些字词在读音上的分歧。所有这些,都不利于两岸之间日益密切的经贸文化交流,不利于两岸关系的进一步发展,需要有适应时代要求的语文工具书加以全面反映,以促进分歧的缩小和解决。

由于两岸对当前语文的现状有正确的定位,即"一语两话"和"一文两体",就保证了相互平等相待,互不歧视,也不以一方标准去统一规范对方语文。在这个大前提下,两岸才能相互信任理解,平等协商,真诚合作。

因此,两岸合编的《中华语文大词典》是同一种共同语和文字产生差异后,按求同存异的原则编成的词典。反映这样特定语言文字的词典性质既不同于方言和普通话对照词典,也不同于大陆或台湾自己编的语文词典,更不同于汉外词典,它是一种过去从未编过、世界上恐怕也很少见到过这样性质的词典。因此对收字和收词,注音和释义都有一些不同于一般词典的做法,如简化字和繁体字同时双呈,大陆和台湾相同又有差异的词义并存等等。

词典的主要内容是释义,两岸词典中大约有百分之十三的差异词,要准确注释清楚这些词就是编写中的最大难点。差异词情况多种多样,如异名同实,同名异实,同中有异。异中又有词义大同小异、用法差异、感情色彩歧异等各种情况。不是生活在该语境中的人,很难说清楚。这正好发挥两岸合编的长处,相互取长补短。

基于上述认识,我们在两岸合编词典开始的同时,组织了一个专门班子从事两岸差异词的收集整理工作。用了四年时间,编成了《两岸差异词典》,为两岸合编词典扫清了不少收词、释义和例句方面的障碍,使合编的"两岸词典"更加符合台湾和大陆的语言实际。

读书:在编辑过程当中,如果双方出现分歧,是怎样求同存异、统一意见的?

李行健:两岸语文相互关系的定位,决定着双方互动的方向,引领着双方语文词典编辑方针政策的制定。这对于两岸语文能否化异为同,从融合达到统一有重大的影响。

在编辑过程中,我们达成共识:词典以描写两岸语文为目的,忠实反映存在于两岸的民族共同语的相同概貌及其差异。大家认同大陆普通话和台湾国语同根同源,台湾国语和普通话是并存互不从属的变体,不能以一方的规范去要求对方。正是在这种共识下,顺利合作编写出版了《两岸常用词典》(《中华语文大词典》简编本)和《两岸通用词典》(《中华语文大词典》中编本)。

在这种认识下,我们提出了"一语两话"和"一文两体",作为两岸语文定位的意见。"一语两话"是指两岸的语言同属老国语——汉语共同语,但在 1949 年分治后形成了一定的差异,出现了两个变体。因此,它们应属于一个共同母语的两种有差别的"话",它们的地位是平等的。它们的差异都是汉语共同语中的组成部分,是丰富发展我们民族语言的宝贵财富。它们之间不是方言和共同语的关系,更不是两种不同语言的关系。这在理论上廓清了相互融合、吸收的认识障碍,在思想上求得两岸最大的共识,也为两岸合编语文词典提供了可能性。

"一文两体"指现行汉字在两岸的情况。由于两岸对传承汉字政策的不同,大陆简化了四百多个汉字,经类推简化后共有两千两百多个简化字,也就是现行的"简化字"。这些简化字所来有自,大部分是历史传承下来的"简体字"。台湾保留了传承字,虽然在手写中简体字不少,但书面上两岸文字却形成了差异。台湾叫"正体字"或"繁体字",称大陆的为"简体字"或"简化字"。这些名称不十分科学确切,因为"正体"是对"俗体"或"讹体"字说的,是一个文字体系中对不同字的称谓,不宜用在两岸文字的称名中。至于"繁体字"和"简体字"称名,因其不科学也不宜用在两岸文字的称名中。两岸学者在合编语文词典中已取得共识,称大陆现行用字为"规范字"(经政府正式定名),称台湾现行用字为"标准字"(台湾有关方面发布的字表称标准字体),这正是双方各自的定名,符合两岸语文实际,也为两岸学者接受。

两岸合编的好处很多,要确切了解词的含义在两岸有无差异,只有使用该社区语言的人才能准确知道。相互取长补短,不仅加快了编写工作的速度,也大大提高了辞书的质量,真正体现出两岸合作编撰的优势和高质量的成果,切实为两岸交流扫除语文障碍。

读书:词典中会牵涉"敏感词条"吗?如果遇到,你们是怎么处理的?

李行健:由于两岸现实的特殊情况,必然会出现一些涉及两岸政治认识和价值观差异的词语。对这些词的收录和注释就会产生敏感问题,必须求同存异,妥善处理。

敏感词语可分三种情况。一种情况是词语本身就有敏感性,比如"南昌起义"、"国军"一类词,本身很有敏感性。台湾把"八一起义"叫"南昌暴动",大陆在分治后把"国军"叫"匪军",客气一点叫"国民党的军队"。这类词相互都主张暂不收录,予以回避。

另一类词是词义中有敏感部分。如"儿童节"是一个常用词,台湾注释除指明联合国为维护儿童权益设立的节日、时间各国自己设定外,还指出"中华民国"在二十世纪三十年代定为4月4日(今台湾儿童节日)。大陆注释除上述相同部分外,还注释有1949年后中华人民共和国定"儿童节"为6月1日。说的都是历史事实,但两者放在一起就不合适。双方协商修改,直接注释为大陆儿童节6月1日,台湾儿童节4月4日,不说谁定的、什么时候定的。有些词语的所指存在观念分歧或评价上的差异,如"义和团""农民起义""五四运动"等词语。我们的原则是双方都能接受,一方不能接受的进行协商,协调不成的先回避,困难也就迎刃而解了。

第三类词是注释中举例或行文中出现的敏感问题。如"长城"释义后的例句中台湾撰稿举出"国军是保卫国家的钢铁长城"。协商后将"国军"改为"军队"。大家都赞同。行文中"我国""中国""大陆""台湾"这些限制词都有明确界限。如"钓鱼岛",可以用"我国"或"中国",因可以包含"大陆"和"台湾"。如果所指范围不能涵盖两岸,就不能用"我国",如"改革开放",就只能用"大陆指实行改革政治和经济体制……"

这些问题的顺利解决,得益于两岸编者相互尊重,求大同存小异的指导方针。

化异为同,传承同根同源中华文化

读书:随着两岸往来越来越密切,大陆的语言受台湾地区的影响还蛮大的,特别是年轻人。那么据您了解,反过来,台湾地区受大陆影响大吗?

李行健:语言文字只有在使用中才能发现差异;同样,也只有在使用中才能逐渐融合,达到消除差异的目的。

连战先生访问大陆时,所用的"愿景、福祉"这些词,当时大陆民众就感到陌生甚至不理解。其实这些词都是我们汉语中的传承词,只不过大陆长期不用它们罢了。显然现在这些词已逐步成为两岸共同使用的词语。有些词从台湾传入大陆,或大陆传入台湾,最初都觉得面孔很生,不会去使用。随着交往频繁了,也互相由"理解"到应用了。

如过去大陆用"渠道",台湾用"管道",大陆用"激光",台湾用"镭射",现在这四个词大陆和台湾都可以同时任选使用。预计不久的将来,两岸同胞会在两组意义相同的词中选出一个作常用词,就完成了从求同存异到相互融合的过程。即使像"方便面"和"速食面"这样异名同实的词,可能两岸使用语言的人觉得"方便"有歧义,"速食"又不大众化,两岸都在选用过去不大用的"泡面",这也是两岸语文从异到同的一种途径。

两岸交流的现实,向我们展现了一幅两岸语文化异为同的美好前景。词典编纂及时注意到这种变化,同时又力促这种趋同的变化。

先前认为不少台湾的专有词,已被逐步吸收进普通话,如"负面、代沟、媒体、运作、界定、评估、瓶颈、前瞻、知名度、工薪族、转型期、自助餐、联手、打卡、包装、认同、共识、爆满"等。

与此同时,不少大陆词语或独特用法也进入了台湾国语,如"抓、搞、落实、紧张、对口、口径、样板、渠道、方便面、水平、试点"等。

近时纷纷涌现的不少新词已经难分你我,如"作秀、观光、套牢、店长、达人、香波、丁克族、脱口秀、麦当劳、肯德基、霹雳舞"等。

英语中的 laser,大陆叫"激光",台湾说"镭射",这种不同的科技术语定名似乎很难统一。但我们看到台湾地区"教育部"审订的《气象学名词》将"镭射"和"激光"并列,台湾学者也认为"这是好现象",有助于两岸交流和化异为同。

差异词是历史发展中的产物,对两岸交流会产生一定的障碍。但通过化异为同的努力,也可以使交流顺利进行,同时使汉语更加丰富多彩。因为同义词的丰富使表达手段更加多样化。所以差异词不是无用的废物,它既反映了语言的变化,进而勾勒出社会历史发展的概貌,同时它也是研究语言的宝贵资料,是丰富我们汉语共同语难得的养料。

读书:用这么长时间,这么多人力物力,编写这样一本词典的意义何在?

李行健:语言的统一和畅通无阻的交流,是一个统一国家和社会应该具备的条件。两岸从合编语文词典着手,促进语言文字的统一和交流,增加对一个中国的认同感有很大的作用,可以潜移默化地增强广大民众,特别是青少年对民族和国家的归属感和亲切感。这将会对祖国和平统一创造极为有利的氛围和条件。试想,我们认定台湾和大陆是一个中国不可分割的部分,两岸同根同源,而两岸语言却不能畅通,那将是一种多么尴尬的局面啊!

我们不妨从反面教员陈水扁的台独行径中,看看语言对国家统一的作用。陈水扁的台独举措,核心就是所谓去中国化。首当其冲的就是妄想去掉民族共同语,扬言台湾讲的不是汉语,他叫作"台语",其特定含义就是台语不是汉语,也就是在语言上搞台独。因为共同语言是一个国家、一个民族的共同纽带,只有割断这条纽带才利于台独。由于他们的无知,才把汉语的闽南方言叫台语,胡说它不是汉语,实在非常可笑。但如果阴谋得逞,它给两岸交流和最终统一造成的损害也不可低估。语言上搞台独就是对民族共同语(现今台湾叫"国语")的削弱和分裂,必然会对海峡两岸的和谐发展造成障碍,对民族的团结、国家的统一造成巨大的伤害。这无疑从反面昭示,语言的统一与国家的统一和民族的团结是紧密不可分的。因此,我们今天必须将两岸语言中的差异加以清理,通过词典的功能使之求同存异达到沟通,然后逐步化异为同达到统一。

显然,语言和文化在国家民族生存发展中有很大的重要性。以汉语为代表的中华民族,在历史发展过程中,接纳、融合过多种外来语言文化,最终形成今天高度发达的汉语和汉民族。秦始皇统一六国后实行的"书同文",保证了汉语的书面语可以跨越方言和历史,成为记录传播民族文化的统一工具。到工业化社会后,随着民族的觉醒和经济社会的发展,汉民族共同语普通话的推行使汉语逐步达到"语同音"的高度统一水平。历史证明,这些措施对国家的统一和发展,对民族的团结与和谐相处发挥着非常重要而独特的作用。反观历史的发展,我们可以清楚地看到,要消灭一个国家或民族,就是从根本上消灭它的文化和语言,如日本帝国主义统治台湾时强迫人们学习、使用日语,连姓名也要改成日本式的。

民族语言的统一和健康发展是保卫民族文化和历史传统的屏障。语言文字不仅是交流思想、认知世界和传播文化的重要工具,同时它也是民族的灵魂,是民族文化的一个重要组成部分。

一个国家语言文化的传承和弘扬,必然面临外来的各种语言文化的侵蚀,要保存自己的特质,在竞争中处于不败之地,就必须做好应对竞争的心理准备,增强自身语言文化的竞争力。汉语要成为强势的语言才符合当今中国的国际地位和国际形象。这也是国家增强软实力和国际竞争力的重要内涵。我们千万不可忽视话语权的重要性,它与经济实力、军事优势是相辅相成的三股力量。为了在竞争中取得优势,两岸语言不仅要化异为同,还要联合,共同做好汉语在世界上的推广传播工作,合作编写教材、共同培训师资、分享教学的成果和经验、加大推广的力度,使推广传播工作取得更加可观的成绩。这必将极大地增强汉语和中华文化在世界上的竞争力,使中华民族的崛起得到更多人的理解和支持,为民族复兴、国家富强作出更大的贡献。

相关链接

两岸常见差异词

一、同名异实:

公车——大陆指公家的车;台湾指公交车。

土豆——大陆指马铃薯;台湾指花生。

窝心——大陆指不开心;台湾指高兴、开心。

脱产——大陆指脱离直接生产的岗位;台湾指转移财产。

二、同实异名(大陆——台湾地区):

方便面——速食面 高压锅——快锅 熊猫——猫熊

集装箱——货柜 鼠标——滑鼠

三、一方所特有的词:

大陆——离休、知青、房改、试点、福彩、居委会;

台湾——民代、保正、分灵、桩脚、十八趴、眷村。

四、词语搭配和感情色彩差异:

"充斥",大陆有贬义,台湾却无贬义,可以说"他脸上充斥着笑容"。

"笼络",大陆指用手段拉拢,含有贬义;台湾是中性的,指联络感情的行为,可以说"学校多年来笼络、培养了许多人才"。

"帮忙",大陆后面不能带宾语,只能说"我给他帮忙",台湾却可以说"我帮忙他"之类。

五、台湾特有词简释

(一)台湾特有词

十八趴:即百分之十八。指台湾施行的公务人员退休金优惠存款利率。

奥步:不好的招数。

桩脚:选举时在基层为候选人拉票的人。大多为地方有影响力的人士。

站台:到场表示支持。

背书:确认;支持。

(二)闽南方言词进入台湾国语的词

冻蒜:"当选"的闽南语发音。

伴手礼:出门到外地时给亲友买的礼物。

白目:形容人不会察言观色,如"这人很白目"。

好康:好东西。

歹看:难看;不好看。

假仙:装模作样;虚情假意。

(三)日语音译词

阿娜达:男女青年称呼与自己建立了恋爱关系的一方;或男女青年之间对自己的恋人的称呼。

卡哇伊:可爱的。

酷索:恶搞;故意丑化本来正面的人和事。

撒西米:生鱼片。

中古:半旧的;二手的。

一级棒:非常好的;优秀的。

阿沙力:干脆,直截了当。

(《文汇报》2016.4.4)

五、倡导母语教育 发展语言文化多样性

相关报道

2016 国际母语日的主题：优质教育、教学语言和学习效果

今年的国际母语日主题强调了母语对优质教育、语言多样性和推动新的《2030年可持续发展议程》的重要作用。

教科文组织总干事伊琳娜·博科娃在一份在线声明《优质教育、教学语言及学习结果》中表示："多语言中的母语是优质教育的重要组成成分，是赋予男性和女性权利的基础。"

在可持续发展目标四中，2030 议程聚焦优质教育和全民终身教育，让每一位民众获得技巧、知识和价值，使他们实现自己的愿望，全面参与到他们的社区中去。这对于女童和妇女以及少数民族、土著居民和农村人口尤其重要，这在联合国教科文组织教育 2030 行动框架中都得到体现。这个行动框架是实施 2030 议程的路线图，鼓励充分尊重母语在教学中的应用，促进和保护语言多样性。

多语言主义对于促进这些目标的实现至关重要——对于涉及增长、就业与健康、可持续发展与健康以及气候变化的 2030 议程的全面落实至关重要。

联合国教科文组织同样关注通过支持相关地方内容和媒体信息扫盲在互联网上推动语言多样性。通过地方和土著知识体系计划，联合国教科文组织强调母语和地方语言作为保护和分享土著知识与文化渠道的重要作用，这些知识和文化是丰富的智慧宝库。

母语在多语言方案中是优质教育的基本要素，它本身就是为民众和他们的社区赋权的基础。我们必须承认并培育这种力量，不让一个人掉队，为全民造就一个更公正、更可持续的未来。

1999 年 11 月，联合国教科文组织一般性大会宣布纪念国际母语日。旨在促进

语言和文化的多样性,以及多语种化。

2007 年 5 月 16 日,大会第 61/266 号决议宣布 2008 年为国际语言年,希望透过多种语文和多元文化的多样性来统一国际认识与团结。语言是保存和发展人类有形和无形遗产的最有力的工具。各种促进母语传播的运动,都不仅有助于语言的多样化和多语种的教育,而且能够提高对全世界各语言和文化传统的认识,以此在理解、容忍和对话的基础上,促成世界人民的团结。(联合国教科文组织 2016.2.20)

联合国倡导"多语制框架下的母语"

每年的 2 月 21 日是联合国教科文组织设定的"国际母语日"。设立"国际母语日",旨在倡导母语教育,保障母语权利,保护濒危语言,促进语言文化多样性。

应该说,联合国教科文组织自 1945 年成立以来的 70 年间,一直都非常关注母语问题。早在 1951 年,教科文组织就组织专家讨论"母语教育"问题,要求尊重和保护每一个人的母语,提出"每个学生在开始接受正规教育时都应使用其母语"。1981 年 11 月,教科文组织在巴黎总部召开了主题为"以母语为教育工具"的国际专家会议,会议回顾了 30 多年来世界各国为促进母语教学所采取的措施和取得的经验,认为母语教育是"消灭文盲、愚昧、歧视和贫困的有力武器",是国家发展的最大动力,要求各成员国着手制订适合国情的母语教育规划,并将母语教育的进展情况写进每年的政府工作报告中。1987 年 10 月,国际跨文化交际协会与联合国教科文组织在巴西莱塞弗市召开"语言人权会议",会议通过了《莱塞弗宣言》,认为母语教育是一项基本人权,要求各成员国为各个民族的母语权利提供明确的法律保护。1996 年 6 月,国际笔会在西班牙巴塞罗那倡办"世界语言权利会议",会议通过的《世界语言权利宣言》将"母语权"视作个人的基本权利,指出每个儿童都有充分学习本群体语言的权利,土著和少数民族有权利在各类媒体上使用其母语。联合国教科文组织派代表参加了此次会议,并签名支持这份宣言。

遗憾的是,教科文组织倡导的母语理念并未在各个成员国得到真正的落实。有研究者认为,全球化、城市化和信息化深刻影响了世界语言环境和教育环境,当下多言多语的生活已经成为常态,以往教科文组织在各类宣言和倡议书中单方面强调母语教育和母语权利,既得不到各国政府的支持,也得不到当事人的响应。母语教育需要政府投入大量经费,尤其在母语语种数量较多,而每一个语种的学生绝对数量又较小的语言环境中更是如此。同时,学生家长也担心,如果孩子把宝贵的时间花在母语学习上,就会影响他们对官方语言(或国家通用语)以及其他科目的学习。考虑到有的母语使用人口少,应用语域窄,如果仅仅提倡母语教育,可能会在保障人们语言权利的同时影响其经济权利,减少其向上流动的机会,最终不能真正保障人权的实现。

为解决上述语言困境给母语教育、母语权利、母语保护等问题带来的认识模糊和思想混乱,解决多语世界中教学语言的选择问题,确保知识与技能的传授与分享,从而促进公平教育和优质教育,联合国教科文组织于2003年发布了《多语世界中的教育》这一影响深远的文件。该文件在倡导母语教育的同时,首次正式彰显了双语教育和外语教育的重要性,认为双语教育可以促进社会公平和性别平等,维护语言文化多样性,而外语教育有助于跨文化交流,促进各成员国之间的理解。2011年,教科文组织又颁布了由国际专家组起草的《联合国教科文组织语言政策指针:语言评估和语言规划的工具(草案)》,建议采用"多语制评估"方法来评估语言濒危状况,从而更有针对性地保护母语,并指出,"相对于评估一种语言的绝对使用人口数量而言,评估一种语言的使用范围和一个人的语言技能,可能更为有用……母语先学的多语制政策对儿童十分有益,能为他们学习其他语言打下良好基础。"

可以看出,在继续强调母语重要性的同时,教科文组织已经逐渐意识到多语教育的价值,认为其不仅有利于语言和谐,而且可以推进人的全面发展,因此开始将母语问题置于社区多语、地方多语和世界多语的大环境下考虑。2016年1月,联合国教科文组织正式在孟加拉国的达卡建立"国际母语研究所",旨在促进"以母语为基础的多语教育",探索母语保持和多语言使用的关系,尝试建立基于母语的多语教学制度。

2016年"国际母语日"的主题是"优质教育、教学语言和学习成果",这一主题非常契合联合国教科文组织于2016年1月1日正式启动的《2030年可持续发展议程》。该发展议程设立了17项确保所有人共享繁荣的全球性目标,其中包括"在世界各地消除一切形式的贫穷";"确保包容性和公平的优质教育,促进全民享有终身学习机会";"促进实现充分和生产性就业及人人有体面工作";"实现性别平等,增强所有妇女和女童的权能",等等。在2016年国际母语日致辞中,联合国教科文组织总干事伊琳娜·博科娃女士指出,要推动实现上述目标,"多语制必不可少……多语制框架下的母语是优质教育的关键因素,而优质教育又是为女性、男性以及整个社会赋权的基础。我们必须承认和增强这种力量,不让任何人掉队,为所有人建设一个更加公平、可持续的未来"。

之所以说"多语制必不可少",是因为多语制框架下的母语教育是全民教育和终身教育的基础,它可以使每一个人都获得必要的知识和技能,这对于妇女儿童、少数群体和土著人民尤其重要,也是保障语言权利和保持语言多样性的不二选择。可以说,"多语制框架下的母语"是联合国教科文组织2016年国际母语日所传递的最为关键的语言理念。(方小兵,南京晓庄学院、南京大学中国语言战略研究中心)(《中国社会科学报》2016.5.10)

重拾汉语的母语自信

母语通常是指一个人所属民族的群体语言,也称"本族语"或"第一语言"。母语是一个民族最为鲜明的符号标志,它既把一些人凝聚为一个共同体,又把自身与操其他语言的人区别开来。德国语言学家洪堡特说:"语言是一个民族所必需的'呼吸',是民族的灵魂所在,通过一种语言,一个人类群体才得以凝聚成民族,一个民族的特性也只有在自己的语言之中才能获得完整的映照和表达。"母语不仅是一种表达工具,还有独特的文化价值。对个体来讲,它是培育我们归属感和家园感的血缘纽带,对民族而言,它是一个民族的文化徽章,是塑造民族凝聚力和文化向心力的重要利器。

每一个民族都对自己的母语有种特殊的感情,这呈现出一种奇特的文化心理。人们都有一种强烈的用母语来表达思想感情的"表现欲";都有希望子孙后代掌握与自己同样的母语的"传承欲";在异国他乡,更是对母语有着强烈的"乡音情"。这种情感是我们缔造母语忠诚、树立母语自信的重要支撑,需要精心培育、用心传承。

母语自信是一种社会的文化心理和民族心态,体现了一个国家和民族对自身母语价值的充分肯定和尊重,是对母语生命力的坚定信念,属于精神层面的底蕴与力量的外溢。人们评论自己的母语,都会对它表现出一种认同感和自豪感,视其为世界上最美丽的语言。在中国人心中,汉语是五千年文明最重要的组成部分,是值得每个中国人珍惜与骄傲的文化标记。

然而,在过去的一百多年历史中,我们曾经有过对母语的不自信。有学者总结说:"'百年中文,内忧外患'。其外有西方语言的冲击,现代汉语严重欧化;其内则是母语的自信心和自觉意识不断衰微,中文成为追逐现代化过程中不断遭到修葺的对象。"我们的母语一直蒙受着"低级"、"不够准确"、"不讲逻辑"而又复杂难懂、汉字不利于书写、不利于计算机输入的种种责难,这让人感受到我们的母语受到过伤害,经历过危机。

今天,我们清醒地认识到,中华文化是中华民族的命脉和灵魂,是我们国家生存和发展的软实力。而我们的母语既是中华文化的产物,也是中华文化的最重要组成部分，还是中华文化的最重要载体和最集中体现，因而要维护中华文化的繁荣与发展，就不能再对我们的母语采取"自贬、自侮、自戕"的态度，而是让它重新拾回"自尊、自信、自强"。

事实上，从语言学角度看，我们的母语——汉语的确有值得坚守的理由和弘扬的信心。汉语是世界上历史悠久、发展水平最高的语言之一。汉语拥有最为丰富的书面文献和自公元前841年以来便不曾中断的历史记录。汉语词语具有想象的特征，这在世界语言中是独一无二的。季羡林先生称誉我们的汉语"是世界语言里最简练的一种语种。同样表达一个意思，如果英语要60秒，汉语5秒就够了"。语言学家王力先生说："西洋人做文章是把语言化零为整，中国人做文章几乎可以说是化整为零。"汉语能"随物赋形"，重"意合"而轻"形合"，所以汉语保留了更多感性的东西，更接近人的瞬间体验而非理性分解。用美国语言学家范诺洛萨的话说，汉语充满动感，不像西方语言被语法、词类规则套死。瑞典语言学家高本汉也曾这样评论我们的母语："中国文字好像一个美丽可爱的贵妇，西洋文字好像一个有用而不美的贱婢。"他还认为汉语有声调，语法又比较简易，而且中国人一直非常重视在声音方面的锤炼，因此在漫长的历史中，汉语被造就成一种音韵铿锵、和谐与美丽的语言，在这个方面它略胜西方语言一筹。美国语言学家萨丕尔也赞叹说，"今天的英语诗人会羡慕中国即兴凑句的人不费力气就能达到的那种洗练手法。"

汉语表达的自由度和创造性可以和任何一种语言媲美，"从语言学角度讲，汉语本身所具有的优点使得它的句法比英、美所谓的标准英语要简单许多，发展潜力也要比英语大得多"。英语中保留的屈折语的现象使得英语显得累赘，而汉语没有这种现象；现代英语词汇量急剧增长，已经成为人们的一种沉重负担，而汉语词汇的生成多与原有词汇有着密切关联，易于掌握运用。

汉字是中华文化系统中影响最为深远的文化符号，不仅是记录汉语的文字符号，而且是蕴藏中国文化的重要载体和解开中国文化之谜的一把钥匙。汉字素有"东亚的拉丁文"之称。日本学者曾说过，所谓的"东洋史"，即是以汉字为载体的中国文化在东亚地区传播的历史，由此形成了影响至今的"汉字文化圈"。计算机"汉字输入"的难题在20世纪末已得到解决，而且，汉字键盘输入的速度超过了英文字母，输入效率达到英文输入的 1.3～1.9 倍。对此，有人认为：聪颖的华夏祖先创造了汉字，智慧的炎黄子孙解决了汉字快速输入计算机的世纪性难题。

进入21世纪，汉语在全球快速传播，在世界许多地区产生了重要影响，"这在人类历史上还是第一次"。不断升温的"汉语热"，不仅强化了人们对我们汉语母语的认同，旺盛的需求也为汉语"走出去"增添了信心。据英国语言学家戴维·格雷多尔研究预测,到2050年时,汉语将会上升到国际语言分类金字塔的最高一层,那时,汉语的国际地位将显著提高,它将与印地语、英语、西班牙语和阿拉伯语一起,共同成为世界上使用最广泛的语言。格雷多尔还认为,亚洲一些地区的雇主已经不再将会说英语作为雇员的唯一条件,在下一个世纪中,汉语可能成为"一定要学"的语言。我们有理由相信:在21世纪人类交往活动中,随着汉语地位的稳步提升,我们的母语汉语必将不断增强语言自信,并在全球范围内实现中华民族的语言复兴。(纪秀生,华侨大学华文学院)(《中国社会科学报》2015.5.18)

培育母语情感,重视母语文化

母语意识是人们对母语的认知、情感、意志和信念等心理要素的一种综合感知,使人觉悟到母语在人类社会生活中的实在性和不可或缺性,尤其是母语的人文价值和社会意义。人的母语意识推动了母语权利的觉醒,为语言平等、语言多样性和母语保护等语言政策提供了思想基础。为纪念孟加拉国人民争取使用本民族语言权利而做出的牺牲,联合国于1999年决定将每年2月21日定为"世界母语日",以提高母语地位,消除母语偏见,保护母语传承。2006年,联合国教科文组织首次在中国北京召开了"国际母语日研讨会",旨在提升世界各国的母语意识。

母语意识自觉尚待提高

近二三十年来,中国人的母语意识与以往相比虽有了很大的提升,但从世界大国的身份角度来看,还远远不够。在有的地区有的人群中,人们的母语意识淡薄,从整个社会来看,母语意识的自觉性尚待提高。这突出表现在以下三方面:一是对英语的重视超过母语。改革开放后,西方强势语言文化大量涌入,英语学习热潮在国内涌起。从幼儿园到大学都争相开设英语课程,且作为必修、必考科目。外语考试变成了一道门槛和敲门砖,大学英语四六级考试已成为一个产业,各种英语补习班、辅导资料遍地开花,与之相比,语文反倒成了可有可无的科目。这种对外语的过度张扬,会消解人们的母语意识,伤害母体文化;二是汉字书写能力下滑。汉字是汉语的书写符号,是中华文化的独特密码,有很强的抒情达意的审美功效。随着计算机、手机等电子产品的普及,键盘代替了手写,国民的汉字书写能力持续下滑,提笔忘字、写错别字现象司空见惯。若听任此种现象继续,必将损害汉字文化;三是对母语文化的忽视。《唐宋名篇朗诵音乐会》在星海音乐厅上演,引发热议;当下央视栏目百家讲坛对《三国》、《论语》等经典名著的品读,引起社会强烈反响。这些表面看起来是对传统文化的重视,实则反映出人们对传统经典的陌生与无知。

这些都折射出母语文化受重视程度远远不够。

我国是世界上唯一有着五千年文明而没有中断的国家,靠的就是语言文字对传统文化的积累与传承,如今国民对母语的冷落、对传统文化的忽视、汉字书写能力的下降,都刻不容缓地警示我们要唤醒国人沉睡的母语意识。

加强宣传、规范语言

母语是一个民族的基因,是一个国家文化软实力的核心,母语意识的强弱是衡量一个国家母语认同程度的综合性指针和标尺,没有母语意识,没有合乎国情、领先时代的科学的母语意识,就不可能有科学的语言政策,就不可能有利国利民并且充分发挥母语的社会、政治、文化和经济作用的语言行为。因此无论从国民需要,还是从国家统一、民族团结、国家战略等角度,培养母语意识都是必须坚守和加强的责任与义务。我们认为,当代中国应把培育母语情感、重视母语文化作为唤醒母语意识的重要途径和手段。

培育母语情感方面,应从加强母语认同为己任的母语宣传开始,努力在民间引发国人的母语自豪感。近期电视媒体热播的《中国汉字听写大会》、百集纪录片《中国词儿》以及《汉字英雄》、《中国成语大会》、《猜谜语大赛》等节目,唤醒了国人对母语的认知,使国人对母语重新产生了新鲜感、敬畏感和亲切感。这些喜闻乐见的母语宣传方式,让人易于接受,它不仅彰显了母语意识传播的正能量,而且强化了国人的母语"存在感"。

同时,以规范语言文字使用为出发点的规章与政策相继出台。于2001年1月1日起施行的《中华人民共和国国家通用语言文字法》,是我国历史上第一部关于语言文字的法律,规定了我国语言文字的基本方针,奠定了我国普通话和规范汉字作为我国通用语言、文字的法律地位。"国家语言资源监测与研究中心"利用现代化手段对国家的语言资源进行详细、动态、量化的分析与管理,极大地提高了国家的语言能力。其他一些重视母语文化的政策也在稳步开展。如建立城市语言文字工作机构、开展国家通用语言文字培训、加强语言文字应用科研管理、开展中国语言资源有声数据库建设等等。近期教育部公布的《2017年高考改革方案》,规定英语实行社会化考试,并且分值降低,相应提高语文分值,就是通过教育改革提高国民对母语的重视的具体表现。还有"语情"成为国家重大安全课题;旨在促进华语的国际交流与传播、增强全球华人的民族认同感、增强华语成为全球华人大团结之纽带作用的重大社科基金项目"全球华语语法研究"也在陆续开展;贵州世居民族陈列馆暨母语文化陈列馆和完整的贵州母语数据库的建立等都是这些政策的具体实施。这些规定、政策的引导，使我们整个社会的语言文字系统得以规范，同时也加深了国民对母语文化的重视程度。

多角度提升国人母语意识

如今，唤醒母语意识的工作刚刚拉开帷幕，提升母语意识，依然任重而道远。进一步唤醒当今中国人的母语意识，应政策先行，制定规范母语、重视母语的法律法规；教育保障，从义务教育到高等教育，将学生的语文素养作为一项基本必备素质进行培养；媒体宣传，开发更多民众喜闻乐道、发扬中华文化、重塑母语意识、重建母语自信的娱乐节目；国际传播，应打造更多像孔子学院这样传播汉语、传播中华文化的品牌，以亲和、友好、交流、共赢的姿态，取得世界人民的理解和认同。我们坚信，随着中国母语意识的全面觉醒和提升，必将在全球范围内实现中华民族的语言崛起。（纪秀生、周东杰，华侨大学华文学院）（《中国社会科学报》2016.1.19）

从各国课程标准和教学大纲透视母语教育

语言是一个国家或民族传承文化的重要载体。联合国教科文组织将每年的2月21日设立为"国际母语日"（International Mother Language Day），以强化各国人民的"母语文化意识。"在此，我们通过各国教育中母语课程的标准或教学大纲透视各国母语教育的发展及启示。

公民素养决定了一个国家的未来命运，而优质的母语素养则奠定了公民个体的人文底蕴。联合国教科文组织的教育报告《学习——内在的财富》中首次提出"教育的四大支柱"：学会求知、学会做事、学会生存、学会共处，而贯穿其中的一脉生命线首先是掌握基于语用规范、洋溢生命智性活力的母语。

贯穿教育的生命线

从学校初级阶段的认知和模仿，到高年级时的表现和创造，学会驾驭母语已成为未来公民的一项基本人权：凭借对母语全方位的语用实践而立身成人，实现与世界的价值联系，开辟自己精神发展的独特路向。

20世纪后半叶以来，全球课程和教学理论出现了多元演进的加速趋势。英国著名课程理论专家劳伦斯·斯滕豪斯在深刻批判传统课程理论的基础上，主张尊重教学交互中学生的主体性和个性化创造的"过程模式"。他强调，教育的"过程价值"就是教师引导学生个体在教学过程中思维潜能的释放和更多的自由创造。而美国课程论专家艾斯纳的"表现性目标"说，追求学习者在具体教学情景的种种

"际遇"中所产生的独特表现,主张学习结果开放,弘扬创意灵性,诸如在心灵与文体相拥中所迸发的非同质化的鲜活言语。而"批判教育理论"则提出反文本、反记忆的观念,催生了教学中对文本的"离心"倾向。

事实上,这些理论直接促进了外国母语教育对养成学生独立思考、批判质疑和自由评论的高度关注。各国母语教育着眼于通过全方位、自足自享的语用实践而夯实语言"童子功"、铸就母语文化的继承者和创造者。

传承并创新的教育实践

法国的《高级中学语文教学大纲》指出:"法语课既要给学生带来知识,更要培养他们的思维能力和批评观念",而"掌握语言是阅读文本和培养思维能力的首要条件",而且该大纲要求,"在法语公共必修课结束后,学生应该能够阅读、理解并自己评论一个文本,找出文本中的语言、历史、背景、论述和美学等问题",能够"形成自己的评判结论,形成自己的评判语言"。

美国马萨诸塞州《共同学习核心》呈现了同样的母语学习的目标:"所有学生要能够批判性地阅读和听说,以便获得信息、理解和享受。他们要能够用标准英语进行清楚、真实、劝说性和创造性的写作和说话。"

不少国家的母语课程标准或教学大纲,纷纷将学习母语与优化思维两者有机联系起来,自觉地视学生学习母语为淬砺思维品质、发展思维能力的主要途径。尤其值得关注的是,很多国家课程标准或教学大纲都强调一个关键词"评论"(Comment On)。它有时指批判、批评甚至非难,有时又指评价、判断或辩说;它既含有否定意向的质疑或肯定意向的褒扬,更泛指基于独立人格的个体言说,所以这是发挥每位学生主体精神、提高其自由辩说能力、炼就其母语创新智慧的重要途径。它要求学生在运用母语展开听、说、读、写、视、思、评的全面实践活动中以批判性思维为主,并使其价值目标指向创造性思维。

个体生命优秀的情意元素,包括健康的审美情感、纯正的道德品质、坚忍进取的意志力和不可或缺的责任意识等,都是经济全球化视野中现代公民应有的人格构成。俄罗斯《10～11年级语文教学大纲》超越了以往的俄语和文学教学大纲,倡导促进学生个性精神的成长,使其形成人道主义的世界观、美学修养等。日本文部科学省新修订的各级国语学习指导纲要,均提出对教学的一系列指导性原则,涉及养育丰富的情感,勇敢面对生活的意志,对人类、社会以及自然的关注和思考以至国际合作精神等。而法国《初中教学大纲》则明确指出对"美学敏感的启蒙"是与"学生评判能力的培养"并置的两个目标,"要做到两者平衡",进而确立法语教学的目标是"让每个学生形成自己的个性,成为有觉悟、自立和负责任的公民"。这样,课堂教学必然要关注个人的完整发展,重视通过母语学习而养成学生非凡的人生抱负、美好情感、社会责任感和价值观等。为此,母语学习的过程才是构成每个学生"心灵完形"的过程。

然而最重要的是,母语教学坚定了学生传承并创新母语文化的信念。其实,母语教学就是传输民族精神遗产的生生不息的文化流程。因此,国外母语课标或教学大纲都是高度强调通过母语学习去亲近并融入其所承载的文化,强化其深植文化传统的自觉的"根意识"。法国《高级中学语文教学大纲》指出,学习法语是"打开通向法语文化和欧洲文化的道路",学生借此可以"构建一种历史的视角,明确自己所处的文化空间"。日本教育审议会修订的各级学习指导纲要,高度强调弘扬国语教育文化,培养学生"尊重国语"的态度。韩国《语文课程标准》直言其性质:"国语课培养学生有韩国特色的国语使用能力和态度,在这丰富的信息社会里谋求正确、有效的国语生活,养成未来的民族意识和良好的国民情绪",最终"立志于国语发展和国语文化创造"。

通过这一行行铿锵有力的文字,我们能深切地感受到,只有通过建立对独一无二的母语的尊崇感,才能促进学生早早养成对祖国和民族身份的自豪感和自信心;而在全球教育市场中,这种自豪感和自信心无疑是发展母语文化最宝贵的发展性精神资源。

从"知识本位"到"思想本位"

21世纪以来,世界各国母语教育普遍以重视弘扬学生主体的批判和创造精神、提升母语文化的综合品位、炼就积极语用能力为主要特征,正在持续发生从"知识本位"到"语用本位"和"思想本位"的历史性深度转型。而今,以自主表达、独立评论、观念争鸣为语用形式特征的"思想课堂"正在迅速刷新适应既往的"知识课堂"。"思想课堂"以面向明天、超越历史和创造未来为根本价值特征,与传统"知识课堂"形成鲜明的对比。这种课堂范式的转型,给中国母语教育的改革带来诸多启示。

母语教育亟需致力于淬砺学生积极语用的能力,即变"语识"为"语用",释放学生天生的表达欲望和表现动机;鼓励学生以文本为平台,充分发展基于输入性语用的表达力,尤其要形成学生对文本中问题的独立审美鉴赏力和评论力。这种充满批判精神和逻辑理性的语言创造力,将极其深刻地带动个体内在思辨力的走向。这种思辨力和表达力的炼就将是学生终身可持续发展最重要的投资,最终汇合成国家文化建设的蓬勃创造力。

母语教育还需致力于丰富学生精神生命的内涵。即变单一"语知语能"为全面"知情意能"的多维度发展,这就是母语教育的"全人"使命。任何学科的教育,从来不是技术主义的工具教育,尤其作为中华民族优秀传统之载体的母语教育,更是要致力于学生的灵魂完美和人格健全——唯有卓越的精神才能孕育高尚的思想力和优质的表达力。

母语教育要在学生心田种下文化创造的希望之种。一国之母语,是该国文化建设和创造最重要的载体;未来公民的语用能力直接决定了国家的文化兴衰乃至命运。因此,在文化软实力博弈的背景下,语文课如何在学生心田播种传承并创新母语文化的强烈的"根意识",使之从热爱母语到享受母语,再到创新母语的伟大信念,从而让民族文化的薪火代代长盛、永续辉煌。这也是实施"文化强国"战略背景下中国语文教育的神圣使命。(潘涌,浙江师范大学语文教育学学术带头人、教授,中国高等教育学会语文教育专业委员会常务理事)(《中国教育报》2016.2.26)

周国平:母语是教育的起点

尼采曾经指出:母语是"真正的教育由之开始的最重要、最直接的对象",良好的母语训练是"一切后续教育工作"的"自然的、丰产的土壤";教师应当使学生从少年时代起就严肃地对待母语,"对语言感到敬畏",最好还"对语言产生高贵的热情"。我完全赞同他的见解。

教育是心智成长的过程,而母语是心智成长最重要的环境之一。母语就好比文化母乳,我们在母语的滋养下学会了思考、表达和交流。虽然后续教育有不同领域和学科之分,但一切教育的基本要求是正确地读、想和写,而这种正确性正是通过良好的母语训练打下基础的。认真对待语言,力求准确地使用每一个词,这不仅是为了避免他人的误解,更是对待心智生活的严肃态度。不能想象,一个对写给别人看的文字极其马虎的人,自己思考时会非常认真。相反,凡是呕心沥血于精神劳动的人,因为珍惜劳动成果,在传达时对文字往往都近乎怀有一种洁癖。

如果说文化是一种教养,那么,母语就是教养的基本功,教养上的缺陷必定会在语言上体现出来。一个语言粗鄙的人,我们会立刻断定他没文化。一个语言华而不实的人,我们也可以立刻断定他伪文化。举止上的高贵风度来自平时最一丝不苟的训练和自我训练,语言上的良好作风也是如此。不用说写公开发表的文章,哪怕是写只给某一个人看的信,只给自己看的日记,都讲究用词和语法的正确,文风的端正,不肯留下一个不修边幅的句子,如此持之以恒,良好的文字习惯就化作本能了,而这便是文字上的教养,因为教养无非是化作本能的良好习惯罢了。

一百多年前,尼采埋怨德国青少年不是向德语经典作家、而是从媒体那里学习母语,使得他们"尚未成型的心灵被印上了新闻审美趣味的野蛮标记"。如果尼采生活在今天这个网络时代,真不知他会作何感想。我本人认为,网络语文的繁荣极大地拓宽了写作普及的范围和发表自由的空间,诚然是好事,但也因此更应该警惕尼采所说的"新闻审美趣味"的蔓延。网络语文往往是急就章,因此可能导致两个后果,一是内容上的浅薄,缺乏酝酿和积累,成为即兴发泄和时尚狂欢的娱乐场;二是语言上的粗率,容易滋生马虎对待母语的习气,成为错别字和语病的重灾区。所以,我提倡,各民族都拥有优秀母语写作的传统,这个传统存在于本民族的经典作品之中,它们理应成为母语学习的范本,而不该是网络语文。(中国社会科学网2014.2.27)

中国母语教育的困境和未来

母语教学的前世今生

在今天的很多高校,"大语"已经沦落成没人上、没人听、没人管的"三没课程"。更有甚者,部分理工科院校只对少数文科生开设大语课,更多的高校干脆取消。短短一个甲子之间,同一门课程经历如此炎凉二重天,或许有其历史的必然性?

广东职业技术师范学院的吴柯达老师专门从事教育研究,他告诉记者,中国的母语教学最早可上溯到 1904 年,大学设立预科,开设"中国文学"课。1929 年,教育部颁布《大学规程》,正式规定"国文课"是大学院校一年级必修科目。该课从此成为民国教育的定制,一直延续到 1949 年。

虽然从那时起,国文教学就遇到过困难,郭绍虞在《语文通论》中曾说:"大学一年级的国文,在各大学中向成问题,学生之需要不一致,学校各方面之期望不一致,即在国文学系各教员之主张也往往不一致,顾此失彼,难求两全。"但当时的政府一直高度重视国文教学,蒋介石在 1941 年 9 月给教育部的手令中说:"现在中学国文程度低落,应……切实注意,并设法提高;以后凡大学招生,如有国文不及格者,不准录取为要。"而高校的教育者尤其重视,朱自清担任清华大学中文系主任时,便亲自负责全校大一学生的国文教学。

建国前后,关于国文的讨论第一次开始涉及存亡问题。1949 年,文管会接管北平各大学,并进行学制及课程的改革,清华大学有人提出大一必修国文可以废除,同期提出取消的课程还有英文、测量、水力实验等。

很快,国文的偏废便成为大势所趋,一个显著的例子是上海交通大学。交大老校长唐文治是光绪年间的进士,一贯推崇国学教育,在南洋公学(上海交大前身)当监督(校长)时,早在 1909 年便设置"国文科",从大一到大三都开设"中国文学"课,十四年如一日亲自授课,自编国文教材上报教育部。双目失明后仍坚持周日上午讲授国文,并创办著名的"厚植基础,博览专精"的无锡国学专修学校。就是这样一个国文教育传统浓厚的学校,却于 1951 年突然宣布取消国文课,几乎遣散所有老师。此事来得突然,连系主任事先都不知情。钱谷融就此事写大字报批评教务长,引起校方不满,因此离开上海交大。

此后,虽然有训诂学家吴小如等有识之士,早在文革以前就多次呼吁理工大学应恢复"大一国文"课程,而且应该是一学年 6 学分的必修基础课,但人微言轻,无人响应。直到 1978 年秋,南京大学才率先恢复"大学语文"课,直接原因是"文革"后招收的理工类专业大学生语文水平低,需要补课。校长匡亚明邀请华东师大刚摘掉"右派"帽子的徐中玉编写教材,也就是现在运用颇广的《大学语文》。

1986 年 3 月,匡亚明、徐中玉和南京大学中文系大学语文教研室主任侯镜昶联名在《文汇报》上发表文章,提出"大学语文"应该成为独立的学科。侯镜昶在恢复"大语"课、筹划成立"全国大学语文教学研究会"等诸多事务中颇有成就,后来调入浙江大学筹建中文系,可惜英年早逝。但先驱者的努力终于有所收获,截至 1986 年底,全国有四百多所各类高等院校开设了大学语文课。

但是之后,虽然不断有人提倡国语教育,钱理群等学者激情讲授"大一国文",富有使命感的中文系教授们倾心编辑《大学语文读本》,虽然多数大学生都认为国文课很重要,虽然国家的"十一五"文化发展规划纲要提出"高等学校要创造条件,面向全体大学生开设中国语文课"。2007 年,教育部高教司下发指出"大学语文课程只能进一步加强,而不可忽视、削弱"。但总的来说,母语教育在高校的真实状态却是一直式微。尤其是进入 21 世纪以来,超过半数的学校缩减了"大语"课时,有的不再开设,有的虽有"大语"课名,讲授的却是应用写作或现当代文学等。很少有学校将"大语"设为必修课,大多只是公共选修课或部分专业的必修课。在教学资源方面,课时和师资的投入普遍不足。一般都是 2 学分,36 课时,专职教师人数也不多,相比 8—14 学分、140—250 课时的外语必修课,可谓判若云泥。

国语教学式微的原因及后果

高校中重外语轻母语的倾向严重,大语课程和授课教师的地位边缘化,究其原因,清华大学一位不愿透露姓名的相关负责人认为,主要是因为教育观念偏差、高校功能和评价机制的偏颇,以及当前社会风气和学风浮躁。纵观我国高等教育,不难发现在人才培养目标及课程设置和具体的教育教学工作中,还存在很多缺陷。明显的表现,一是对专业性的过分细化。二是对实用化取向的过分强调。这两点使得专业教育在我国高等教育中占据了主导地位,国文素养、人文教育、道德理想、心理健康、生活教育等都不同程度被忽视。在这种教育思想和社会风气的引导下,学生注重短期实利和就业,加上部分教师教学手段陈旧,教学效果欠佳,导致学生上课学不到东西,将"大学语文"戏称为"高四语文","必修课选逃,选修课必逃",大学语文被冷落也就不足为奇了。

中国政法大学的王嘎老师是优秀的俄国诗歌译者,他指出,近年来过分专业化带来的问题逐渐突显,高等教育所培养出来的人才知识面越来越窄,能力越来越专,发展越来越片面,也越来越不适应当代多元社会发展的要求。随着知识经济的发展和创新性国家对人才质量的重视,社会对人的全面素质的发展也提出了越来越高的要求,而国文教育是素质教育的第一步。

刘晓蕾老师则从教师回报角度分析了原因,她讲授的大语一直是北京理工大学选课人数最多、最受欢迎的课程之一,为此她付出了诸多努力,但除了学生进步的那份成就感和欣慰,可以说几乎没有任何回报,每年只是完成基本工作量。职称、津贴各方面都吃亏。高校近年来的评价机制偏重科研和学科建设。教学,尤其是公共课教学的地位每况愈下,大学语文课老师往往需要远超出人们想象的付出,然而所得到的认可却很少,所以大家更愿意教专业课。

北理工教务处副处长兼基础教育学院院长杨刚提到,理工科学校对于大语课程的理解,以前往往过于简单,以为就是让文科生知道点科学常识,让理科生学点文科知识。其实,我们今天讨论"大学语文"课程,并不仅仅是在讨论一门基础公共课的设置和授课问题,或者补充点文理知识,而是将国语教育作为一个代表和象征,指代的是中国传统文化的继承和人文素质的修养。国语教育不是泛泛的文学阅读,而是旨在提高学生的文化底蕴、精神层次和做人的境界。从马加爵到药家鑫,还有现在的大学生越来越明显地面临人文精神的严重缺失,整体素质下降,这是连学生自己都承认的事实。而对高校来说,培养完整、健全和高尚的人,远远比培养合格的技术人员和公司职员要重要得多。国文教育对此正有巨大的塑造作用。

北理工中文教研室主任姜楠则指出,说到大学生语文素养,大家喜欢举的例子总是提笔忘字、请假条别字连篇、毕业论文语句不通等,但就她和学生多年直接接触的体会而言,现在大学生在字词读音、汉字书写等方面的所谓"基本功"一点不差,"魑魅魍魉"这样的词,学生们会在一起比谁写得快谁写得多,这也是拜应试教育所赐。那么,为什么玩成语接龙比父辈强很多的九零后,动不动就被指摘"语文素养低下"呢?

姜老师认为,要先在"语文素养"是什么这个问题上达成共识,才能谈现在的大学生素养如何。高等教育出版社的《语文素养高级读本》对大学生应该具备的语文素养给出了一个描述性说法:"有开放的、与时俱进不断完善的语文观念,善于把握和体认丰富多样的语文现象,用多元化的视点去观察语文生活,丰富的语文经验的获得,良好的语文习惯的养成,懂得尊重他人的语文权利,领悟母语之美、汉语之美。"从这些角度审视,大学生的语文素养确实很成问题。不少学生从来没有领略到母语的魅力,认为语文就是无休止的背诵,背诗词、背作文、背写作方法、背阅读理解题的标准答案。标准化考试不允许多样化的想法,而语文生活本身就是多元的,这种矛盾导致学生没有养成良好的语文习惯,比如读书时独立思考、以写作的方式清理思路、注重论证的逻辑、追求表达的精准等。在很多学生眼里,语文要么就是应试,是那些师生都不理解的标准答案,要么就是软文的风花雪月无病呻吟,学语文就是给读网络小说一个堂而皇之的理由,为了给情书润色,自然也就不重视语文了。

而南开大学文学院李瑞山教授早就提出,"大学语文"是一门母语教育课程,中国文化传统深刻地留存于汉语之中,母语与民族文化的根本血脉相连,密不可分。语文,关乎民族文化的认同、存亡和发扬光大。这是我们重视母语教育的根本因由。

他山之石,可以攻玉

近年来,杨刚院长在港台各高校取经,感想和收获都很多。他认为我们的国情决定了照搬西方是不行的,所以大陆的国文教学,学欧美不如借鉴港台。因为一方面,港台不像大陆经历过文革那样对传统文化大的摧毁,保留了很多传统韵味。另一方面,港台的国文老师,以及政府主管教育的官员,很多都有西方留学背景,深受西方先进教育理念的影响,故而能博采中西众长。

说起港台各大学的国文教育和传统风韵,杨院长如数家珍。各大学都开设有"经典导读"和国文课,大多分为中国文明和世界文明两大块。香港大学和香港中文大学均面向全体本科学生开设汉语教育必修课程,其中香港大学规定:所有本科生必须修习3学分的"中文进阶"类课程才能取得毕业资格。香港科技大学的办公室氛围温馨,草木葱郁,完全不是冷冰冰的,在走廊,在过道,随时可能跟不同形式的古文字、书法、诗赋不期而遇。

台湾大学和台湾政治大学都设有母语教育的专门课程,都是从大一开始的全校公共必修课。台湾大学的"国文"课开两个学期,每学期3学分,共6学分。台湾政治大学的"中国语文"课分"国文"和"进阶国文"两个阶段,大一必修"国文"4学分,修满及格后可再选修"进阶国文"2学分。台湾清华大学的学生宿舍楼一层基本上都是教室和各种讨论室,学生可以席地而坐讨论问题,无形之中,团队精神、不同思想观念的自由交流、思想开放、倾听和表达等各种能力就培养出来了。

他也了解西方的情况,哈佛、普林斯顿、加州伯克利分校和明尼苏达大学都设有母语教育课程,而且都是全校公共必修课,重在培养学生的思维和写作能力。其中哈佛大学的 Expository Writing(阐释性写作)和普林斯顿大学的 Writing Seminar(专题写作研讨)还是学校唯一面向全校本科学生开设的公共必修课。多数学校都规定一个课堂的学生不能超过12或14人,最宽松的明尼苏达大学,母语教育课程的课堂平均学生数也才22人。

麻省理工学院实施"开放式课程计划(OOPS)",要求理工科学生必须选修包括母语在内的至少八门人文社会科学的课程,而且其中至少三门必须集中在某一特定领域(例如历史、哲学和文学等)。斯坦福大学的通识教育课程分为九个领域,最出名也是学校最重视的第一领域即所谓"各种文化、各种观念、各种价值(CIV)",是每个本科生在大一都必修的核心课程,其中就包括母语教育。

大学语文,未来路在何方

几乎有点讽刺的是,美国所有的大学生都要上英国文学课,同样,所有的中国大学生也都要上英文课,但并不是所有的中国大学生都会上中文课。

关于母语教育,有两个常见的认识误区,其一是:因为是母语,没人认为自己不会说话,不懂母语,每个人都会有自己是专家的错觉,真正的专家反而容易被忽视。想当年,沈从文、冯沅君、陆侃如、钟敬文、郭绍虞、朱东润这些重磅级的教师才能教大学语文,任继愈曾批评说:"现在大学一年级不学语文,博士生文理不通……我们大学一年级必须学国文,不及格不能升班。祖国的语文,为什么不学?李广田、沈从文都教过大一国文,林庚在清华讲过大一国文。讲课闻一多讲,改卷是林庚改,就是当助教。"所以全国大学语文研究会现任会长谭帆说:"《大学语文》课程必须专业化;《大学语文》教师必须学者化。"

另一误区正如台湾辅仁大学文学院院长王金凌所言:"尽管大学国文在知识地

图上的位置很重要,却重要得像空气一样。人时时刻刻都在呼吸,就不感觉到空气的存在。只有在快没空气时,才会感觉到不能没有空气,不能没有大学国文。"

刘晓蕾老师指出,既然孔子学院都已经在全世界范围内推广汉语了,那么,排除对母语教育的诸多漠视和误解,在全社会营造重视语文素养的氛围,在教育的制度安排上尽早将大语纳入必修课体系,学校转变观念,加大学分、课时和师资各方面的投入,同时大力推进大语的教学改革,确立授课核心目标和内容,尝试专题化和小规模研讨性教学方式,构建配套完善的母语教育课程体系,这些是高校切实发展母语教育的途径。

杨刚院长对刘老师的建议给予了认可,并介绍说,北理工目前正在研究,准备实行实验班的试点,在选课机制、教学计划上侧重基础学科(如化学)和人文基本素质(如母语教学),希望在将来可以在全校范围内普及大学语文课程,当然,理工科学生的大语课程如何开设,还需要好好研究,毕竟给理工科学生讲的大语跟文科生的大语是有差异的,学生的基础不同,要达到的目的也不同,这些都需要思考和探索。

他认为普及母语教育的关键问题不是师资或者学生课时安排等具体问题,而在于观念。首先是在教育理念上对母语教育重视起来,认识到其重要意义,然后是好好研究,母语教育要达到什么目的,怎么达到等等。如何在理工科院校推行有效的母语教育,现在国内没有现成的经验,在课程体系,学科设置诸方面,都需要摸索。

当然,中国目前的母语教学自身也存在很多问题,相对一部分大语课程没有明确的教学目标,与别的语言文学类选修课(如古代文学、诗词鉴赏、文学名著赏析、外国文学等)的区分不明晰,授课内容杂乱,随意性较大。中国国家图书馆网站上,光登记在馆公开出版的题名为《大学语文》的教材就达1053种,还不包括种种《语文读本》或《人文读本》,从教材的使用杂乱也体现出了课程性质目标定位的模糊和课程设置的不完善。从课程教学的督导来看,教学管理也相对薄弱,有些学校连大语教研室都没有,授课教师都是临时兼课的,学生对老师的教学内容和方法有诸多不满,老师则对学生的基础薄弱不满。但杨院长认为,只要我们坚定思想,转变观念,明确目的,就可以改进和完善教学,真正实现好的人格教育。

最后,让我们用哈佛大学前校长查尔斯·艾略特的一句话作为这个关于母语教育采访的结束语:"我认为有教养的青年男女唯一应该具有的必备素养,就是精确而优雅地使用本国的语言。"(中国国学网2011.12.1)

美国如何进行母语教育

相比起数学教学而言,美国的公立教育对母语(英语)教学重视得多。学生从进入 K 年级(幼儿园年级)开始,一直到高中毕业,每天都必须至少有一个小时的母语学习时间。甚至到了大学,一年级和二年级仍然有英语的必修课,假如修完了以后,统考不及格的话,大学仍然是无法毕业的,要重考或者读其它的英语补习课程。很多大学更把英语的八股文写作规定为研究生入学的考试之一,假如无法通过,学生就不能被录取为研究生。

美国的母语教学的主要部分大致分为阅读、写作、文学欣赏、古英语和口头表达这几个部分。目前,全美有三十七个州根据联邦政府的"无一孩子落后"法案订立了母语教学的课程标准和统考,因此,母语教学在全国各级学校教学的内容,基本是一样的。

在小学阶段,母语教学的主要任务是培养学生的阅读能力和基本的写作能力。在阅读能力方面,低年级强调拼音(phonics)的教学。美国不教国际音标,最基本的阅读能力是从通过教学生拼音开始的。Phonics 的基本原理是教授学生一些英语(美语)拼写和读音关系的基本规律,让学生看到一个英语单词,就可以读出来;或者,想到一个单词,就能够按照规律拼写出来。另外,通过学习基本读音规律,学生也能集中学习大量的单词。例如,"at"的读音是其中的 A 发短元音的音,老师会在同一阶段的课程中教授:at、bat、cat、fat、hat、mat、pat、rat 以及 sat 等读音相同的词,让学生学会这些词语的读音与释义。日后,当他们看到同样规律的 chat 或者 flat,就能够依循规律读出这些单词。

小学二年级以后,通过这种拼音教学法,学生们可以掌握大约五千到六千个英语单词,阅读一些简单的儿童书籍已经不成问题。所以,在美国的母语教学中,小学一年级是培养学生拼音阅读能力最为关键的一年。(有趣的是,美国的"英语为第二语言"课程也运用了这种教学方法。来到美国的完全不懂英语的新移民,在这种教学方法之下,大概两年左右就可以掌握相同数量的英语单词,达到基本阅读一般英语读物的能力。反思我们国内的英语教育,由于花太多的时间在钻研语法上,学生学了十年却依旧是哑巴英语,而且掌握的英语单词奇少,基本无法阅读一般的英语读物)

而从小学二年级开始至三年级,是锻炼学生们段落文章写作能力的时期。在这一阶段,学生不需要撰写全篇的文章,只需要写出一段话,能讲出一个故事,或者说明一个事实,就已经足够了。

与此同时,学生们还会接受阅读理解的训练。小学的阅读理解训练大致分两个阶段:

第一个阶段是 decoding and comprehension(解码和理解),大概在小学二年级就应该完成。解码是最原始的阶段,学生必须能够正确读出句中的每一个单词,并知晓每个单词的意思。然而,知晓每一个单词的意思,不见得就能够明白整个句子的意思,更不见得可以理解一个段落或者一篇文章的意思。所以,"理解"便成为学生阅读理解训练的一个进阶阶段,即训练学生理解句子或者文章的意义。理解训练包括句子结构的认识、知识的掌握、语境的认识以及阅读提示的掌握等。每一个训练步骤都牵涉到非常专业的阅读发展理论和相应的教学法。而美国教师在进行执照训练时,接受的是同样的阅读教学方法,所以,即使全美国小学英语老师所用的课本不一样,可他们在课室里的教学活动却基本都是一样的。

第二个阶段是应用、合成和评估的要求。在这个阶段,开始培养他们的批判性思维,提升学生的阅读能力至更高一层。在"应用"方面,学生必须能通过阅读,找到自己需要的资讯,然后应用在某些方面。例如,学生看着一份如何烘蛋糕的说明,能自己动手,加入不同的材料,调节烤箱的温度,烘出一个蛋糕。在"合成"方面,学生必须能在阅读中找到各种资讯,然后筛选出对自己有用的部分,作出正确的判断。例如,从甲地到乙地旅游,可以参加火车团,也可以参加飞机团,涉及到物品、价格、酒店、行程等不同的元素。学生必须能根据某个条件(比如在多少钱以内),在阅读了全部资讯以后,通过分析和综合,找到最适合自己的旅行团。在"评估"方面,学生必须能通过阅读,根据自己的评估原则或者客观的评估原则来评估自己阅读的文章的好坏,或者从文章中得到的资讯的优劣。

在中学阶段,母语教育的重点在于八股文的写作训练、文学欣赏、古英语以及继续发展口语能力。

在美国的母语教学里,没有"应用文"课程的内容,所以在写作训练中,老师除了教导学生如何写信以外,不会教授他们通告、合同、声明、会议记录、调查报告、新闻报道、借条、请柬、讣告等应用文章的写作方法。也许是因为,这类应用文在美国是属于律师的职责范围,只有律师写出来的才符合法律要求,而学生在中小学时代没有必要学习这样专业的应用文。

八股文的写作训练从小学高年级学生写文章的第一天开始,一直到大学的最后一门英语课,一直都在进行,这也是美国的母语教育中最为重要的部分。美国英语的八股文有两个硬性要求:第一,规定了文章的种类。文体只能是叙述性文章(记叙文)、说明性文章(说明文)、定义性议论文、比较性议论文、分析性议论文、反驳性议论文和评估性议论文。因此,在考试的时候,学生不可以写作其它的文体(比如写成诗歌、剧本、小说、应用文和散文等);第二,规定了文章的格式。不管文章内容如何,如果学生的格式有误,最后成绩一定为不及格。其实,托福和其它一些针对外国人的英语考试原本并没有规定写作(即八股文写作)为必考项目。只是当大批外国留学生进入美国大学深造,而不会八股文写作时,大学考试委员会才在美国各级大学强大压力下,将八股文写作规定为托福考试、GRE 考试以及 SAT 考试的必考部分。

在文学欣赏方面,主要是要求学生对某一个历史时代的作家拥有一个比较深刻的认识,这包括作家的生活和写作经历、作家的作品的风格和文字特点、作家对人物和环境的塑造方式、作家对情节的安排、作品的主题所反映的人文精神等。另外,作品的不同文学形式也在研究之列。比如,诗有什么特色、不同诗人、不同时代、不同国家的诗各自有什么特别的地方、修辞和特别的句子结构的应用对于作品起什么作用等都是文学欣赏与讨论的内容。学生们从初中第一年开始阅读文学原著。为此,美国各州教育厅规定了学生的必读作品名录,而且将对必读作品的考查加入到了各州的统考中。

美国的中学母语课本通常是精装,页数常达到几千页,非常厚重。有的是按照文体编排,把同一文体的文章安排在一起学习;有的是按照作家排列,将作者具有代表性的文章选在一起。但由于课本内容限制,每位作家只能选入一到两篇篇幅较短的作品,因此,老师通常会规定学生在课外阅读该作家的其他作品,如小说或者诗集原著等。所以,课内阅读与课外阅读相加,学生们的阅读量是相当大的。

在课程标准中,美国母语教育对口语方面的要求非常清楚、详细,不像国内语文新课标那样模糊不清。例如"能注意对象和场合,学习文明得体地进行交流"这一句,"注意对象和场合"要如何测试和衡量? 怎样才叫"文明得体"? 这都属于比较模糊的描述,而美国课程标准会避免类似的描述。

基本上来说,美国母语教育的口语训练主要在以下几个方面:

首先是自我表达训练。这一训练包括流利朗读课文、流利背诵文章、有表情朗诵、和"解释性口语表达"(interpretative oral expression)。所谓"解释性口语表达",包括当学生在拿到一篇文章时,可以把作者的感情、文章的气氛,通过朗读马上表现出来;或者在演讲之时,学生可以通过语气,把稿件中的思想感情充分表达出来,并且跟听众有密切的交流;以及学生在出演剧本人物时,能够通过口头表达,充分表现出人物的形象,即使观众看不到学生的样子,却凭借其对声音的演绎,就能够知道这是故事中的哪一个角色。

第二,是在小组中口头表达的训练。这一训练包括在小组的环境中,学生能倾听别人的发言、总结别人的观点、发表自己的意见,思路清晰地进行口头分析、评估并反驳别人的观点。

第三,是在全班甚至更多人的环境中口头表达的训练。目的是让每一位学生在几百人的环境中,依然能够从容自若、口若悬河得就一个议题侃侃而谈。在这方面训练中,还包括了对辩论和演讲能力的训练。反观国内的语文教育,长期缺乏对学生该能力的训练。因此,我们经常可以在电视里看到部分人在被记者采访的时候,支支吾吾、毫无逻辑,也讲不出太多具有价值性的东西,例如"啊……这个这个……嘛……是不是?";而当电视记者在街头随便抓一个美国人,问其对某一个问题的看法,都可以得到被采访者很有条理的回答。

美国的母语教师从小便鼓励学生在上课的时候想到什么就说,有问题就问,无须举手,也无须起立。在某一方面,这种做法也对学生的口头表达能力的提升起到了促进作用。

美国的公立教育在建立的初期,对于语文能力的最低目标是"让所有有投票权的公民都认得字,能明白候选人或者提案的内容,作出经过思考的选择,投下有意义的一票。"经过两百年的发展,美国公立教育对于学生语文能力的要求已经远远超越当时的最低目标了。有趣的是,美国的语文老师从来没有对母语教育究竟"姓语"还是"姓文",或者"大语文","小语文","人文教育还是工具教育"之类的议题产生过任何的疑问或者争论。美国的母语课,名称也不叫"英语",而是叫做"英语语言艺术"(English Language Arts)。(中国高校之窗 2014.12.28)

最好汉学研究在日本,中国母语教育是否引起重视?

在全球化的语境下,每一种语言都是方言,每一种语言又都趋于全球通用。

语言即信仰、即福祉、即生产力、即殖民力。但语言又必须口水化、春秋笔法、经得起折腾、受得了折磨。

汉语是人类文明史上最重要的奇迹之一。在数千年的文明演进史里,它虚拟生活并表达了一个民族对生活的理想,艰苦、卑污的生存状态经汉语的光照呈现出了审美和向善的底色。它有教无类,化育八方,穿越了足够久远的时空,给规模足够庞大的人类基因种群以生命的归宿和信仰。它安慰了东方大地上的人民和国家。

今天,最好的汉学研究不在中国,而是在日本;把汉学传统发扬光大也不是中国,而是韩国;最好的汉史学家也不在中国,而是在美国。汉语言的版图重心正在漂移。

当代汉语缺乏顶尖的学问来提升,中国人的汉语表达能力也在退化。在国外,有3000万人学习汉语,有100多个国家的2300所大学开设了汉语课程;与此同时,复旦大学的中国学生在汉语言文字比赛中败给了留学生,参加2005年广东高考的1万考生在文言文翻译、10万考生在造句题上都得零分。

当汉语踌躇满志地出门远行之时,我们是否打算让英语来替我们看守家门?

有一年北京高考作文题目是《说"安"》,在许多人赞扬这个题目出得好并往"和谐社会"的大帽子上靠时,也有来自编辑家不同的声音出现。一位多年从事编辑出版的人士说,"安"是个词素,不是词,词素只有与另一个词素组合起来才有意义,比如"安全"、"安定"等等。他愤愤地说,说"安"我还可以说成是"安全套"啊。

在复旦大学的一次汉语比赛上,外国留学生打败了中国学生拿了冠军,这只能说明,人家在某种程度上确实比我们更精通汉语。这一结果把中国人惹急了,可那是自己不争气。这难道不能从某一方面说明汉语教育出了问题?

面对汉语教育与研究的这一危机,中国人不是没考虑过。早在2005年,中国首次进行"国家职业汉语能力测试"。这是为职业考核而设立的一个证书。如果你的汉语能力不过关,这代表着你将会找不到工作。而反过来想,要是没有那么多汉语不过关的人,又何必多此一举呢?

曾经有这样一件事,一个知识分子家庭要求自己孩子在家里只允许用英语交流,有一次客人来访,孩子用汉语说了句"吃饭了",结果遭到父亲一记耳光。孩子因说汉语而获罪。最绝的是,客人回家后还以此为榜样:"看看别人的孩子是怎么学英语的?"

幼儿园正在向双语靠拢,中学起重视数理化发展,等到大学就开始搞专业教育。在这一教育链中,汉语教育越来越弱势。除非你大学选择了中文系,但该专业毕业找工作是个很大的难题。许多人都抱有同样的看法:汉语还需要学,这辈子不都在说吗?甚至于中文系的学生自己也同样认为,大学中文系学不了什么新东西。

正是基于对汉语的优越感,才使中国人的汉语水平日渐滑坡。学者薛涌去美国学习之前,曾经想当然地认为,对于中国研究,美国学者肯定比中国学者占有的资料少,他们的长处应该是理论上的。但随后他就发现这个想法错了,美国人占有的资料远远超过了中国人的想象。

中国人从未想过向汉语说道歉,也没有什么负罪感。对汉语的认识上,也有三派观点:一派认为,汉语是世界上最伟大的语言,这是汉语优势论;一派认为,汉语不如其他民族语言,这是汉语劣势论;一派认为,汉语与其他语言各有优劣,这是汉语中庸论。

学者毛喻原是汉语劣势论者，他著文《论汉语的险境和诡谬》，称"如果不改变汉语精神意旨的方向，不变换它思想语用的策略，不替换它生物位格的定势，那么，它的结局注定是悲惨的。"他认为这种悲惨在于：仅在汉文化的生活圈子内，它才可能成为一种大语种；而就世界文化传统的大范围而言，它最多只能算作是一种标准的少数民族语言。

而大部分人都只是混混沌沌，用世俗的方式过日子说话去。或者，干脆把汉语作为一门"游戏"，文字游戏、网络游戏、语言暴力皆这样产生而来。从不会说话到有话不好好说，一个人一辈子的光阴就过去了三分之一。专栏作家伊伟曾经写过一篇文章叫《说都不会话了》，痛数当今话语恶俗病症。

美国人曾经对自己的语言痛下治手，发起了"只学英语运动"。20世纪50年代，前苏联的人造卫星成功上天，这给美国造成了巨大震动。当时的美国教育界面对"彼得上天了，约翰怎么办？"的严峻形势，提出了对教育现状进行全面改革的主张。"改革"造成的后果是灾难性的。由于只强调教授自然科学知识，而忽略了语文基础知识的学习和基本写作技能的训练，许多学校甚至停止了传统的语法课、文学课、作文课，导致整个美国语文教学质量严重下降，学生语文水平之低，写作能力之差，到了令人难以置信的地步。语文教师郑北京撰文介绍说，当时，在语文方面，有2300万美国人是半文盲，他们阅读能力低下，只能读一些诸如招牌、商标上最简单的文字；入学的大学生几乎不能写一篇通顺的文章；商业部门抱怨年轻人连一张申请卡都不会填；全国性的报纸杂志不敢录用30岁以下的人做编辑，因为他们的语法可能一窍不通；受过高等教育的经理竟写不完整一张便条；政府的许多雇员乃至科学工作者都须补习写作——其实，这同样是当今部分中国人面临的状况，因为广大农村有相当多的未脱贫族，原因则是受不到良好教育。

美国教育官员尖锐指出：我们的问题不是没有培养优秀的作家，而是没有把普通民众的写作水平提高到可以胜任一项工作的程度。一场"写作危机"跨时20年，荒废了几代美国人的学业，整个美利坚共和国为此付出了昂贵的代价。但美国人是认真的，也是务实的，提出了"语文教育回到基础去"，从此美国的基础教育水平有了明显提高。

郑北京最担心的是，中国的母语教育是否未引起重视呢？

今天，越来越多的人意识到汉语的疲软、危难和机缘。任何汉语世界小众里的事件，只要它跟汉语思想的时代精神相关，如"假日经济"、"中国人的权利"、"胡温新政"、"亲民善治"等，这些民生民权一类的新词牵动了一个民族的神经，因为它关乎我们的现代转型能否完成,我们的生命状态能否走向完善。足够多的媒体把汉语的当代教化现状报道出来了,网络媒体的介入,甚至使高考语文成为我们评议的热点之一,因为它联系了我们的青春少时和民族社会新的人类,它联系了我们的过去和未来。

但遗憾的是,汉语跟它的世界一样仍处于不确定的状态里,无论对汉语的历史,还是对汉语的当代和未来功用,我们都缺乏最低限度的共识。这导致今天的我们仍在极度的自卑和极度的自傲中受尽煎熬,我们要么骨子里殖民,要么骨子里夜郎,至小的螺蛳壳做成至大的道场。

这种遗憾首先是来自现代汉语世界的遗憾,历史学家和改革家们都同意,这一遗憾是"全面滞后"的等义词。由西语开启的伟大的现代转型,将一切语言纳入其中,比较、服务、属人,汉语世界的生存和发展状态,一再证实了"因信称义"、"因名称义"的虚妄,它倒是坐实了"语言为存在之家"的品质。

无论汉语曾有怎样的辉煌,如果我们不能激活这一语言,不能使这一语言温暖人、关怀人、洞明人生世界,汉语就仍只是一种死去的语言,至多是一个小语种、一种方言。人们会像弃置旧衣一样弃置汉语,人们不会再以汉语为思维血脉和精神指向。汉语在东方就会失去至尊地位,会有"新东方"和新人类来回应世界的发展,来命名世界。我们的汉语在今天遭遇的正是这样的尴尬局面。

文明的现代转型首先在于语言的自新,中国的现代转型已跨三个世纪,最近的一次冲刺也有近三十年,汉语却少有在文学、哲学、历史学、法学、心理学等诸多领域实现关怀。汉语世界确实处于变动之中,未来和现在的一切都不确定,有待探索。但汉语少有探索。直到今天,我们仍不清楚,我们的祖国和母语在文明世界里的真实位列。(北青网 2015.1.28)

延伸阅读

在母语的屋檐下

每一种语言都连接着一种文化,通向一种共同的记忆。文化有着自己的基因,被封存在作为载体和符号的特有的语言中。

每一种语言的子民们,在自己母语的河流中,泅渡、俯仰、沉醉、吟咏,创造出灿烂的文化,并经由翻译传播,成为说着不同语言的人们共同的精神财富。

热爱母语,热爱来自母亲的舌尖上的声音,应该被视为是一个人的职责,他的伦理的基点。他可以走向天高地阔,但母语是他的出发地,是他不断向前伸延的生命坐标轴线上，那一处不变的原点。

一

少年时代的伙伴自大洋彼岸归来探亲，多年未见了，把盏竟夜长谈。他 20 世纪 80 年代中期自复旦大学本科毕业后即赴美，近三十年过去，英语的流利程度不在母语之下。我们聊到故乡种种情形，特别谈到了家乡方言，并长时间固定在此一话题上。兴之所至，后来两人干脆用家乡话谈起来。毕竟如今说方言的时候不多，聊天中对个别语词一时感到生疏迟疑时，我就改用普通话，而对方更是习惯性地时常冒出一两句英语。

当时倘若有外人在场，一定会觉得这个情景颇为怪异。

故乡在冀东南平原，方言中有很多生动传神的地方。譬如表示时间的词汇，中午叫作"晌午"，上午便是"头晌"，下午就成了"过晌"，傍晚则叫作"擦黑"。表示动作的，滑行叫"出溜"，整理叫"拾掇"，"我去某某家扒个头"说的是不会待上很久，很快就离开，仿佛只是到人家门口探一下头。对某件事情感到不舒服是"腻味""硌应"，说一个人莽撞是"毛躁"，不爽快是"磨叽"，不靠谱是"不着调"，讲话夸大其词或不得要领是"瞎扯扯""胡咧咧"，办事没头绪是"着三不着两"。还有一些读音，难以找到对应的字词，暂且不谈。

本来以为这么多年不使用，很多方言都已忘记，不料却在此时鲜明地复活了。恍惚中，甚至忆起了听到这些话时的具体情境，眼前浮现出了说话人的模样。这个词，最早是听已经故去几十年的奶奶说的；那句话，出自耄耋之年的姑姑之口；那个说法，来自村子里一个佝偻的孤身老头……

友人感慨：真过瘾，今天晚上说的家乡话比过去多少年中加在一起都多。

因为这个话题，很自然地联想到了很久之前的一个场合。一个短期的培训班上，来自不同省份的学员，在一次联欢活动中，分别用各自家乡的方言，描述某个动作、情感、状态。吴越方言的温软柔媚，东北方言的幽默亲和，陕西方言的古雅朴拙，湖北方言的硬朗霸气，巴蜀方言的豁达谐谑……观众兼表演者们乐得前仰后合，笑声一波波响起。

这真是一次难得的体验。语言通常是作为思维的工具，描绘具体的对象、客体，比如人物、事件、风景，也表达对于世界、对于生活的观念和看法，而本身却很少作为被打量被分析的目标。但一当语言成为目标时，你就会发现，原来它蕴藏了那样丰富的美，那样奇异的魅力。

就仿佛人的一双眼睛，通常是用来发现外界万物之美的，但当它本身成为艺术描绘的对象时，也成就了众多名作。达·芬奇的《蒙娜丽莎》、罗中立的《父亲》，其非凡的魅力、深刻的内涵,离不开对眼睛的出色描绘。前者,神秘的笑容里,似乎有几分隐约的揶揄,几分暧昧的期许,指向的是怎样的人生谜语;后者,被岁月风霜严酷地雕刻过的脸膛上,凄楚和迷茫的眼神后面,又藏着什么样的卑微的恳求?

光线照射之处,事物明亮而生动。

语言,就是那一道道投射向生活的光束,有着繁复摇曳的色谱和波长。

二

对语言的命名,也如同语言本身一般丰富多姿。

法国哲学家萨特曾将语言比作"触角"和"眼镜"。凭借着它,我们触摸事物,观察生活,和存在建立起真切而坚实的关系。世界在语言中显现,就仿佛白日在晨曦中降临,就仿佛风暴在云朵中积聚,就仿佛一滴墨汁在宣纸上慢慢地洇开,化为一只蝌蚪,一片花瓣,一粒石子。

语言当然首先是为了表达和交流,但在这种工具性质的功能之上,更是别有一种自足的、丰富的、博大而精微的美。

深入感受并准确地欣赏这种美,是需要条件的。在一种语言中浸润得深入长久,才有资格进入它的内部,感知它的种种微妙和玄奥,那些羽毛上的光色一样的波动,青瓷上的釉彩一般的韵味。

而几乎只有母语,我们从牙牙学语时就亲吻的语言,才应允我们做到这一点。

关于母语,英文里的一个说法,最有情感温度,也最能准确地贴近本质:mother tongue,直译就是"妈妈的舌头"。从妈妈舌头上发出的声音,是生命降临时听到的最初的声音,浸润着爱的声音。多么深邃动人的诗意! 在母语的呼唤、吟唱和诵读中,我们张开眼睛,看到万物,理解生活,认识生命。

诗作为浓缩提炼过的语言,是语言的极致。它可以作为标尺,衡量一个人对一种语言熟悉和理解的程度。"眼看他起高楼,眼看他宴宾客,眼看他楼坍了",说的是世事沧桑,人生无常。"而今识尽愁滋味,欲说还休。欲说还休,却道天凉好个秋",说的是心绪流转,昨日迢遥。没有历史文化为之打底,没有人生经历作为铺垫,就难以深入地感受和理解其间的沉痛和哀伤,无奈和迷茫。它们宜于意会,难以言传。

对于母语的异乡人,他时常会在哪里遇到一道屏障。认识一个法国人,汉语说得流利,一直自我感觉良好,但有一次却意识到了自己的匮乏。那是听一场相声,逗哏的一方调侃捧哏者,说他妻子的名字叫"潘金莲"。他无法明白,一个名字为什么引来了一片笑声。他倒是听说过中国古代有一部文学名著《金瓶梅》,但没有读过。

流传的手机短信段子,所谓外国人的汉语六级考试题,让人忍俊不禁:成为大龄未婚女的原因,"开始喜欢一个人,后来喜欢一个人。"前后有什么区别? 不管这是不是杜撰,确实,前后完全相同的字句中,意思却大不相同。而发现这种歧异,从句读、节奏中获得细致入微的理解,需要的是文化的潜移默化的熏陶。

这些精微细腻的地方,无法准确地转换到另一种语言中,所以作家张承志很多年前就宣称"美文不可译"。

显然,这一类的隔膜已经不仅仅限于语言本身了,而是属于文化的间隔和分野。

每一种语言都连接着一种文化,通向一种共同的记忆。文化有着自己的基因,被封存在作为载体和符号的特有的语言中。仿佛一千零一夜的故事中,阿里巴巴的山洞里,藏着稀世的珍宝。

三

"芝麻开门吧!"咒语念起,山洞石门訇然敞开,堆积的珠宝浮光跃彩。

但洞察和把握一种语言的奥秘,不需要咒语。时间是最重要的条件。在一种语言中沉浸得足够久了,自然就会了解其精妙。有如窖藏老酒,被时光层层堆叠,然后醇香。瓜熟蒂落,风生水起,到了一定的时候,语言中的神秘和魅惑,次第显影。音调的升降平仄中,笔画的横竖撇捺里,有花朵摇曳的姿态,水波被风吹拂出的纹路,阳光下明媚的笑容,暗夜里隐忍的啜泣。

对绝大多数人来说,这只能是母语。只有母语,才有这样的魅力和魄力,承担和覆盖。孩童时的咿呀声里有它,临终前的喃喃声中也有它。日升月落,春秋代序;昼夜不舍的流水,亘古沉默的荒野;鹰隼呼啸着射向天空,羊群蠕动成地上的云团;一颗从眼角滑落的泪珠有怎样的哀怨,一声自喉咙迸发的呐喊有怎样的愤懑。一切,都被母语捕捉和缩结,表达和诉说。

当然,在这种几乎是天赋的能力之上,要更好地理解语言的妙处,更要有一颗热爱的心。要像屠格涅夫对待母语俄语那样的深情款款,"在疑惑不安的日子里,在痛苦地思念着我的祖国的命运的日子里,给我鼓舞和支持的,只有你啊,伟大的,有力的,真实的,自由的俄罗斯语言!"每种语言都有自己的美。它的质朴或深奥、明亮或幽暗、灵动或凝重,折射着这种语言所负载的文化的特质。在语言中安身立命的作家,无疑对这种美有着最敏锐的感知。

有了这样的情感,一定会被显克维支的《灯塔看守人》深深打动。一位年逾七旬的波兰老人,流浪异乡四十多年后,在南美巴拿马的一个孤岛上,找到一份看守灯塔的工作,生活得以安顿,余生有望平稳。但有一天,他收到了在纽约的波兰侨会寄来的一册波兰大诗人密茨凯维奇的诗篇。相违已久的祖国的语言令他激动和沉醉,乡愁如同海面上的波涛汹涌来袭。那一夜,他竟然第一次忘记了按时点亮灯塔,碰巧有一艘船不幸失事,他因而被解职。他重新漂泊,随身携带的只有那本诗集。他并没有过分沮丧,因为有了这册诗集。诗集唤醒他的怀念,也给了他慰藉。

只有这样,时时怀着一种热爱、虔敬和信仰,才会真切确凿地感受到母语的美和力量。

灭绝一个民族,必须要从剥夺它的语言开始。因为语言连接维系的,是这个民族的历史与记忆。而守护语言,也就是捍卫一个民族的尊严,传递一种文化的基因。历史上犹太人曾备受歧视和排斥,颠沛流离长达数十个世纪,只因为顽强地保留了自己的语言和文化,才有了一脉薪火相继的坚韧延续。仿佛古诗中的离离原上草,野火烧不尽,只缘疮痍满目焦土无边之下,生命的根系依然葳蕤。

风靡一时的美国长篇历史小说《根》,也描绘了捍卫母语的悲壮。小说中,被从西非大陆劫掠贩卖到新大陆的主人公,在南方种植园中牛马般辛苦劳作的黑人奴隶,一次次逃亡都被捉回,宁肯被打得皮开肉绽,也不愿接受白人农场主给他起的名字,而坚持拥有自己种族的语言的名字——"昆塔"。这个名字背后,晃动着他的非洲祖先们黝黑的面孔,和祖国冈比亚的河流上荡漾的晨雾——独木舟划破了静谧,惊醒了两岸森林里的野猪和狒狒,树冠间百鸟鸣啭,苍鹭一排排飞掠过宽阔的河面。

不能不说的是,我骄傲于自己的母语汉语的强大的生命力。五千年的漫长历史,灾祸连绵,兵燹不绝,而一个个方块汉字,就是一块块砖石,当它们排列衔接时,便仿佛垒砌了一个广阔而坚固的壁垒,牢牢守卫了一种古老的文化,庇护了一代代呼吸沐浴着它的气息的亿兆的灵魂,也让一拨拨的异族入侵者,最终在它的深厚博大面前,俯首归顺,心甘情愿。

但更多的民族,却不幸成了反面的印证。先之以语言灭绝,继之以文化湮没,终之以民族消亡。马克思曾经指出,语言是一个民族中最稳定的因素。作为文化的载体和组成部分,一个民族的语言一旦消失,整个民族也就难以摆脱被灭亡的命运。澳洲土著,美洲印第安人,曾经是两个大陆的长久的主人。随着欧洲殖民者的到来,短短一个世纪间,被大肆剿灭的不仅是他们的肉体,还有他们的文化。各自有数以百计的语言湮没无存,不复传承。当年他们雄健驰骋的身影,只能通过缥缈的传说和依稀的遗迹,通过今天少量的保留地中零星的记载,加以想象性的再现。

那些土著人的后裔,肤色相貌和祖先并无二致,一张口却是流利的英语。英语已然成为他们的母语。肉身携带了种族的生物基因,但文化的缺失却让他们成了无根的人。

这样的人，行走在人群中，面目模糊，身份暧昧，仿佛一道飘忽的影子。

四

童年在农村度过。记事不久的年龄，有一年夏天，大人在睡午觉，我独自走出屋门到外面玩，追着一只蹦蹦跳跳的兔子，不小心走远了，一直走进村外一片茂密的树林中，迷路了，害怕得大哭。但四周没有人听到，只好在林子里乱走。过了好久，终于从树干的缝隙间，望见了村头一户人家的屋檐。

一颗悬空的心倏地落地了。

对于长期漂泊在外的人，母语熟悉的音调，带给他的正应该是这样的一种返归家园之感。一个汉语的子民，寄居他乡，母语便是故乡的方言土语；置身异国，母语便是方块的中文汉字。这或许有违定义的严谨，却连接了内心的真实。"官秩加身应谬得，乡音到耳是真归"（明·高启《归吴至枫桥》），故乡的语言，母语的最为具体直观的形式，甚至关联到了存在的确凿感。

语言阻隔的尴尬，在特定的环境中，会演化成为一种切肤的痛感。在纽约皇后区法拉盛（Flushing）的路边小公园里，一位来探亲的福建老人，看着脚下的鸽子在蹦跳觅食，神态落寞。他感慨梁园虽好，语言不通，想去曼哈顿看看，只能等在华尔街上班的儿子抽出时间。他还算不错的，毕竟这里有不少处境相似的华人，彼此间可以用母语交谈。而我的一位邻居，寂寞即迅速地升级为难忍的焦灼。他退休后到美国中部一个小城的女儿家小住。方圆数里的数十住户中，只有他们一家华人。没有人可与交谈，看不懂电视，归去来兮的念头，从时时来袭，到挥之不去。蓝天白云，树木苍翠，清新的空气，深沉的静谧，一切都是那么符合他的期待。但仅仅因为语言，这一切都大打折扣。

一种通常被视作天经地义的状态，此刻，却成为构成幸福的关键因素。

这样的遭遇，常常不期然而然地通向那种罕见的时刻，启示的时刻，获得神谕的时刻。一个人和母语的关系，在那一刻获得了深刻而准确的揭橥：因为时时相与，反而熟视无睹。就像对于一尾悠然游弋的鱼儿，水的环抱和裹挟是自然而然的，不需要去意识和诘问的。可一旦因某种缘故离开了那个环境，就会感受到置身盛夏沙漠中般的窒息。被拘禁于全然陌生的语言中，一个人也仿佛涸辙之鲋，最渴望母语的濡沫。那亲切的音节声调，是一股直透心底的清凉水流。

今天这个时代，全球化笼天下为一体，交流便捷，信息通畅，但语言反而更加凸显了强势与弱势的差异。英语、德语、法语、日语……商业往来，贸易开展，国际事务，它们是不可或缺的媒介。乃至职位招聘、职称评审，也常常需要跨过它们的门槛。语言霸权的背后,折射的是曾经的荣耀或者当下的实力。但对于绝大多数母语是其他语言的人,它们永远只是工具。他无法深入感知它的温度质地,它的取譬设喻,它的言外之旨,它的正话反说或者明扬暗抑。这一切,一个人只能从母语中获得。哪一句话会使心跳骤然加快,什么样的诉说能让泪水涟涟流淌?答案深藏在和母语的契约里。

就这一点而言,世界毋庸置疑地公平。每一种语言的子民们,在自己母语的河流中,泅渡,游憩,俯仰,沉醉,吟咏,创造出灿烂的文化,并经由翻译传播,成为说着不同语言的人们共同的精神财富。以诗歌为证,《鲁拜集》中波斯大诗人伽亚谟及时行乐的咏叹,和《古诗十九首》里汉代中国人生命短暂的感喟,贯穿了相通的哲学追问;中世纪的意大利,彼特拉克对心上人劳拉的十四行诗倾诉,和晚唐洛阳城里,李商隐写给不知名恋人的无题七律,或者隽永清新,或者宛转迷离,各有一种入骨的缠绵。让不同的语言彼此尊重,在交流中使各自的美质得到彰显和分享。

但所有这些,并不妨碍这一点——热爱母语,热爱来自母亲的舌尖上的声音,应该被视为是一个人的职责,他的伦理的基点。他可以走向天高地阔,但母语是他的出发地,是他不断向前伸延的生命坐标轴线上,那一处不变的原点。

爱我们的母语吧。像珍爱恋人一样呵护它,像珍惜钻石一样擦亮它,让它更好地诉说我们的悲欢,表达我们的向往。

就像我的一位诗人朋友所写的那样:

在母语的屋檐下,

我们诞生和成长,爱恋和梦想。

在母语的荫庇中,

我们的生命绵延,幸福闪亮。(《光明日报》2015.4.10)

语言、经典与传统——对于母语教育的另一种思考

在全球化经济浪潮的冲击下,不止一个国家、一个地区、一个民族陷入母语危机以及与之相关的母语教育、文化传承的困境。在许多人的观念中,母语是与生俱来的一种语言,似乎无须专门学习。在中国,从幼儿园起就开始的英语教育绵延至研究生阶段,甚至到职业生涯。从低级到高级的各类英语辅导班铺天盖地,国人为此投入的精力、财力,细算起来,令人不寒而栗。与外语学习的狂热劲头相较,母语教育可谓漫无目的,可有可无。在学校里,作为母语教育的主体——语文教学,昔日居于王者的地位已辉煌不再,呈现日薄西山的颓势,教学内容显得日益单调、单薄甚至贫乏。在九年义务教育阶段,低年级的母语教学以识字、写字为主,而到了

高年级,母语教学的重点落脚于分析篇章的段落大义、主题思想,句子的语法形式、修辞手法,词语的结构方式,母语学习似乎就是一堆需要死记硬背的零碎知识。不得不说的是,作为母语课堂教学的中心——语文教材,多年来遭受的诟病更是不一而足,仅就文言文分量来说,相比于几千年的文化传统,文言文在教材中所占比例微不足道,同时教学方法多年来亦是干巴巴地疏通字词,分析句法,总结篇章大义的老生常谈。现代社会出生的学生对此十分隔膜,于是文言文变成母语教学中难啃、难咽、难消化的硬骨头,并不能藉此培养学生亲近传统文化的情感,反而引发了畏难甚至厌憎情绪。无独有偶,在欧洲,传统的母语教学在学校中的首席位置逐渐被数学所替代,甚或遭到来自经济、管理、信息等实用性学科的挤压,变得弱势和边缘化。传统的"古典研习"(或称"人文学科",特指对古希腊文、拉丁文、古典文学的研究)随之式微,即使在母语教学中所占份额亦寥寥无几。如何理性地分析和看待这些问题,并真正解决母语危机问题,让传统文化真正通过母语教学重新进入新生代的视野,得以继承与发展,并建立通往"现代人文科学"之路,西方学者的思考或者可以给我们提供一些借鉴。受其启发,笔者拟回归问题产生的本源,反思语言的本质是什么? 母语的性质又是什么? 为什么应该阅读经典? 传统是什么? 语言与传统的关系是什么? 试图以关键词"语言"、"经典"、"传统"为立足点,重新审识我们的母语教育。

近现代以来,中国的语言研究、语言教学深受以视觉理性为哲学基础的西方语言学理论的影响。西方语言属于形态语言,语法形式是其特点。19世纪,在欧洲传统语文学基础上,诞生了以形式分析为主的结构主义语言学,并使哲学出现"语言学的转向",对各学科产生了广泛的影响,甚至在文学研究领域中,也形成了以符号形式分析文本结构的学术思潮。长期以来,"语言是思维的工具"、"语言是一种符号系统"在语言研究和语言教学中被奉为圭臬。其实,语言的本性并非如此。人是语言的动物,语言是人的特性。从语言的起源看,语言是听觉的产物。人类是一种善于倾听,善于辨微察细的动物,正是由于有了敏锐的听觉,人才注定要拥有语言。作为人体最重要的感官之一,听觉先于视觉产生。现代胚胎学的研究证明,胎儿在4—6月时,听力发育形成,故此有胎教之说。赫尔德在《论语言的起源》一书中,论证了听觉之于语言发生的关键作用。他的结论是:人类的一切感官都是心灵的知觉方式,听觉是各种感官的中介,"通过听觉,每一种感官都有了语言能力"。听觉介乎触觉与视觉之间,"听觉接收的声音深入至我们的内在心灵,足以成为区分特征,但又不过分挑动心弦,以致失去明确的区分性。""通过多样性的统一(按:触觉含混的多样性与视觉清晰的多样性),通过区分特征的确立,语言便产生了"。

从语言的本质来看,语言似乎首先是为了内在心灵运动的有声表达——也就是"说"的需要,而其实为了达到交流、交际的目的,应合对方,倾听才是第一位的。"听"是语言的本质。海德格尔说:"习惯上人们把说与听对立起来:一方说,另一方听。但是,听不光是伴随和围绕着说,犹如对话中发生的情形。说和听的同时性有着更多的意味。说本是一种听。说乃是顺从我们所说的语言的听。所以,说并非同时是一种听,而是首先就是一种听"。"人说,是因为应合于语言。应合乃是听。人听,因为人归属于寂静之音"。

从语言与思维的关系来看,语言从来就不是单纯的冷冰冰的思维工具。思维就是语言本身,思维从来就不曾越出语言的边界。维特根斯坦说:"我的语言的世界意味着我的世界的界限"。"思"也是"听",听从语言、历史与自我心灵的对话。海德格尔说:"思首先是一种倾听,是一种让自行道说,而不是追问","思的本真姿态不可能是追问,而必然是对追问所及的东西的允诺的倾听"。既然语言源自于听觉,"说"和"思"都在倾听,"听"是其本性,那么,亲切、热情、双向的"听"与间隔、冷漠、单向的"看"有着本质的区别:"听是亲近性的、参与性的、交流性的;我们总是被我们倾听到的所感染。相比之下,视觉却是间距性的,疏离性的,在空间上同呈现于眼前的东西相隔离"。因此,语言不是简单的视觉符号,而是有温度、有情感的,具有人文性。也正因为如此,在众多语言学家对技术、功能观点达成了共识之际,西方还诞生了另外一种哲学传统——哲学解释学的传统:"某些哲学家(原注:参见海德格尔的学生汉斯-格奥尔格·伽达默尔的著作《真理与方法》)却提出了一种对立的、本质的关于语言的看法。他们不将语言视为一种工具,而当作一个根本的、最终的现实。这种观点反对脱胎于受利益与技术机制支配的现代世界的冷漠,它大力强调对意义与完整性的诉求,并为此试图证明这种诉求是唯一真正的有依据的。"人类创造了语言,语言本身就成了人自身存在的家:"并非语言寓于人,而是人栖居于语言,人站在语言当中向外言说。"哲学解释学认为:语言是贮存历史文化传统的水库,"语言不是一种工具,它保存着历史、文化和传统"。

在哲学解释学理论的基础上,法国学者彼埃尔·朱代·德·拉孔布、海因茨·维斯曼合著的《语言的未来:对古典研习的再思考》一书分析认为:我们日常接触、使用的语言可分为三种类型:一类是作为母语的语言,属于"自然语言"或称"本源语言";一类是主宰着国内或国际交流的"功能语言"或称"实用语言",如英语;还有一类是限于某个专业内部如数学、经济、法律等领域使用的"科学语言",或称"形式语言"、"专业语言"。其中,母语是每个人一出生就自然而然习得的语言,它是一种活的语言,又是一种文化语言,正是母语代表着语言的本质,承载着或者说本身就是一种历史文化传统。"功能语言"是一种纯工具性的实用语言,它仅仅是一种符号、代码,只是为了方便学习接受,并快速用于交流,因而,它只能是表层的、肤浅的,可以忽略语言的历史与文化维度。"科学语言"是一种封闭性的人工语言,它承载着不同的专业知识,主宰着某一个专业领域中的交流,不同的专业语言之间则无法对话。尽管科学语言脱胎于"自然语言",却越来越趋向彻底的形式化,远离"自然语言"。只有经由母语,我们才得以进入并深入功能语言(即学习另一种母语);经由母语,我们才能掌握和真正理解科学语言。"关于母语的文化、历史发展的知识本身即具有意义,因为它使我们能够更加透彻地理解自身的语言传统与文化……它是迎接其他语言的预备课——不仅包括其他文化的活语言,还包括大量涌入当今文化中的形式化语言"。可以说:掌握不了母语的深层资源,就学不好母语;学不好母语,就堵塞了通往其他任何一种语言之路,不可能真正进入另一种语言,如功能语言或科学语言。

母语是一种活的自然语言,是人在婴幼儿时期首先学习掌握的最重要的生存技艺之一。母语的语言是个人与生俱来的东西:"我们的母语是我们最早见到的世界,是我们最早知觉到的对象,也是我们最早感受到的活力和欢乐。时间、空间、爱和恨、欢乐和活动等附属概念,以及儿童火热的心灵所产生的一切思想,也都随着母语一同得到持久的保存"。母语从一开始就为个人打上了终生的、难以磨灭的烙印和标记,就像故土一样,人会对她产生一种叶落归根似的情感依恋。从这种意义上说,母语就是我们的命运。当代作家朱辉的小说《救命》(载《北京文学》1998 年第 2 期)讲述了这样一个故事:一个旅居比利时多年的华人在修车时被意外压倒,在昏迷前的刹那,他大喊:"救命!救命……"(不是"Help,help!"),从而失去了最后一线生机,客死他乡。这个故事意味深长,母语的消亡意味着一个民族真正的灭亡。所以侵略者占领一个国家之后,首先要禁授母语。法国作家都德的《最后一课》就是因为表现这样惨痛的一幕,深深打动了世界。

母语作为文化语言、本源语言,是我们理解自身、确立自我的关键。现存的每一种活的语言(母语)背后都蕴含着一门"死语言",比如欧洲的拉丁文、希腊文,中国的文言文,印度的梵文等,它们是活语言的源头活水,是其生命力所在。与之前在日常生活中母语习得相较,在进入学校后的漫长求学期间,儿童、青少年接受的母语教育——语文教学,主要是书面语的学习和训练。面对代代累积留传、汗牛充栋的古代文献,学生的主要任务之一就是要重新学习那些死去的语言。于是,在古典的语文教育中,如欧洲有"古典研习"传统,中国有"读经"传统。

"母语是语言与文化的历史留下的遗产,需要我们时时重新启用它。它由此承载了创新的功能与新的意义";"从属于这门语言与文化的个体永远都无需跳出这门语言就可以创造出新的意义或表达方式,因为他们被直接赋予了来自历史的语言与文化。历史与遗产不是一具枷锁,恰恰相反,正是它们使真实的、自由的表达成为可能"。从阐释学对语言性质的认识来说,语言学习归根结底是对于某种语言(母语)的深度理解与运用,因为她是人理解世界的"先见",最终帮助个人确立自我、走向社会。每个人一出生就会说一种母语,这种语言本身就成了这个人的传统,我们每个人别无选择地降生于某个文化传统中,并无可选择地成为我们认识自我、确立自我,理解他人和世界的"先见",母语是个体与外界(他人、社会)进行沟通和交流的前提和基础。正是从这个意义上,人开始理解存在自我、世界和社会,开启自己的生命之旅。我们越深入地学习这种语言,就越了解自己和自己的传统,获得独立自由的表达能力。母语是一个人历史的起点和源泉,对于母语掌握和理解的程度,最终决定了一个人精神世界的深度和广度,影响了一个人的行为,决定了一个人通往远方的道路可以伸展到多远。母语不仅是一种能力,也是一种情感源泉和归宿,长期的使用和接触、理解,使它和我们建立了越来越亲密和深切的关系,成为我们自身历史的一部分。"此言一出,驷马难追"。说出来的言语具有转瞬即逝的特点,只能留存于人的记忆中。在没有文字之前,人类的文化遗产藉口耳相传。因口耳相传的语言受时空的局限,为了语言的保存、流传,人类又发明了文字来记录语言。有了文字,语言被记录在文献中,语言的死亡才不会是彻底的消亡,而是逐渐变成了死语言留存在书面中。世界上现存的语言大约有五六千种,语言学家将其分为屈折语、粘着语、孤立语三大类型,记录语言的文字也有表音文字、表意文字之分。索绪尔认为世界上"只有两种文字的体系:①表意体系。一个词只用一个符号表示,而这个符号却与词赖以构成的声音无关。这个符号与整个词发生关系,因此也就间接地和它所表达的观念发生关系。这个体系的典范例子就是汉字;②通常所说的'表音'体系。它的目的是要把词中的一连串连续的声音模写出来"。不同的语言有不同的特点,表音文字与表意文字为了记录不同的语言应运而生,因此具有不同的特点。与表音文字并存且迥异的是:记录汉语的汉字是迄今为止世界上唯一流传下来,并且不间断使用了五千年的表意文字,而且形成了独一无二的传统语言文字学——小学(文字、音韵、训诂)。它具有超方言的性质,在一个多民族国家里,成为国家长期统一的思想文化基础。索绪尔说:"对汉人来说,表意字和口说的词都是观念的符号;在他们看来,文字是第二语言"。因此,有学者认为:"汉字是汉人的'第二母语'"。每个汉字的形、音、义都有其独特的历史。解释一个汉字,即做一部文化史(陈寅恪语)。在学习语言文字时,只有明晓汉字字形演变、汉字构形、形义关系等有关汉字基础知识,以及词义演变的历史等相关文献词汇学知识,知其然,又知其所以然,才能真正掌握好汉字,学好汉语,并达到真识字、会解词的境界。

语言具有民族性特点,这一点集中体现在词汇上,中西方学者对此皆有共识。陆宗达、王宁先生认为:"词义的民族性远远超过语法和语音所表现出的民族性。这是因为词汇是语言中最直接、最具体地反映全民族共同生活的因素。词义的民族性首先表现在各民族都有自己与他民族不同的特异生活、习俗和心理状况……其次,更主要的,民族性还表现在,不同民族概括词义互相对当的两个词。它所概括进去的具体内容往往因民族而异。因而它们在运动规律上也绝不相同。"这就使得"翻译虽能在一般情况下沟通两个民族的思想,但在更为广阔和深入的领域里,不同民族在语言上完全消除隔阂又是相当困难的。"怀特海认为:"语言体现了使用它的这个种族的精神生活。每个短语和词汇都包含了人们在犁地、居家和建设城市时的某些习惯性思维。从这种意义上来说,在不同语言之间,词汇和词组不会有真正的同义词"。在20世纪初才确立地位的现代汉语,词汇以双音词为主,大量的双音词是由先秦汉语的词组逐渐凝固而成。王宁先生说:"先秦文献语言对现代汉语词汇的影响太直接、太强烈了,可以说,离开了文言词汇,现代汉语词汇简直没有办法深入理解"。就拿与我们今天生活息息相关的"薪水"一词来说,《现代汉语词典》里将"薪水"解释为"工资",即"作为劳动报酬按期付给劳动者的货币或实物"。在今天的现代汉语里,出现在年薪、月薪、日薪、加薪、减薪、高薪、低薪、欠薪、讨薪、基薪等等词语里,具有旺盛的生命力。"薪"原本是一种生火煮饭用的燃料,即"草柴"或"木柴"。成语"釜底抽薪"、"卧薪尝胆"、"抱薪救火"、中的"薪"还保留着这个意义。那么,"薪"与"水"是如何结合到一起,而且意义还和"钱"联系到一起的呢?"民以食为天",在我国漫长的农耕社会里,生火做饭的燃料"薪"是人们每日必备的生活物资,所以古人有"负薪"的说法,如《礼记·曲礼》"某有负薪之忧"、"问庶人之子,长曰:'能负薪矣';幼曰:'未能负薪矣'"等。同时,"水"也是生存的必需品,和打柴一样,汲水也是普通人劳碌生活的组成部分。于是,后来"薪水"连用,意为"柴和水"或"采薪汲水",借指日常生活的必需品或必需条件。在清人小说中,"薪水"出现的语境已与"钱"相关。如《镜花缘》:"取了两封银子,给骆龙以为贴补薪水之用";俞樾《荣香宝丛钞·薪俸》:"按此知国初官员有给薪之例,故至今薪俸之名犹在人口,而近来各局委员有薪水之给,亦本此也"。而在英语中,"salary(薪水)"一词却与"salt(盐)"相关。"salary"源自拉丁语词 sal(盐)。古代欧洲的制盐工艺十分复杂,人们要得到一点盐很困难,于是,盐在祭祀时成了敬神的上品。在生活中,盐被认为是特别珍贵的食品。1553 年,欧洲严重缺盐,只好实行定量供应制。那时古罗马有条主干道叫"盐路",就是从盐矿运盐到罗马的大道,沿途设有卫兵护送运盐的车队,以防不虞。这些士兵所得的薪饷就是食盐,罗马帝国有时还把盐当作官员们的薪俸。可见,词的产生与词义引申的差异,既有语言本身的原因,又与不同民族的历史文化、生活习俗密切相关。

现代汉语的双音词中虽含有不少外来词,但研究表明,诸多的"外来词"流传至今的多是"旧瓶装新酒"的意译词。有一类所谓"回归借词",是在日语中先用汉语文言词翻译西方语词,后又被中文译者采用,但也只不过是在原词形上增加一个引申义项而已,仍是同一核心意义的延展。比如"博士"一词,六国时即有"博士"职官,秦汉相承,唐、明、清亦设置,如"五经博士"、"算学博士"、"太常博士"等,后亦专指精通一艺之人,如"茶博士",亦多称饱学之士或多才多艺之人。而"女博士"更是从中古起就是对有才学的女子的美称。宋代黄庭坚《豫章集十·赠李辅圣》诗:"相看绝叹女博士,笔研管弦成古丘"。"博士"是对攻读博士学位研究生的称呼,也指较高一级的学位,但其所含知识渊博、才能专精、技高一筹的意涵则一脉相承。

因此,古代语言的学习绝不是一套精心设计的、定量的语法与修辞"规则",学习古代的经典,学习古代语言不是学习一门非母语的、陌生的、与现实及现在事物联系有限的死语言。每一种语言文字都有自身的特点,并且拥有各自不同母语教学经验和传统。在今天,对于汉字字形、汉语词义演变的常识,即使许多大学生、研究生也知之甚少。我们在中小学语文教学与研究中所忽略的汉语汉字自身的特点,恰恰是古典母语教育的优长。近代国学大师章太炎先生提倡国粹教育,目的是为了激发种性,救亡图存,"不是要人尊信孔教,只是要人爱惜我们汉种的历史。这个历史,是就广义说的。其中可以分为语言文字、典章制度和历史人物三项。若能明了中国的历史文化,我想即使是全无心肝的人,那爱国爱种的心,必定风发泉涌,不可遏抑的"。为什么"语言文字"是首要的国粹呢?他认为,中国文字"与地球各国绝异";中国"小学"所研究的造字,"也是社会学的一部分,若不是略知小学,史书所记,断断不能尽的";近代出现大量新事物需造新字,"若非深通小学的人,总是不能妥当"。而且,"文辞的本根,全在文字。唐代以前,文人都通小学,所以文章优美,能动感情"。张志公先生也认为:"进行语文教育,教学生识字、读书、作文,有两个重要之点:一是要符合本国语言文字的特点,一是要符合儿童和青少年学习本国语言文字的规律"。"儿童识字之后,就要正式读书了。在这个当口,培养读书的兴趣是很重要的……诗的语言,音调和谐,押韵,念起来给人以很大的快感;浅近的好诗,尽管儿童不一定字字都懂得很透,也很足以启发想象,开拓胸襟。多念一些好诗,孩子们逐渐会感觉到语言的美,感觉到书有念头,有学头,从而培养了他们爱好语言的感情,促进了他们求知的愿望,增长了他们思考、想象的能力"。他认为,这些都是我们在母语教育中的珍贵遗产,可惜的是,在清末兴办新学以后,"只注意到进行语文教育的一般原则,忽视了汉字的独特情况,于是对千百年来行之有效的方式,采取了全盘否定的态度。儿童的课本成了只能说说看看,既浅得毫无趣味,又干枯得不能琅琅诵读的东西"。当然,这种评价对于"新学"而言,有失公允,但确实也道出了一个不争的事实:对于母语源泉——经典文本的学习,我们的母语教育传统乃至历史文化传统,确实中断了。那么,我们的传统究竟中断在何时? 其关键又在何处呢?

对于"经典",由于近现代是处在新旧文化交替的特殊历史时期,当以白话为载体的新文化作为新生事物蓬勃发展之际,作为旧文化代表的"经典"理所当然地处于式微之中。过去的"四书五经"虽说不再唯我独尊了,但是"经典"训练在母语教学中的位置仍不容置疑,正如朱自清先生在他的《经典常谈》序言里所说:"新式教育施行以后,读经渐渐废止。民国以来虽然还有一两回中小学读经运动,可是都失败了,大家认为是开倒车。另一方面,教育部制定的初中国文课程标准里却有'使学生从本国语言文字上,了解固有文化'的话,高中的标准里更有'培养学生读解古书,欣赏中国文学名著之能力'的话。初高中的国文教材,从经典选录的也不少。可见读经的废止并不就是经典训练的废止,经典训练不但没有废止,而且扩大了范围,不以经为限,又按着学生程度选材,可以免掉囫囵吞枣的弊病。这实在是一种进步。"这说明,近现代学者虽接受了西洋文化的洗礼,但他们早年多经历传统教育方式的训练,深受传统文化的熏陶,深知经典是国家、民族的文化命脉。在时代激进的反传统浪潮里,他们深刻感到了"经典"在教育中所面临的危机,并为此不无担忧,因而,在支持新文化运动的同时,他们也一直呼吁"经典"训练对于"文化"传承不可或缺的意义。朱自清就曾不止一次表达过:"大学国文不但是一种语文训练,而且是一种文化训练……所谓文化训练就是使学生对于物,对于我,对于今,对于古,更能明达。"他还说:"文言的教材,目的不外两个:一是给学生做写作的榜样或范本,二是使学生了解本国固有文化。"而且,一些在新文化运动中的干将,在大学里安身立命的教学、科研功课,偏偏就是其反对的传统文化。比如声称取消汉字的钱玄同恰是传统语言学的传承者,他研究音韵、文字、训诂且卓有建树,而主张最好"不读中国书"的鲁迅恰恰是第一部"中国小说史"的创作者。

再者,如果说五四时期白话文运动的兴起,取消"读经一科",小学课本变为

"国语"，即白话文，客观上导致了传统经典教育开始逐渐退出历史舞台的中心。但是，五四时期的学者对传统文化虽有偏激言论，起初在教育体制中并无所作为，亦未造成对其致命伤害。最近，学者研究表明：白话文的推行，也并非是那些叫嚣的最厉害的"胡适之、陈独秀一班人"所能作为，而是导源于 20 世纪 20 年代北洋政府教育部的一纸行政命令，以及之后在各省中小学的强制推行："他们（指胡适、黎锦熙）都承认 1920 年的中国中央政府在中国文学革命或者说语文革命、白话革命上的核心领导作用和巨大贡献：它不仅领导了这场革命，进行了广泛的社会动员，而且动用自己掌控的行政权力以专制的方式一举完成了这场革命。相对于政府的作用，个人的作用几乎微不足道。"可见，"政府"在教育改革中起了毋庸置疑的关键作用。因此，在 1949 年之后不久，恰恰是由政府主导的在母语教育上的作为，才造成了母语教育传统的致命中断。特别是文革前后，中小学语文教材几乎完全政治化，高校则取消包括训诂学等在内的一些古代学科。1978 年以后至今，应试教育的指挥棒，让语文教育一头扎进"唯分是求"的怪圈，母语学习似乎就是一堆需要死记硬背的零碎知识。时隔 30 多年，当 1980 年三联书店重版《经典常谈》时，叶圣陶先生在《重印〈经典常谈〉序》里写到："认认真真地读它极少一部分吧，莫说初中，高中阶段恐怕也难以办到……在高等教育阶段，学习文史哲的学生就必须有计划地直接跟经典接触，阅读某些经典的全部和另外一些经典的一部分"。即使是叶圣陶先生降格以求的呼吁，如今 30 多年又过去了，我们中学、大学的母语教育、经典阅读状况，又能有多大的改观呢？近二三十年来针对母语教育的失败，在学界引起了广泛讨论。今天，教育部门终于决定改变"指挥棒"的方向，在即将实施的 2017 年高考改革方案中，语文、数学或将成为仅存的统一考试科目。母语教育的地位无形中又被提高了，这种变化必将会对语文教学产生越来越巨大的影响。与此同时，20 世纪 80 年代以来，伴随物质生活水平的不断提高，人们的精神状态却日益空虚、混乱，并引发诸多社会问题。于是，从高校到社会形成了一股"国学热"。一些民间人士再次发起儿童"读经"运动，甚至举办私塾，力图重拾久已失落的传统文化，重建传统的人文价值。那么，未来的母语教育应该转向何方？"回归传统"，进行经典训练、"国学"教育，是否就是要回到清末塾师使用的方式和理念，死记硬背四书五经？是否意味着五四新文化运动以来对传统文化的反思和批判都是错误的，要回到低眉俯首、全盘接受传统的老路上去？我们究竟应该怎样认识"传统"？汉语所承载的文化传统，其未来又在哪里呢？这些问题亦不能不让人深思。

什么是传统？《辞海》说传统是"历史沿传下来的思想、文化、道德、风俗、艺术、制度以及行为方式等。对人们的社会行为有无形的影响和控制作用"。人一生下来就处于某个传统中,就是如前所言,语言本身就是一种历史文化传统。传统是无形的,具有一脉相承的根本要素,就像语言一样,深入这一族群的血液里。人们世代沿袭,有时习焉不察。然而,这一理解未免过于强调了传统"不变"的一面。其实,传统是传承的,但却不是一成不变的,甚至停滞、僵化的,它永远处在生长、变化、发展之中。在英文里,tradition(传统、常规)可以追溯的最早词源为拉丁文 tradere——意为交出、递送,其主要词义演变偏重"传递知识"、"传达学说、教义"的含义。tradition 现在被用来描述"传承的一般过程"。"对特殊'传统'做研究的人,有时候可以观察到:要使任何一件事情变成 traditional(传统的、惯例的),只需要两个世代的时间",因为 tradition 的意涵就是指"在进展中的过程"(active process)。从这种意义上说,传统不是亘古不变的,一种新东西经过不断灌输、重复,历经两个世代就会成为传统。正如埃里克·霍布斯鲍姆在《传统的发明》一书中所言:"那些表面看来或者声称是古老的'传统',其起源的时间往往是相当晚近的,而且有时是被发明出来的。"传统是可以为了达到某种目的,被人为制造出来的。比如残害无数代中国妇女的"缠足"习俗、明清时代的"贞女"现象,都不是自古而有的,并且历经现代新文化运动的洗礼之后,才逐渐退出了历史舞台。

传统是历史当中的传统,传统是变化当中的传统。可惜的是,在近些年的传统文化热中,出现了一种盲目肯定传统的复古倾向。一些在五四新文化运动中批判过的封建糟粕又被重新捡起来,奉若至宝,比如对于"二十四孝"、岳飞、屈原的忠君行为,在评价时盲目拔高;再比如男尊女卑,三妻四妾的封建思想死灰复燃,造成男人家外有室,女人甘当二奶、小三之类的社会风气。

总之,经、史、子、集是我们的文化遗产,现当代的文学、历史、哲学、经济、社会、政法等作品,同样是我们的文化遗产;儒家的"忠、孝、仁、义、礼、智、信"是我们的思想传统,五四时期批判反思愚忠愚孝、假仁假义,吃人的封建礼教也是我们的思想传统。"五四"是在西方文化碰撞下对传统文化的一次大反思,并开创了一个新的文化传统。"传统不是一具等待解剖的僵尸。凡是理解的视野能触及到的历史文化,就已经意味着具有潜在的生命。传统的命运,不在它自身的掌握之中。传统的前途,握在我们这些解释者手中。传统为它的新生付出的代价,是不断接受新的理解与解释。"传统是与历史的一种对话,它立足现实,面向未来,永远处于变化之中,其生命在于不断地被重新阐释。如前所述,作为母语的语言是一种历史语言、本源语言,它是贮存传统的水库。学习母语意味着深入到厚重的书面历史文献中去寻求母语资源。而语言的载体是经典文本,经典文本是母语学习的核心:"文本是文化自我表达的场所,也是文化自我思考、成形、准备转变的场所。"古往今来的所有作品都是历史文本,在现实这个场域,与人产生对话。文本的读者就是文本的诠释者,真正的诠释不是单向的,而是双向的交流,是建立在历史与现实冲突基础上的一场对话:"诠释者由历史文本那里所获得的意义,应当是他们两者在具体对话过程中当场协商的结果。这个意义既不是纯粹历史的,也不是纯粹现实的,而是历史和现实的交互融合。只是由于这场对话主要是出自诠释者的现实性动机,因而对话产生的意义势必拥有更多的现实性内涵。""此外,从对话结果不可预知这一点来看,对话的进行显然是向着未来这一时间意义敞开的……就这一意义而言,历史文本压根无法再属于过去,它只能属于现在和未来。"

作为"经典"的历史文本,不仅是学生学习母语,获得语言交流、表达的深层资源,同时也是接受传统的过程,更是通过阅读,确立和实现自我的过程,亦即促使个体走向成熟,建立独立自主人格的过程,这恰恰也是教育的根本目的。承载"语言、传统"的"经典训练",其旨归应该是人的教育。教育就是要使人学会思考为什么,而不是记住什么;不是将人脑子里塞满知识,仅仅成为一部活字典,或是一座移动的图书馆,而是使人能面对生活、现实,拥有运用知识的智慧和能力。母语作为一种历史文化传统,面向未来,通过经典文本与现实对话,并不断地在对话之中更生、发展。这种对话基于对语言文字的深刻理解,对文本的独到解读之上,即传统存在于对话之中。母语教育对于反思、继承传统,对于个人、社会的进步有着重要意义。

(刘延玲,中国社会科学院文学研究所)(《齐鲁学刊》2015 年第 3 期)

六、互联网时代对语言的影响

互联网正以改变一切的力量,在全球范围内掀起一场影响人类所有层面的深刻变革,而人类正站在一个新的时代——互联网时代到来的前沿。在这一前沿,作为人类最重要的交际工具——语言,随着互联网技术的发展而发展变化。

相关报道

当语言遇上互联网:网络语言学应时而生

近年来,随着互联网技术的快速发展和网络语言问题的日益凸显,网络语言学越来越受到学界乃至社会的关注。这门研究网络语言及其相关问题的新兴学科正在发挥越来越重要的作用,其发展前景获专家学者普遍看好。

人类语言作为一种社会现象,它随着人类社会的出现而出现,也随着人类社会的发展而发展。当人类社会进入信息时代,互联网就催生了网络语言。这种新的语言形式简洁而生动,从诞生起就备受人们青睐,尤其是青少年的追捧。网络语言不仅是信息时代网民交流沟通的社会用语,也是时代赋予语言研究者及其他研究者的历史使命,同时还是人类语言与时俱进的必然结果。随着互联网时代的到来和网络语言研究的深入,一门新的学科——网络语言学应时而生。

网络语言学的概念是中国知名学者周海中教授于 2000 年首先提出的。在其《一门崭新的语言学科——网络语言学》一文中,他对网络语言的特点和类型以及网络语言学的研究对象、研究方法、研究任务和学科性质作了精辟的论述。此后,网络语言学引起了国际学界的关注。2003 年,西班牙知名学者圣地亚哥?珀施特圭罗教授出版了世界上第一本关于网络语言学的专著——《网络语言学:网络中的语言、话语与思想》,该书对网络语言学作了较为全面而系统的论述。2011 年,英国知名学者戴维?克里斯特尔教授出版了世界上第一本关于网络语言学的教材——《网络语言学:学生指南》,该书介绍了网络语言学的主要内容、研究理论和热点问题。上述三位学者为网络语言学的创立和发展皆作出了重要贡献。

网络语言学是一门介于网络技术和语言科学之间而偏重于语言科学的交叉学科,但它又不是网络技术部分领域与语言科学部分领域的简单拼凑,而是二者的有机融合。这门学科偏重于应用语言学和社会语言学的理论和方法,着重研究信息时代的语用问题。

网络语言学的研究需要综合运用语言学、教育学、社会学、心理学、传播学、伦理学、法学、统计学、信息论、计算机科学等多学科的理论知识。美国知名学者马克·沃斯查尔教授认为,作为多种学科交叉融合的产物,网络语言学不仅可以从这些学科中获得自身发展的需要,还可以促进它们共同发展。

随着互联网的普及和发展,网络语言学已成为人们关注和研究的热点。近年来,网络语言学的研究取得了显著的成绩,特别是在收集整理网络语言和分析其特点、类型、成因等方面。不过,网络语言学的研究方法和理论体系还有待于进一步完善,学科特色和学科建设也有待于进一步强化。(高力,美国北卡罗莱纳州立大学访问教授)(环球网 2015.12.2)

互联网+语言:增强语言影响力的有效途径

互联网正以改变一切的力量,在全球范围内掀起一场影响人类所有层面的深刻变革,而人类正站在一个新的时代——互联网时代到来的前沿。在这一前沿,作为人类最重要的交际工具——语言,随着互联网技术的发展而发展变化;"互联网+语言"的传播模式也由此诞生,它将成为增强语言影响力的有效途径。

"互联网+语言"代表了一种新的文化形态,即充分发挥互联网在语言传播中的作用,增强语言影响力,提升语言软实力,形成更广泛的、以互联网为载体和技术手段的语言发展新形态。语言传播的动因是推动语言传播的力量,不同时代、不同语言的传播,有着不同的动因,如文化、科技、军事、宗教和意识形态等。在信息时代,互联网成了语言传播的直接动因和有力工具,并在逐渐演变成为多语言的网络世界。因此,充分发挥互联网在语言传播中的作用,对于增强语言的影响力具有十分重要的意义。

提到语言的影响力,不得不提到1995年在美国印第安纳大学"语言学社"举行的"语言的未来"研讨会。中国知名学者周海中教授在会上作了题为《语言与互联网》的发言,他预言:互联网技术将使人际交往变得更加便捷,把人类社会带进新的语言传播时代;而被常用于网络交流的语言,其影响力也将变得更加强大。他的这一预言正在被越来越多的事实所证实。

2014 年,由美国微软公司、麻省理工学院、哈佛大学、西北大学和法国马赛大学科学家组成的研究团队,根据双语推特帖子、网络图书翻译和多语种维基百科编辑共同绘制出了全球语言网络地图。研究显示:在语言网络中,英语是最有影响力的语言枢纽,汉语、印地语和阿拉伯语虽然使用人口众多,但它们都孤立在语言网络的核心之外。由于英语目前占据了互联网的主导地位和国际通用语的重要地位,它理所当然地成为了网络上最有影响力的语言枢纽。联合国最近发布的一份报告也显示:目前全球互联网用户中,英语使用者最多,所占比例为 27%,英语内容的网站比例也高达 56%。

为了增强语言影响力和提升国家形象,一些国家在世界各地设立了语言推广和文化交流机构。例如,中国目前已在 134 个国家和地区建立了约 500 所孔子学院,并开设了 1000 个中小学孔子课堂,学员总数达 190 万人。这些举措不仅提升了汉语文化影响力,还增进了世界各国人民之间的理解和友谊,有益于人类的和平与发展。又如,德国目前已在近百个国家和地区设立了 150 多所歌德学院和 200 多个语言中心,还经常为以德语作为外语教学的教师开展交流研讨会。这些举措都极大地提高了本国语言软实力,和提升了德语文化的国际影响力。再如,西班牙塞万提斯学院与 50 个以西班牙语为官方语言或为外国语言的国家和地区合作,开设西语课程和自学教室,每年还组织近万名教师参加西语培训班和研讨会。正如瑞典知名学者菲利克斯·埃里克森教授于 2015 年 12 月在瑞典乌普萨拉大学演讲时所说:"如果加之'互联网 + 语言'模式的采用,增强语言影响力的效果就会更好。"

美国知名学者约瑟夫·奈教授提出过"软实力"的概念。他认为,一个国家的综合国力既包括由经济、科技、军事实力等表现出来的"硬实力",也包括以文化和意识形态吸引力所体现出来的"软实力"。文化正是软实力的重要源泉,是社会发展的重要支撑。而语言是文化的载体和重要组成部分,更是衡量一个国家软实力的重要指标之一。可以说,语言软实力是文化软实力的核心,增强语言影响力就是提升语言软实力。

"互联网 + 语言"作为一种新的语言传播模式,如何充分利用它来增强语言影响力,无疑是一个值得我们认真思考和深入研究的问题。(何伟,中国社会科学网 2015.12.10)

国内首个语言大数据联盟成立,大数据量级加码

4 月 8 日,"语言·大数据开放 2016"大会在青岛隆重召开,青岛市副市长栾

新、中国出版集团公司副总裁潘凯雄等领导、来自全国百余所外语院校负责人、科研院所专家、互联网企业代表、大数据分析师等两百多位嘉宾出席现场会议,共同探讨跨语言大数据资源平台构建、共享与合作问题,近五千余名场外观众通过互联网和移动互联网的会议直播平台参与分享。

权威专家表示,中国每年捕获和产生的数据量将从 2012 年的 364EB 增长到 2020 年的 8.6ZB,即年增 50%,占全球数据总量比例从 13% 增至 21%。大数据分析,在多语种大数据即跨语言大数据加入计算后,这个数据总量和全球占比,将无法预估。

大数据时代,数据作为一种生产资料,无时无刻不在迭代新价值。单一语种的数据价值已经在世界范围内获得认可,2015 年,中国在大数据软件、硬件及专业服务的直接产值超过 110 亿元。跨语言大数据在数量级上数倍于单一语种大数据,针对跨语言大数据的统计、分析、挖掘和人工智能也将会创造几倍于单一语种大数据的价值,其价值总量将令人瞩目。

数量和价值的垂直增长只是最终结果,在跨语言大数据和互联网 + 模式下,传统产业界限将进一步缩小,政府、企业、高校基于跨语言大数据的资源联合共享,或将推动跨界最广、数量最多、组合最新颖的多种业态问世。

会上,我国首个针对语言大数据的联盟正式成立。该联盟由全国翻译专业学位研究生教育指导委员会、中国对外翻译有限公司及全国二十余所重点高校共同发起。它将通过中译语通开放的亿万级语料及平台资源,为高等院校、科研机构、企事业单位的语言服务教学、实践、科研、业务等提供支持并开展合作,实现全球资源汇聚、交换和共享。

语言是一切的基础,而语言服务是迈向国际化的必要基础。在经济、文化"走出去"和"一带一路"的战略背景下,建设跨语言大数据平台,将有效嫁接各产业的国际化升级,为我国大数据战略提供有力支撑。因此,大会还从"新元素"、"新动力"、"新平台"等不同纬度探讨基于语言大数据下的翻译教学、自然语言处理、智能大数据分析、在线协同、语言工具和云端实验室等核心话题。

会上,对于跨语言大数据的智能分析问题引起各界嘉宾的极大关注。据 IDC 预测,大数据分析及其相关市场的复合年增长率将达到 26.4%,在 2018 年全球将发展到 415 亿美元的规模。同时,IDC 认为,到 2020 年大数据分析技术将成为所有国家经济增长的关键动力。据悉,中译语通将在不久后推出针对跨语言大数据的智能分析平台。(南方网 2016.4.8)

亮计算机利剑,展汉文字雄风

何谓汉字?汉字是由笔画组配而成的具有承载和传递汉文化知识的方形表义表音视觉符号。汉字之所以亘古而不变,弥久而长新,是因为汉字蕴藏着天人合一、万物一体的大道之理,蕴藏着太极阴阳、一分为二的自然法则。这种思维从造字之始就融入汉字的笔画、结构之中。汉字的字形结构、字音调值、表义内涵,都具有极其科学的规律。汉字目睹了朝代更迭,历数人间往事;汉字承载着中国文化,历尽沧海桑田;汉字传递着中华文明,历程极其辉煌。习近平主席曾经说过:"中华民族的优秀文化传统是我们民族的'根'和'魂',丢了这个'根'和'魂',就没有根基了。"汉字与中国文化高峰论坛,就是寻中国文化之"根",问中华民族之"魂"!就是探讨如何高效率、高品味地弘扬中华民族的优秀文化。围绕这一点,本文将重点论述汉字与计算机的有机结合。

一、计算机为汉字插上了科技的"翅膀"

20世纪40年代,西方人发明了电子计算机。计算机设有26个字母键,特别适合于拼音文字,表面看起来好像与汉字并无关联。因此便有人妄下断言,说电子计算机将会是方块汉字的掘墓人,是汉语拼音文字的助产士。

如果从"根"上研究,计算机是根据二进制记数法原理研发出来的。而二进制记数法源于中国。二进制计数所用的这八个符号是《易经》八卦符,由我国古代伏羲氏创造。这八个符号是二进制记数法的000、001、010、011、100、101、110、111;是十进制记数法的0、1、2、3、4、5、6、7。西方人正是受到0和1二进制记数法的启发,用八个可以开合的晶体管来组合出许多不同的状态,以表示字符,他们把这称为字节。再后来,他们又做了一些可以处理这些字节的机器,并将这些机器命名为计算机。八位的字节一共可以组合出256(2⁸)种不同的状态,犹如建造了一个可容纳256个座位的"文字小礼堂"。他们把大小写的拉丁字母、标点符号、数字和空格等,分别安排在前127个座位上,这样计算机就可以处理英文信息了,非常方便且效率极高。

中国的科学家们在获得计算机后,不是被动地埋怨汉字落后,而是主动开启智慧的大脑,根据汉字的特点,把计算机中两个大于127的字符连在一起表示一个汉字,组合出7000多种不同的状态,犹如把"文字小礼堂"扩大到7000多个座位的"文字中礼堂",将6763个简化汉字装入其中,这些字覆盖了中国大陆99.75%的使用频率。他们把这种汉字字符集叫作国家标准2312(GB2312)。同时,其他国家和地区也纷纷采用这个方案,把各自的文字装入"文字中礼堂"。这样一来,各国各地区的计算机虽然可以在自己的地盘上使用了,可是国与国之间、国与地区之间的信息交流,却出现了乱码现象。再后来,一个叫 ISO 的国际标准化组织,为了解决信息交流乱码的问题,搞了一个特大的字符集,犹如建造了一个超级"文字大礼堂",将地球上所有的文字都装了进去,对号入座。如英文"a"是"0061"号、汉字"中"是"4E2D"号,日文"ぁ"是"3041"号,此号叫计算机内码,或称"区位码",用此码将各国字做统一排序,互不交叉。他们把这叫做"UNICODE",简称 UCD。从此,世界上所有的计算机全部使用这个码表,国际间信息编码交流的问题解决了。

当汉字进入计算机后,大家面临着怎样科学、高效地把它调出来使用这一严峻问题。由于计算机内码太难记忆,人们必须给每一个字符另外编一个"输入码",用"输入码"查找计算机内码,计算机内码读取"字模"。这样一来,许多热爱汉字的人开始研究汉字输入法,出现了以形为主的形码输入法;以音为主的音码输入法;以形音兼顾的形音结合码输入法。如"大"字,可以编成"k"(仓颉码)、"gd"(郑码)、"dddd"(五笔字型码)、"qd"(汉字结构码)、"da"(拼音码)等等,形成了所谓"万码奔腾"的局面。由此看来,计算机不但不是汉字的"掘墓人",而且还给汉字插上了科技的翅膀,使其能够飞得更高,走得更远。

二、汉字必须和计算机融为一体才能突显雄风

经过半个多世纪的实践,人们根据输入法使用的难易程度,各自选用适合自己的输入法。老年人多使用笔画输入法;中年人多使用五笔、郑码等形码输入法;台湾人多使用仓颉输入法;年轻人多使用拼音输入法(约占 80% 以上)。形码输入法操作比较复杂,需要记忆一些特殊的操作方法,使用的人群逐渐减少;拼音输入法单纯强调音节,单字重码率太高。由于打字时脑子里首先想的是拼音字母,久而久之,潜移默化地改变了人们对汉字的思维方式,养成了用字先想拼音的习惯。汉字字形在脑子里逐渐淡化而模糊,提笔忘字、倒插笔写字、写错别字的现象频繁出现。有些人一旦想不起字形,就用同音字代替,如:"有木有(有没有)、杯具(悲剧)、神马东西(什么东西)、PFPF(佩服佩服)"等等,还美其名曰"网络语言"。长此下去,汉字就会受到很大的侵蚀,规范地传承汉字、传承中国文化就会受到极大地影响。

实践证明,只单纯地运用汉字的某一特性给汉字编码,都会出现偏差而影响汉字全部特征的显现,自然就会出现以偏概全的不足。

"……我国的中文信息处理技术又遇到了自身一系列急需解决的基础研究和应用技术问题。这些问题如果从现在起还得不到切实的解决,我们在中文信息处理事业中仅有的一些优势,也将迅速失去。而一旦能够及时、有效地解决这些难题,就将是'失之东隅,收之桑榆'的局面。可以说,缺乏优化和规范的编码方案,现在越来越成为阻碍计算机进一步普及和中文信息处理技术发展的重要因素之一。而在相当长的一段时间内,汉字键盘输入还将一直是我国信息处理的主要输入手段,因此编码的优化和规范就成了刻不容缓的事。"

既然问题如此严重,那么有没有更好地办法呢?回答是肯定的——只要按照汉字形、音、义的固有特性,用科学的思维方法,用巧妙的手段编程,计算机就会特别适合汉字,犹如量身定制一样。

在造字之初,汉字是图形文字,既表义,也表音。汉字的字形是有层次的,字形结构是由部件组成的,各个部件是由笔画组成的,笔画排列是有顺序的,字形中包藏着字理。字音既有声母,又有韵母,而且还有声调,字音中贯通着字义。学习汉字,这些基本元素一项都不能轻视。

汉字结构是汉字平面构图中各部件要素之间相互联系、相互作用的方式和规则。汉字基础部件是由笔画组成的具有组配汉字功能的最小构字单位。如"冫、又、宀、子"等。单独成字的部件称独体字。部件和部件通过组配而成的字称合体字。汉字结构可分类为独体、上下、上中下、左右、左中右、上单下双、下单上双、左单右双、右单左双、包围和半包围等十大结构。这十大结构分别用计算机键盘的第一排字母 Q、W、E、R、T、Y、U、I、O、P 十个键代表。把汉字划分为十大结构,等于将所有的汉字化整为零,建立了十个数据库。

汉字笔画是构成汉字楷书字形的最小书写单位,从落笔到收笔叫做一个"笔画"。世界万物是由金、木、水、火、土相生相克构成的,纵横交错,异常复杂。用文字符号表达世界万物,在世界文化史上是一项极其复杂的系统工程,是一件异常艰难的事情。而充满智慧的中华民族祖先竟然神奇般地,只运用了极其简单的"横一、竖丨、撇丿、点丶、折乛"这五种笔画就完成了。真正做到了"易则易知,简则易从。"(《周易》)这是多么了不起的智慧,多么伟大的创举,多么珍贵的文化瑰宝!在中华民族祖先的发明与铺垫下,我们将这五种笔画安排在计算机上 Q、W、E、R、T 五个键位上,开始了笔画输入汉字。

汉字的音节构成了汉字的名称。其声母、韵母均衡地分布在计算机键盘上。

汉字的这些基本要素恰好和计算机键盘完全吻合,不用丁点改变,犹如预先安排好了似的。所以它既适合西方的文字,无形中又特别适合东方的文字,真可谓中西合璧。

利用计算机键盘操控汉字,方法极其简单:

1. 汉字识字:书写不认识的字,即只知形不知音的字,按照汉字的书写规则,一笔一画敲击笔画键即可。如书写"札"字,分别按"Q 横、W 竖、E 撇、R 点、T 折"键,

"札"字就写出来了。这个方法和传统的写字方法是一样的。优点是让人们规范地书写汉字。如果遇到生僻字,用此法查找既快又准。

2. 查找汉字:查找只知音不知形的字,按照该字的音节敲击字母键即可。如忘记"尴"字怎么写了,直接按其音节"gan","尴"字就出来了。

3. 如何知道字义:打出任何一个单字后,将光标指向该字,计算机囧告诉你该字的读音、结构、使用频率、意思、部首、笔画数、笔顺、词汇等信息,真正做到了"凡训蒙,须讲究。详训诂,明句读。"(《三字经》)

4. 学习常用字:无论学习什么字,首先确定该字是什么结构,然后输入该字的首笔、次笔和末笔,最后输入该字的音节。也就是说,按照"结构 + 首笔 + 次笔 + 末笔 + 音节"的方法输入。如输入"李 wqwqli"字,其中 w 代表上下结构,q、w、q 分别代表该字的首笔、次笔、末笔,li 是"李"字的音节。这个方法看似麻烦,可这正是识字的正确路径。这种方法既强调了字形结构,又强调了书写笔顺,同时还强调了读音,所以非常适合用于初学识字者。

5. 输入高频字:认识了字形后,要想快速地将高频字打出来,按照"结构 + 声母"的方法即可。如还是输入"李 wl"字,"w"代表上下结构,"l"是"李"字的声母,两下就打出来了。再如王 qw;高 eg;张 rz;倒 td;品 yp;想 ux;盼 ip;数 os;国 pg。如果输入"结构 + 声母"后,还没有打出想要的字,那么接着输入该字的首笔、次笔、末笔即可。这种方法主要用于打字。优点是速度快,重码少,同时兼顾了字形、读音和笔顺。

6. 如何知道简化字相对应的繁体字:如果打出的单字有相对应的繁体字或异体字,在打出该字的同时,计算机会自动在"候选状态栏"中告诉你该字的繁体字或异体字,不敲空格键繁体字或异体字便不会上屏。因港澳台及华侨多用繁体字,所以使用简化字的人,同时也要适当地认识一些繁体字。

7. 输入词组或短语:词组或短语的首字是什么结构就进什么库。也就是说,按照"首字结构 + 各字声母"输入。如输入"社科联 rskl",r 代表首字"社"是左右结构,s、k、l 是"社科联"各字的声母,"社科联"出来后,立即联想出全称"(社会科学界联合会)";心想事成 qxxsc;蒸蒸日上 ezzrs;祝大会圆满成功 izdhymcg。这种方法主要用于打字。优点是方法简单,速度特别快,而且兼顾字形和读音。

8. 输入传统文化知识:输入优秀诗文,仍按"首字结构 + 各字声母"输入。如"锄禾日当午 tchrdw",(t 代表首字"锄"是左中右结构,chrdw 代表各字声母首字母),输出的结果是"锄禾日当午,汗滴禾下土。谁知盘中餐,粒粒皆辛苦。"再如《百家姓》qbjx",(q 代表首字"百"是独体结构,bjx 是"百家姓"各字的声母)。

《百家姓》打出后,马上联想出第一句"赵钱孙李"。输入"赵钱孙李 pzqsl",出来后立即联想出下一句"周吴郑王",以此类推,直至全文。这样,《三字经》、《百家姓》、《千字文》、《弟子规》以及国家《义务教育语文课程标准》中"关于优秀诗文背诵推荐篇目"的内容,不用记忆,便都能打出来,速度极快。

9. 纠错功能:在输入词汇的过程中,如果遇到异读词,即使将词读错了,计算机可以马上予以纠正。如将"麻痹大意"读成"麻 pí 大意"了,计算机会立即纠正"麻痹大意(mábìdàyì)"。

10. 汉字音节:音节是最小的自然语音单位。一般来讲,在汉语里,一个汉字一个音节。输入带声调的音节,直接按音节字母键。如输入 guo,候选框中立即显示出"1.guō, 2.guó, 3.guǒ, 4.guò, 5.guo",按相对应的数字键,所需音节立即上屏。这个方法解决了长期以来计算机不能直接打出带声调音节的难题。如果需要用汉字给汉字注音,可使用《汉语拼音方案》中声母表和韵母表中相对应的汉字,用同样的方法输入即可。如输入"guov",其中"v"代表"用汉字注音",输出的结果是"1.哥窝ˉ, 2.哥窝ˊ, 3.哥窝ˇ, 4.哥窝ˋ",按相对应的数字键,所需汉字注音音节立即上屏。

11. 字母词:国际上的字母词不断增加。随着中国国际交流规模的日益扩大,进入中国的字母词也不断增多,对汉语严整的语音、词汇、语法系统造成冲击。英文字母词的"浓缩",成为了表义符号,给人们的理解、认知、记忆带来很大的不便,经常让人觉得不知所云。本软件在输入字母词后,会即刻联想出中文所翻译表达的意思。如输入 GDP,立即联想出"国内生产总值";输入 WTO,立即联想出"世界贸易组织"。

三、汉字和世界文化融为一体才能真正走向世界

全世界约有 60 亿人口,200 多个国家和地区,2500 多个民族,现已查明的语言就达 5651 种。使用人口最多的语言有汉语、英语、印地语、西班牙语、阿拉伯语、德语、俄语、法语、孟加拉语、葡萄牙语等十多种。仅联合国用语就包括英语、俄语、汉语、法语、意大利语、阿拉伯语。这么多的语言,无论让谁去学,恐怕都难以全部掌握,即使有人可以,那也是极少的一部分。但如果换一个角度思考,让世界各国人都看同一幅有"山"的图画,相信大家都能看懂。由于汉字是从图画逐步演变成文字的,假如把汉字当作世界通用文字,把各国的文字当作不同的输入法,那么各国人输入自己的文字,打出来的都是相对应的汉字。这样一来,当不同国家的人民在交流信息时,只要输入自己的母语,输出的结果就都是世界通用文字。世界国家民族众多,在国际上统一语言难以实现,统一文字却是相对容易,而汉字可以承担这一重任。"汉字扫盲标准是 1500 字,认识 2000 汉字即可看书读报。掌握 3500 汉字,理工科的大学生即可搞科研。而在英语国家,不认识 2 万个词汇,读报都是妄想。现在的中国学生,可以读懂两千年前屈原的《楚辞》,而英国大学生阅读三百年前莎士比亚的原著则困难重重。"

2015 年 8 月 4 日,联合国秘书长潘基文将自己的书法作品《上善若水》,作为生日礼物赠予美国时任总统奥巴马,并给他讲解了其中所蕴含的博大精深的哲学道理,先贤志士的做人道理,与为人处世的道德规范。这短短的四个汉字,竟然包含着如此深奥的哲学内涵,奥巴马佩服得五体投地。两位世界级人物,一位韩国人向一位美国人赠送的礼物竟然是中国的书法作品——汉字。再举个例子,中美一对不懂对方母语的年轻人交流,美国小伙子输入"How are you?"中国姑娘的电脑显示"你好吗。How are you?"姑娘回复"我很好,谢谢你。"小伙子的电脑显示"我很好,谢谢你。I'm fine, thank you."小伙子输入"What are you doing today?"姑娘的电脑显示"今天干什么? What are you doing today?"姑娘回复"我想学习英语。"小伙子的电脑显示"我想学习英语。I want to study English."小伙子输入:"I want to learn Chinese."姑娘的电脑显示"我想学习汉语。I want to learn Chinese."大家看,他们虽然都不懂外文,可是他们的交流却能够畅通无阻。至于读音,就像我国各地的方言一样,你说广东话,我听不懂,但是你打出的字我能看懂。所以,大家都来学习汉字,都说汉语,那信息交流就容易多了。

打什么字就进什么库,使用这种方法的目的,是让汉字永远处于"主角"的地位,让人们的脑子里牢牢记住汉字的字形,同时记住字音,而且还强调书写笔顺。这既综合运用了汉字的各种特性,又突出选取了汉字最简单的特征。将汉字、汉语和计算机融为一体,将中国文化和计算机融为一体,将汉字和世界文化融为一体,把计算机当成手中之笔,就能改变计算机只是打字机的历史,就能使计算机变成优秀的学习机,快速的打字机、智能的翻译机、灵活的信息处理机。用户利用自己已有的知识就可随心所欲、轻松自如地操控机器为其服务。而这一切都是那么简单,无需死记硬背。在高科技、信息化、互联网飞速发展的今天,学习汉字、普及汉语,让汉字、汉语真正走向世界,已经不会像过去那般困难了。这犹如行路,将过去乘坐的牛车改乘为现在的飞机,日行几千里,轻松笑谈中!

四、结语

汉字是内存道德性灵的天人之学,它包容自然、生命的社会之道,直逼宇宙、生命的实在,洞察天人相通的密码,可谓亘古未有、举世无双的大智大慧。这种大智大慧的东方文化,在与世界各国文化交汇中,借助计算机等高科技设备,愈显其博大精深。它不仅是中华民族伟大复兴的法宝,也是未来人类社会走向和谐大同的法宝!

这不是幻想,而是现实。我们用最大的努力在茫茫书海里苦苦寻觅,在众多人群中虚心请教,在科研道路上不断攀登。我们将所有的汉字逐字解剖,按不同的规则反复分类,从各种角度对比试验,足足研究了十五年。天下大事,必作于细;天下难事,必作于易。我们相信,辛勤的汗水是不会白流的。现在,我们终于研发成功了,终于申请了国家发明专利。(赵功德,中国人民解放军军事科学院研究员、中国语文现代化学会常务理事、中国老教授协会通信与信息技术专业委员会副秘书长、北京中自汇河科技文化研究院研究员)(《汉字文化》2015 年第 5 期)

数字鸿沟? 互联网仅支持全球 5% 的语言

尽管互联网连接了全世界,但互联网对人群的割裂比我们想象中更严重。这是由于互联网网页仅仅使用了全球为数不多的语言,而大部分语言仍未能上网。

是 tweet、tuit,还是 giolc? 这是盖尔语中对"Tweet"(Twitter 消息)一词的 3 种表述方式。2012 年,Twitter 的爱尔兰翻译们为此争执不休。关于究竟是用英语拼法,还是盖尔语拼法,亦或是盖尔语中的动词形式,这一困难的选择导致项目停滞了整整一年时间。最终,一个翻译小组做出了决定,采用英语拼法"tweet",同时配以爱尔兰语法。到 2015 年 4 月,盖尔语版本的 Twitter 终于上线。

许多土著文化缺乏充足的资源,因此在互联网上很难为自己的语言找到一席之地。英语、西班牙语和法语等少数语言主导了互联网。在社交网络上,以这些语言作为母语的用户已习惯于约定俗成的单词库、内置的翻译服务、基本的语法,以及拼写检查工具。

在爱尔兰,只有 2% 到 3% 的人口使用盖尔语,因此以这一语言作为母语的人群很难使用数字服务。而某一语言即使有数百万使用者,可能也仍会缺乏资源,使互联网在日常生活中难以发挥作用。

数字发展宽带委员会成立于 2010 年,其任务是关注全球互联网的发展及使用。今年 9 月,该委员会发布了 2015 年的"宽带状态报告"。报告认为,在帮助尚未联网的 40 亿人口互联的过程中,互联网对各种语言的支持将是主要挑战之一。

目前,互联网网页仅仅使用了全球 5% 的语言。在访问量最大的 1000 万家网站中,即使是某些国家的官方语言,例如印地语和斯瓦西里语,也仅被其中的 0.01% 使用。全球大部分语言都还没有存在于互联网上。

全球现用语言名录 Ethnologue 发现,在目前使用的 7100 种语言中,有 1519 种正面临逐渐消亡的风险。对于这些濒临灭亡的语言，Facebook、Twitter 和 Instagram 等社交网络，以及谷歌和维基百科等其他数字平台可以为其带来帮助。尽管挽救语言的最佳方式是确保有人在日常生活中持续使用这些语言，但让人们在网站上使用自己的母语也能有所助益。

计算机语言学教授凯文·斯堪奈尔（Kevin Scannell）花了很多时间去建设能够支持多种语言的技术基础设施，而工具常常是开源软件。目前，斯堪奈尔正在处理 40 多种语言，而他的工作也是更广泛的语言保护行动的一部分。他表示："这些语言目前还不是互联网或计算机行业的一部分。我们试图改变这一现状，向人们提供可用的工具。"

齐切瓦语正是这样一种资源匮乏的语言。齐切瓦语是非洲班图语的一种，被 1200 万人口使用，其中大部分人口居住在马拉维。程序员埃德蒙·卡查尔（Edmond Kachale）从 2005 年开始为齐切瓦语开发基本的文字处理工具，而过去 5 年则在尝试将谷歌搜索服务翻译成这一语言。此前，互联网上几乎没有任何齐切瓦语的内容。这意味着持这种语言的人群很难参与数字时代的全球化竞争。他表示："除非这种语言能在数字世界中引起关注，否则就将走向消亡。"

在马拉维，超过 60% 的人口还无法访问互联网。不过卡查尔指出，即使在马拉维全国范围内提供免费的互联网服务，但由于语言障碍的存在，母语为齐切瓦语的人口可能也不会去使用互联网。2015 年的宽带报告证实了卡查尔的观点。以各种语言的 10 万个维基百科页面作为参考，报告发现，全球只有 53% 的人口可以用母语获得足够多的内容，从而发挥互联网的作用。

无法使用互联网可能会造成经济上的落后，因为这些人群将无法享受电商带来的便利。在马拉维，Facebook 已成为互联网上的关键平台，但在当地 Facebook 也没有提供齐切瓦语的版本。相关用户需要使用浏览器插件来自行翻译。

2014 年，Facebook 支持了 20 种新的语言，而今年又支持了更多语言，目前支持的语言总数超过 80 种。Facebook 还启动了基于社区的翻译项目，这一做法带来了约 50 种语言，包括只在玻利维亚、秘鲁和智利使用的土著语言艾玛拉语。尽管目前仍有约 200 万艾玛拉语的使用者，但联合国教科文组织已将其定义为"濒危"语言。从 2014 年 5 月开始，由 20 名志愿翻译者组成的团队前往当地整理了 2.5 万个常用词汇，而这一项目预计将于今年圣诞节完成。

这一项目非常重要，因为这将鼓励年轻人使用自己的母语。负责这一翻译项目的艾利亚斯·楚拉（Elias Quisepe Chura）表示："我们肯定，如果艾玛拉语成为 Facebook 官方语言之一，那么将给艾玛拉人带来力量。"

翻译团队的另一名成员鲁本·希拉里(Ruben Hilari)对西班牙《国家报》表示："艾玛拉语仍然存在,没有必要复活这种语言。然而,这一语言的地位需要加强,这正是我们所做的工作。如果我们今天没有为自己的语言和文化努力,那么明天我们可能就会不再记得自己是谁,我们对自己的身份将会产生不安全感。"

尽管被称作"信息高速公路",但互联网目前只对少数语言的使用者有用。而互联网的这一局限也反映了当代全球社会存在的割裂和不平等现象。(《大西洋月刊》2015.12.6)

汉语拼音融入互联网,揭秘它前世今生的魅力

1月13日,有"汉语拼音之父"之称的周有光先生迎来了111岁寿诞,人们纷纷在网上祝他生日快乐,汉语拼音也再次引起人们的关注。汉语拼音从制定、施行,推广到现在,曾是几代人的儿时记忆。汉语拼音的创造对汉语的学习意义非凡,而随着英语教育的普及和互联网时代的到来,我们对汉语拼音又有了新的认识和思考。

汉语拼音辅助学中文

1958年1月,周恩来总理在《当前文字改革的任务》报告中提到:"现在公布的汉语拼音方案,比起历史上存在过的以及目前还在沿用的各种拉丁字母的拼音方案来,确实更加完善。"自制定到普及应用,汉语拼音为人们提供了一种便捷的学习方法,在当时更是极大地促进了全国范围内的普通话推广和"扫盲"工作。

中国社会科学院语言研究所副研究员唐正大认为,汉语拼音对记录汉字读音的固化、标准化、可读化产生了革命性的作用,它使得基础汉字教育、汉语作为外语教育以及计算机汉字输入、计算等基础工程更为高效。长远地看,汉语拼音对于汉语和中华文化的传播具有深刻的积极影响。"汉语拼音为外国人了解汉语的语音提供了便利,它就像一扇门,推开门,你将进入丰富多彩的中文宝库。"已经通过了汉语水平5级考试的赞比亚留学生马约翰如是说。

中国人民大学文学院副教授李禄兴认为,新中国成立后公布的《汉语拼音方案》在语言文字生活和社会生活中都具有里程碑意义,尤其是汉语拼音采用拉丁字母记录和拼写汉语的音节,为汉字输入计算机、为汉语与世界接轨发挥了重要的作用。对于华裔孩子或者留学生来说,要想学习汉语,汉语拼音就是敲门砖,是拐杖,是学说汉语的第一步。当他们还不认识汉字的时候,依靠汉语拼音就能读出一些汉语的句子来,而且汉语拼音简单易学,是母语非汉语的人最喜闻乐见的学习

工具。

汉语拼音融入互联网

进入互联网时代后,不论是软件的输入法,还是硬件的键盘,汉语拼音都将汉字与英文、中国与世界联系了起来。"现在不管是汉语水平考试还是教师资格考试,汉语拼音的考察一直是其重要组成部分,国外留学生和国内的教师都非常注重汉语拼音的学习与教学。"北京语言大学汉语进修学院教务办公室主任周婉梅如是说。

智能的电子设备渐渐地将人们的生活和通讯习惯变成了键盘输入:上班需要输入法打字,聊天需要输入法打字,网购需要输入法打字……"汉语拼音的好处在键盘输入法上体现得淋漓尽致。虽然输入法很多,但我问过身边的亲朋好友,大部分人都觉得还是汉语拼音打字法最顺手,再用上'联想'功能,有时打一个字的汉语拼音首字母,整句话就出来了,很方便。"烟台大学附属中学教师张一男说。

唐正大认为,键盘打字对汉语拼音系统本身不会产生很明显的影响,但对于使用键盘打字的人来说,学习和掌握汉语拼音是有影响的。键盘打字"迫使"打字者需要掌握汉语拼音(至少是声母韵母组合),拼出自己已经掌握的汉语字词的读音。而简化后的打字法可能会让打字者淡忘、无需学会完整的汉语拼音形式。随着打字法词库的扩大,联想、纠错功能的提高,打字法对于汉语拼音规则的依赖性越来越降低。

拼音造"字"产生歧义

汉语拼音是辅助汉字读音的工具,而到了信息技术日新月异的现在,拼音的"符号"功能更具魅力。"外国学生平时在电脑、手机输入汉字时用到汉语拼音,并且认为汉语拼音方便记忆与使用。"北京语言大学汉语进修学院中高级系系主任李小丽说。在城市的一些指示标牌上,人们经常会发现"拼音与英文"混用的现象,有的甚至全是拼音。"文化路"对应的是"wen hua road","模范街"对应的是"mo fan street",而在一些灯箱式路牌中文名下方却标识着"wen hua lu"、"mo fan jie"。而路牌、广告牌等的"规范化"也一直是专家和网友讨论的话题。

近年来,汉语的热词会以汉语拼音的形式被收入英语词典。如"tuhao(土豪)"、"jiaozi(饺子)"、"guanxi(关系)"等。但是由于多音字、同音字、声调不定等情况的存在,词语组合也会出现"音同意义不同"的现象,如"fenqing"有可能是"愤青",也有可能是"分清";"jiaozi"有可能是"饺子",还有可能是"轿子"。还有一些

人淡忘了汉语拼音,甚至将其与英语混淆,在使用拼音输入法时经常出错,

"在互联网时代,我们更应该加强对汉语拼音的研究,加强汉语拼音的教育,在规范使用上多下功夫。要真正认识到汉语拼音的意义,在小学阶段加强汉语拼音的教学,夯实基础。"李禄兴如是说。

汉语拼音施行至今有近60个年头,几代人通过它学习汉语,学习普通话;无数外国汉语学习者通过它走近中文。汉语拼音的拉丁文特质和易学好懂,使它在拉近东西方语言交流的距离、搭建沟通东西方文化的桥梁方面发挥着不可替代的作用。而随着互联网信息技术的发展和普及,汉语拼音的影响将会被带到更广泛的空间,使更多的人受益。(《人民日报》海外版2016.1.25)

网络如何改变语言

在网上,英语变成了一种通用语,被世界各地的用户使用。在此过程中,语言本身也发生着改变。

1814年,通过和英国的殊死战争,美国从废墟中建立,但远未实现全国性的统一。诺亚·韦伯斯特(Noah Webster)认为形成一种通用语能够团结人民,并且形成新的认同感,进而使国家真正独立于大英帝国。

韦伯斯特编写的词典至今已经编辑了11版,采纳当今美国化了的常见拼写形式,比如:theater(剧院,英式英语拼写为theatre)、color(颜色,英式英语拼写为colour)、以及traveler(旅行者,英式英语拼写为traveller)。韦氏词典还收录了美国特有的一些新词汇,比如:skunk(黄鼠狼)、opossum(负鼠)、hickory(山核桃)、squash(鲜果汁)和chowder(一种用鲜鱼与咸肉,洋葱等煨成的食品)等。

韦伯斯特花了18年时间完成《美国英语词典》的编写,他学习了26种其它语言来研究词典内七万词条的语源。同样的,互联网正以更快的速度推动着语言进化。

如今的互联网被认为拥有着45亿网页。因为有半数中国人在上网,多数网页都用中文显示。但还是有部分语言学家预测,十年内英语将会主导互联网——尽管在形式上和当下被我们接受和认知的英语大相径庭。

预测的依据是英语作为第二语言的人数已经超过了母语为英语的人数。他们越来越多地使用英语和其它原本也不说英语的人进行交流,尤其是在网上,语法和拼写都不需要太在意,甚至说话带口音也可以不必担心。

"互联网解放了母语不是英语的人们,使他们得以更广泛、更丰富地运用英语,"华盛顿美国大学的语言学教授纳奥米·巴伦(Naomi Baron)如是说。

Facebook 的用户已经在用大量的各式各样的"英语"进行社交了,包括印度英语,或者印地英语(Hinglish)、西班牙英语(Spanglish)和韩国英语(Konglish)等。尽管很多英语的变体在各自的文化背景下存在了很长时间,但现在通过互联网得以扩张并相互结合。

"在网上,人们只关心如何进行交流——没人有权要求其他人用什么样的语言,"巴伦教授说,"如果你的言论能够出现在 Facebook 上的显眼位置,就证明你的语言在政治上和社会上能够得到凸显,即使语言本身并不独特。"

一些词汇转变自传统英语。以新加坡英语(Singlish, or Singaporean English)为例,"blur"意为"困惑"或者"迟缓",如"她是后来才加入谈话的,所以显得有些困惑/迟缓(blur)。"

另一些新词汇来自原有英语单词的组合。在韩国英语中,"skinship"(字面意思为"皮肤关系")意为亲近的肢体接触,如握手、触摸和爱抚等。

科技公司为了让用户看懂那些连英语字典里都找不到的单词,正在开发能够解释新的英语变体的产品。

很多公司都有英文网站,而且小商户也开始意识到他们需要使用通用语——英语,来吸引世界各地的客户。

"尽管英语对多数人而言不是母语,但在现代娱乐方式的驱动下,以特殊的形式影响着贸易和社交,"加利福尼亚一家名为 Idibon 的语言技术公司的老总、计算机语言学家罗伯特·芒罗(Robert Munro)说道。

"在除了移动电话和 DVD 机以外没有其他科技设备的地区,英文电影的传播使得英语成为了备受瞩目的语言。人们认为这就是数字时代的语言。"

几个世纪以来,文化和贸易的汇聚促成了混杂语言的出现。这种混杂语言就是乔治华盛顿大学脑和语言实验室主任迈克尔·厄尔曼(Michael Ullman)所说的简单语法结构组成的流线型语言体系。

当混杂语言使用者的下一代开始添加词汇和语法的时候,特征明确的克里奥语言就出现了。厄尔曼说:"这过程很复杂,并且具有系统性,由此可以导致很多不同的结果。网络英语也会像这样发展下去。"

以印度英语为例:

印度英语结合了印地语(Hindi)、旁遮普语(Punjabi)、乌尔都语(Urdu)和英语,并且得到了广泛的传播,甚至连英国外交官都开始学习这种语言。

移动电话公司也在更新他们的应用程序,以应对新语言变体的出现。

在印度英语中,co-brother(字面合作-兄弟)意为"姐(妹)夫";airdashing(字面飞行速度)被用来形容处理紧急情况的人员;还有容易引起球迷误会的词语 stadium(字面体育场),在印度英语中被用来指代"地中海"发型。甚至还出现了新的描述时间的概念词"pre‒pone",与 postpone(推迟)相对,意为"提前"。

网络在日常生活中的不断普及说明了网络语言并不是零和游戏。相反,它带来了多种语言的繁荣。

"实际上,多数人说着多种语言——只会一门语言的反而少,"芒罗先生说,"英语已经成为了全球通用语,但是它并没有取代其它语言。"

其它语言也在融入英语,与此同时,创造着新的语言变体。(译言网 2012.12.12)

新时代浪潮中的社会语文生活

电脑大普及开启汉字文化新步履和"词时代"

当下,电脑应用迅速向社会纵深领域挺进,键盘操作已成各行各业乃至生活的日常功课。连续敲击的"打写"空前普及,"手写"大为减少,汉字的呈现方式发生了几千年来的历史性巨变。电脑时代,汉字形体记忆比"手写时代"弱化,"能认不能写"如晨露夕月,司空见惯,成为"新常态"。

这一情状唤起世人对汉字文化疏离的警觉,呼吁传承之声此起彼伏。汉字文化的核心是"六书",指象形、指事、会意、形声、转注、假借这六种汉字构造条例,但"六书"不便广泛推广,可汉字书法却易于"大众化",于是受到了一浪高过一浪的追捧,各类活动源源不断,书法特色学校如雨后春笋。以书法为龙头的汉字文化新运动,虽初蔚起,必绵长恒久。

电脑打字,输入的常常不是字而是词。如录入"语言文字问题"不是连敲六字,而是打出"语言""文字""问题"三个词。久而久之,"词意识"深入人心,且史无前例。"词观念"的确立,激发了对准确用词的翘企,近义词辨析已成审读、笔耕者惯常作业。"词时代"在不觉间降临,词典取代字典成为了新时代的宠儿。其中,《现代汉语词典》系社会普遍认可的权威工具书,就像英语的《牛津词典》、俄语的《现代俄语词典》、法语的《拉鲁斯词典》一样。

求新意念促使新词语和字母词风靡神州

在倡导创新的时代,求新意念风生水起。遣词造句追求"新异鲜活",已成新风。例如把"时尚"说成"潮",把"夸奖"说成"点赞"……百姓对三天两头飞进词语密林的"新鸟"已见怪不怪,不过粲然一笑而已。诠释新词、引领应用之举,具有积极意义。

字母词如今风行天下。其实这个现象早就存在,如"X 光"至少流行半个多世纪了。缩写字母词固然不宜滥用,但也应看到它所具备的四个优点:

其一,能迅速反映外来事物或概念;其二,缩写形式十分简短,易记易用;其三,一望(或一听)即知所指,"定指"作用突出;其四,域外知晓,利于中外交流。

这四大"长项"赋予了字母词强大的生命力。

有人担心字母词会给汉语"添乱"。须知字母词进入社会语文生活,要迈过"社会流通性"这一高门槛,"面生者"皆被拒之门外,"偏安一隅"。外来词不过占汉语词汇百分之一二,字母词是其中一个品种,占比更低。区区"外来客"在汉语浩浩荡荡的语流中寥若晨星,还远远搅乱不了"汉语世界",更动摇不了"语法 + 基本词汇"构筑的汉语根基。

口语与微信"比翼齐飞","双音化"大提速

说话比行文更适应现代生活的快节奏。在新时代,飞机、汽车、高铁等交通工具的迅猛发展,使面对面交流骤增;手持通信工具的"全覆盖",令"手机对谈"遍布辽阔疆域。一句话:口语"占领"的"地盘"旷古未有地扩展了。于是,口才备受青睐。能言善辩、对答如流已成优秀从业者必备技能。不光发言人、主持人、领导者,就是普通人在工作、会议、活动中,想把事儿办漂亮,亦须有此"基本功"。抬眼远望,口才已成世间争夺话语权的有力武器。

用微信交际,包括对话、"指谈"、浏览,天南海北随处可见。越来越多的人首先从微信获知新闻。人们慨叹"没有 Wi – Fi 的距离是世界上最远的距离。"微信成为前程远大的交际平台和社会语文生活方式。庞大的阅读量,必对新闻乃至文学语言产生深远影响,易懂、流畅的文风将更为流布。口语与微信乃当今社会交际中璀璨耀眼的"双子星座"。

新时代多音词的"双音化"步伐大大提速。过去常说的"春节晚会""航空母舰""国家博物馆"早已被"春晚""航母""国博"挤下历史舞台。如今,一个多音词"抛头露面"没多久,不经意间,便被"双音化"兄弟抢占了"座位"。

城市五方杂处加速方言消融,方言文化却逆势勃兴

都市里比比皆是的五方杂处使方言向普通话靠拢步履加快。通都大邑的方言犹如加速消融的冰川。大城市,特别是北方大都会语言面貌在浑然不觉中发生巨变,普通话悄然成为主流用语。北京城里的土词儿在岁月的流逝中消泯,笔者上中

学时校园流行的"尅（kēi）""太差（chái）""挨呲（cī）儿"等,已杳无踪迹。"纯正"乡音,或仅存于小城镇与乡间。

与此恰成对照,方言文化迅速崛起。丰富鲜活的方言语料被保藏于地方戏剧、曲艺之中,在龙腾虎跃的群众娱乐活动里大放异彩。在影视剧、小品里,方言元素摇身一变,化为一种灵验的艺术手段,一种提升表现力的"妙招",百试不爽。采用的多系方言色彩的普通话,而非地道方言。这一"调味品"在文学语言中也大行其道,如吴语味儿浓厚的长篇小说《繁花》获第九届茅盾文学奖。

方言"文化角色"的彰显,缘于经济快速发展后日益增长的群众文化生活需要及文艺创作的特色追求。其势头强劲,前景昌盛。方言文化包孕着地域风俗和桑梓深情,是传统文化的组成部分,研究、丰富和发展方言文化,就是研究、丰富和发展民族文化。（杜永道,《语言文字报》原主编）（《光明日报》2016.3.20）

延伸阅读

网络时代汉字生态环境之辩

网络语言是否会影响汉字规范

一般人认为使用网络语言的都是年轻人,然而年过六旬的西安市二十四中退休教师郭乃光对网络语言情有独钟。她认为,网络语言虽然会冲击汉字体系,但不会造成混乱。像火星文,只是在网络上自己用,因此不会影响正规的出版物。

本以为作为中国社会科学院新闻与传播研究所网络传播研究室助理研究员,杨斌艳观念可能很传统,可当记者通过即时通信软件与其交流时,她一开始就给记者发来个火星文"o(∩_∩)o..."（哈哈）。她认为,网络语言就如同方言的存在,远远没有到能够威胁或者危害什么规范的地步。用笔书写的火星文很少,因为要画个这样的符号,还没那么容易。

"网络语言生存空间很有限,成不了气候,对主流语言生活不会造成很大的影响。"教育部语言文字应用研究所社会语言学与媒体语言研究室副研究员、中国社会科学院研究生院应用语言学系硕士生导师谢俊英说,她的儿子就是初中生,写作业时没有用网络语言。网络上的一些词、表达形式已经存在、发展很多年了,但是从目前看来,好像没有对语文应用产生多大影响。

西北大学新闻专业研究生郭文静持近似意见,认为国家正规出版物等都是规范用字,学校还是按照标准字体教育,因此网络语言不会在社会上造成汉字使用混乱。

但西北大学教授林允富认为，网络是新型传媒，将来会产生很大影响。网络语言肯定会带来副作用，会在使用中带来偏差，产生不好影响。

这是创新吗

"语言是交流的工具，是生活的创造和记录，而且是发展和演变的。汉字也是经过演化，才形成现在的样子。"杨斌艳认为，当人们的生活环境（全球化）、生活方式（互联网）、生产工具（多样化）等发生变化时，语言和文字也必然发生变化。"o（∩_∩）o..."这个符号，如果不是基于计算机字符，就很难将其创造出来，可一旦通过键盘创造了出来，人们就惊讶于它的形象和生动，鼓鼓胖胖的脸蛋，它告诉人们，我不仅是在笑，而且如孩子般可爱，是真开心。凡是被广泛接受和使用的这些"火星文"，都有创意和智慧从中体现出来。

网友"令狐"虽然认为火星文不适合向全民推广，但有这个现象是好事，说明社会具有创新意识。

谢俊英说，网友的有些创意挺好，确实是一种创造，有时候非常形象，像梅的异体字"槑"，借用来表示呆，而且使一个已经死了的字活了；用"orz"表示五体投地，对他来讲，就打三个字母，但表达很多意思。

然而西安市社科院副研究员李华认为，首先咱们要搞清楚创新的概念，什么才叫创新。创新的目的是有利于发展，前面的东西制约了你的发展，你创造了另外一个字，对发展是一个解脱，这种东西才有生命力，才叫创新。你现在随便搞个字都是创新，那我也创新，我创的新你不懂，你创的新我不懂，那叫什么创新。本来错别字是很直观的问题，你还当作创新，这就不叫创新。二十世纪六七十年代日本有一批另类，也是对日文进行创意的字，但最后都消失了。

汉字网顾问曹卫民质问：为什么要造字，难道汉字不够用吗？你怎么能改汉字的字体，难道现在的汉字不合理吗？社会发展，难道什么都要变吗？事实证明，不是所有改变都好。有些基本的东西，不能改变。说网上乱造字、用错别字是创新的人，本身就陷入逻辑怪圈里。他们是玩另类、个性，不是在促进社会进步。

"不要随便改动汉字，汉字的来历有一些故事或一定的规格，一旦改动就会受到损伤。"西安外国语大学雕刻时光朗诵诗社程莎莎认为。

台湾形声资讯公司经理王尧世曾说过，对于网络语言，在台湾有两种观点，一种观点认为这是在污染汉字，一种认为文字是活的，是发展变化的，应当允许。

能像祖先一样造字吗

杨斌艳认为，我们最早的象形字，图形文字，是否跟这种火星文有同样的效果呢？远古时代的图形文字，是人们根据当时生产、生活的实际创造的。它的表现形式与当时的生产能力、生活习惯密切相关。现在的火星文某种程度也可以看做是产生于互联网时代的图形、象形文字。

"古人能造字，今人当然也应该有权造字。人类是要进步的，所有的造字都是有时代意义的。"网友"梦里秋千"说。

"你老是那种传统的就太古板了。"郭文静认为，生活是丰富多变的，时代也是在发展的，新出现的事物很多，不能老用以前那些字来描述我们现在的生活状态。为什么能造出这么多字，就是那些字已经不够用了，或表达的能力有限了。

赵志彬说，以前通过纸张、书本、报纸的传播，要求语言规范化，因为它的传播速度没有那么高，一旦用错会造成误解。网络是实时交流，这种快速交流下，很多时候用一个规范的用语，可能不能够完全准确表达自己的意思，但是如果用火星文，反倒能够恰当传导大家都能明白的一种意思来。

曹卫民反驳，汉字是几千年沉淀下来的东西。如果专家通过研究认为汉字有缺陷，可以得出一个科学的结论。不能是他们这样乱改。现在许多人有点狂妄，总认为现在所有人比过去所有人在所有地方都聪明，这就是妄自尊大。

李华说，老祖先每造一个字要得到多少代的认可，从甲骨文到现在，经过了多少年。可网络语言在几年之内就造了那么多字。要反叛，你也只能是在它的基础之上，觉得哪个地方不妥，然后反叛。火星文完全是脱离基础。

是否提高交流速度

"网友使用网络语言，一个是为了快，一个是为了新奇。"谢俊英说。

记者通过网络询问网友：火星文好像打起来并不方便，还会给不懂火星文的人造成阅读困难。他回答"媞吖"（是呀）。

"如果你对这个事情感兴趣，你就一定会想办法弄清楚，弄懂它的意思。你可以查。"郭乃光说，她自己就通过网络语言增加了很多知识。

"语言交流中的不理解、不充分理解都很普遍，在任何时期都有。"杨斌艳认为，语言文字有个编码、解码的问题。他们不明白，不代表别人不明白。

对此，李华也有自己的看法："我们使用电脑，目的是提高工作效率、快捷，但火星文不能使所有使用汉字的人通畅地交流，额外增加了一个负担。"

"文字是大众工具,就要大众都能用,否则就失去文字功能。大家现在都很忙,看不懂还要问,浪费时间。文字作为公器,就要统一,不能乱造字,特别是已经有的,更不能乱造。"林允富说。

限制网络语言会影响创新意识吗

"现在就是张扬个性的时代,如果限制网络语言,只能使用规范汉字,会影响网友的自主创新。"网友"沙漠鱼"说,为什么大家会选择网络,就是因为网络比其他表达方式更自由、更个性一些,如果连发明我自己的语句、个人专用用语都没有了,乐趣何在?

李华认为,从问题的根上说,不管你是"80 后"还是"90 后",你是不是从小学一年级开始学的是国家颁发的正规的中文课本?你跟其他人一样,不是另外开了个学校,另外考了一个级。咱们是有规定的教学大纲,不同年级有一定的识字量。规范汉字不是影响了你,制约了你,相反你的思维、发挥,不能影响、干扰了规范。

杨斌艳让人们从另一个视角看待网络语言。她认为,网络上很多人的信息发布,主要是为了自我表达,是为了表达的自由和快感,而不是非要什么人或者谁去理解和解读的。所以在书写和发布的一开始,就不考虑是否有人看得懂,只是想我要说。这就是互联网文化的特色,是娱乐的一种新模式。把这些所谓的"火星文"理解成网络文化和娱乐文化,比纳入"语言文字"的学术研究更合理。网络文化与娱乐密不可分。使用火星文交流的乐趣,是不使用的人难以体会的。就同使用电话的人,体会不到使用即时通信软件的人的乐趣一样。这些文字在交流中,不仅仅是为了交流,还为了交流(书写和输入这些字符)本身的乐趣。"压力 = 鸭梨",一方面是因为拼音输入法的失误,另一方面,当错误发生后,人们才发现,这样的失误是多么的有意思和有趣。严肃易产生压力,吃个鸭梨有助于消解压力。所以这种变化既是智慧,也是网络带来的更加娱乐、轻松的文化和氛围的体现。当前大众文化、娱乐文化的全球化和影响是非常深入的。中国社会以前的严肃和沉闷,已经被这些文化洗涤和冲击了,无论哪个年代的人都开始接受并喜欢大众文化。

语言是否越多越好

"网络语言丰富了现实中的语言内容。语言是工具,工具当然越多越好。"郭乃光认为。

李华则认为,所有语言形成有自己的逻辑,有自己特定的涵义,而且是经过几千年的检验。现在网上造字的速度是惊人的,在汉语语言历史上前所未有。你现在造字越多,给后代人造成的麻烦越多。中华文明上下五千年,如果都这么随意创造字,咱们两三辈子都学不完,你还创新什么。同时,这也不利于汉字在国际上的传播和使用。一种语言能够在国际上传播,作为世界范围内的交流工具,必须要稳定、规范、有科学内涵,有逻辑推理。

但在谢俊英看来,社会生活这么丰富,网络发展这么快,所以大家用这些新奇的玩意,有时也挺好的。语言词汇的活跃是有好处的,能给人们增加一种新的话题。但是它的内核语言是稳定的,因为如果老这么变,大家没法交流。过去我们老说纯洁语言,现在人们越来越清楚了,语言就是变动的、变化的。变化是绝对的,"我现在看到的材料,很少再有人提纯洁语言。"语言不可能纯洁,它就是丰富多彩的。语言的各种变体都有存在价值,语言不是以单一形式存在的,它有各种各样的色彩。它如果没有色彩,就失去存在价值。

能否任其自然

谢俊英 2007 年前后就关注过当时的网络词语,感觉现在活着的不太多。她认为,网络变化得非常快,有的词用一段时间感觉没有新意,就扔了,再捡一个好的,又开始用。如十多年前网友把版主写成斑竹,就是那么一阵。orz、稞等,现在好像也很少用了。语言是最活跃的,进来了出去了很正常。从语言管理上,不要太重视它,太把它看成一回事。在聊天室里,像写信一样,他爱用什么,就是用密码,也无所谓。不是说不管它,看看它的发展方向,真的会影响语言生活,造成混乱,再出台政策、管理措施,也来得及。

"现在是多元化时代,你要堵它,出力不讨好。它不好的话,会自然消失。只要不影响国家政策就行。"王尧世一副大度的态度。

"凡是存在的都是合理的,既然网络语言没有被使用的人们抛弃,肯定有它存在、发展的空间、人群,应当任其自然,不能用一套标准规定所有时空的所有人。"郭文静维护网络语言的态度总是非常明朗。

"对于新事物的担心是人的惯性思维。"杨斌艳认为,对于网络语言不要恐惧。他们的呼吁有点杞人忧天。以后要是这样的语言和文字充斥版面和作文,只需要教育部简单地规定考试规则就可以了。如果几十年、百年后,那些语言和用法你禁也禁不住的时候,真正语言和文字的变革时代就来了。

"网络语言不是个别字、词的事,而有一定规模和系统,'经久不衰'了。"李华说,任何一个事情任其发展都不好,还是要有社会的干预。否则发展到不可节制时,引起严重危害时,再干预就晚了。而且现在在有的场合,已经造成一些混乱。

"就像小孩,他不懂事,你要教育他,肯定要用人类积淀下来的经验、智慧规范他,任其发展,将来可能是杀人犯。"曹卫民认为,必须对网络语言采取措施。对于对汉字的亵渎,国家必须制定强硬的法律规范,不能由他们随意干什么。

林允富说,现在越来越多的国家,将文字使用提高到国家高度。对网络语言一定要管,不能任其自然。

立于白水县仓颉庙内的《仓圣鸟迹书碑》,传说碑中28个符号为仓颉当年所造象形文字的本形。有学者破译这28个字为:"戊己甲乙,居首共友,所止列世,式气光名,左互 X 家,受赤水尊,戈矛釜芾"。(《西安日报》2011.5.11)

网络时代的"语言暴动"

在移动互联网时代的今天,微信、知乎、微博、公众号、自频道等各种社交网络与自媒体,已经成为公众日常生活须臾不可分离的一部分。新的技术革命催生新的交往方式和信息传播方式,同时也在塑造新的语言、新的文化与新的社会亚群体。人类正处于一场比印刷革命、电视革命、网络革命更为重要的巨变进行时中。

"腾讯思享会·海上文化谈"第六期邀请了对这一正在发生中的移动互联网革命有思考、有研究,同时也有深切实践体验的三位学者:华东师范大学历史系的许纪霖教授、复旦大学中文系的严锋教授和华东师范大学民俗学研究所的李明洁教授,请他们漫谈移动互联网所建构的交往网络与信息传播方式是如何塑造了人类的新语言、新文化与各种社会亚群体,这场让我们身临其境、却又所知有限的革命是否将改变人类的历史与文明?

许纪霖(华东师范大学历史系教授):各位朋友,"腾讯思享会·海上文化谈"2016 年的第六期就开始了。今天我们谈的主题是"移动互联网时代的革命"。我们先了解一下,今天没带手机或者没有手机的举一下手,有没有?1 位,而且年龄已经在七十以上了。现在已经很难找到没带手机或者没有手机的人了! 大家的日常生活已经离不开手机了,如果有一天出门没带手机,就会感到惶惶不可终日,好像与世界断绝了关系。

手机的出现究竟是进化,还是倒退?

我在微博上发了本次活动的预告之后,自由撰稿人杜君立评论说:"仅仅数年时间,人类已经变成一种低头动物。对现代人来说,没有手机的手简直是一双不完整的手。"人类从猿进化而来,一开始像其他动物一样四脚着地、低着头的,后来慢慢站起来、头抬起来,现在有了手机之后,又开始成为低头动物了! 这究竟是进化,还是倒退?

以手机为标志的移动互联网,正在改变我们的生活习惯、交往习惯,它是不是一场我们正在身临其境的革命呢?一场革命的来临,你是意识不到的,特别是这种温水煮青蛙式的革命,你不知道这是一场正在缓慢发生的、改变我们生活、文化,乃至于未来文明的革命,而这样的革命,历史上发生过。远的不说,古腾堡开始的近代印刷革命,给欧洲带来了近代的启蒙,没有印刷术,就没有现代的报纸、杂志和印刷读物,就没有启蒙。接下来是电视的革命,大家通过图像获得资讯,获得身临其境的现场感。到20世纪80年代就是互联网,那时候还是PC机的时代。二十多年后,一场新的革命又开始了,那就是以手机为核心的移动互联网的出现,整个改变了我们的日常生活、交往方式和语言方式。说到新的语言,先让李明洁教授来说吧。

技术如何介入日常生活

李明洁(华东师范大学民俗学研究所教授):如果我们要讲互联网带来的革命,我们可能首先面临的一个问题就是技术的介入,就是在人机交往的过程中间,互联网它站在中间了,它是技术的介入。技术的介入,它会改变人和人说话的心理预设以及我们交谈的整个话语方式。技术成为一个不可逾越的媒介,所以是需要提醒大家的。

互联网的交往它始终有一个真实的参照对象,就是我们的日常对话。如果我们拿互联网交际和我们真实的面对面比较的时候,这个差别就会显现出来。所以我们时刻要意识到的是媒体在中间。我们2006年开始就有硕士生写互联网带来的话语的变革,比如说2015年我们也有研究生在做关于双11电商广告的研究。我们可以从两个角度来看这个问题,从许先生和严兄的角度来讲,可能是文化和社会的问题;但是对我来讲它背后是更广阔的一个社会背景。我的观点就是,我们不要忽略掉和日常会话的比较所呈现出来的。我们都要想,这个媒介它带来了什么?它影响了什么?它改变了什么?

严锋(复旦大学中文系教授):对,我一直觉得语言是一个很好玩的东西,而且到了新媒体的时候,好像我们有很多新的语言现象出现了一种爆发的情况。我自己因为也是一个比较重度的互联网用户,所以对这个也是感受蛮深的。

新媒体让粗俗俚语爆发出来

刚才李老师讲到技术对我们的心理、行为、语言的塑造,这个我也是有一个很深的感受。比如说刚才讲到屌丝之类的话,以前我们都难以启齿的,怎么我们现在在一个公共空间就能够面不改色心不跳说出来。那个字我一直不好意思说,我甚至会把它读成第四声,跟原来的读音会有一些距离,但现在无所谓了。那这个过程是怎么发生的?我发现这其实真的跟新媒体有关。为什么呢?为什么新媒体能够让过去很多粗俗俚语,不登大雅之堂,或者不能够在公共场合出现的一些用语登堂入室,久而久之就习惯了?

前几天看了电影《老炮儿》,它里面也是有各种骂人的粗俗的话。有人说《老炮儿》里面的语言是老北京的,但其实老北京人一般不爆粗口的,就是骂人也要骂得优雅,就是这个姿态要好,不用脏字眼。你看老舍的作品当中,哪怕是底层的那种拉人力车的,做各种低下的职业的人,他们说话其实也是不带脏字眼的。当然也有带脏字眼的人,那都是坏人。今天,好像你要做好人,也得带脏字眼,因为脏字眼好像代表你是一个性情中人。反而说话像我们以前这么文雅的,感觉有点假,人家就觉得你做作,可能是伪君子。

那么在这样的环境氛围下,为了跟整个社会能够保持一个良好的关系,慢慢的,很多人的语言发生改变。这就是语言的社会历史和心理的历史,甚至是社会风俗文化传统的历史。

虚拟化和匿名化带来的后果

那么技术和新媒体在这个当中起的是什么样的作用呢?是给人提供了一个空间。在这个空间当中,它通过一种虚拟化和匿名化来推动语言的粗俗化。你在网络上面用的是 ID,是一个面具之下。当你戴上面具之后,当你的身份不能被人直接明确地感知的时候,很多本能性的东西、情绪性的东西,就更容易爆发出来。这就是为什么我们可以看到网络上面有那么多粗俗的语言,还有那么多的争吵、辱骂,包括组队的团骂,蔚为壮观。你仔细看这些骂的人,大部分是匿名的,就是躲在这样一个无名的身份下,然后又是网络提供了这样一个庞大的虚拟空间。有一点像过去的广场,在这样一种广场当中,当你齐心协力地,共同地去辱骂同一个对象的时候,过去的那个羞怯、胆小的个体消失了,仿佛你的力量通过彼此之间的一种相连,通过一种彼此共同斗争的对象,得到了一种增强,包括各种自信。

其实不一定在网络空间,过去在"文革"当中,也有这种广场性的狂欢,一种群体性。就是说,如果我的斗争是合法的、合理的,代表了至高无上的目的,那么我用的语言可以非常地激烈。比如说砸烂谁谁谁的狗头,谁不革命就滚他妈的蛋。这里面有一种历史和技术、和社会心理的连接点。

许纪霖：严锋刚才谈的网络语言的粗鄙化，我是深有同感的。你说你对"屌丝"说不出口，我对另外一个词我也一直说不出口，就是如今非常流行的"装逼"。像这些过去不要说君子，连一般人都比较忌讳的语言，现在网络上面比比皆是，你如果不说两句，你还不好意思说自己是上网的。对年轻一代来说，这些与生殖器相关的词汇，已经脱敏了，去敏感化了。

平民主义的网络时代

这究竟意味着什么？严锋提供了一个观察的视野，说与匿名有关。我想补充另外一个观察的视野：网络提供了一个彻底的平民主义的时代。在过去任何时代里面，印刷文化、电视文化，一般平民能够露面吗？报纸杂志上面发文章的，在电视上露脸的，都不是一般的人，多多少少都是有身份的，被认为是某种社会精英。精英有精英的语言，要用一种比较文雅或者专业的方式对公众表达自己的看法。虽然印刷文化、电视文化也进入了平民时代，因为它面向平民。但是不要忘记，主宰屏幕、主宰报纸和杂志的，依然是精英。

但是自从有了网络以后，实现了彻底的平等，每一个人都可以在网络上面发出自己的声音，随着手机的出现，可以打破任何空间与时间的限制.

在平民狂欢的移动互联网时代，过去主宰媒体的精英语言被淹没了。取而代之的是一种新的网络语言，它来自网络大众，来自民间，又有网络语言的创新，一个不期而然的热点，会以突然爆发的方式，一夜之间在网络上面传播弥漫，不管你喜欢还是不喜欢。如果你不随这个大流，似乎就是被 out 了。

另一方面，活在这个社会有太多的压抑，被老板欺负了，与家人不高兴了，与路人发生摩擦了，感觉不公平了，无人倾诉，也不敢反抗，内心充满了戾气，就到网络上面去发泄，这个发泄的成本极低，甚至无成本。发泄完了之后，感觉精神一爽，吐了一口恶气。所以许多人上网发言，就追求一个字：爽。骂完之后，突然有了那种阿 Q 式的"精神战胜法"，感觉好爽。

李明洁：网络的粗鄙化，其实我并不愿意这样说。之所以两位先生可能会感觉到粗鄙化，是因为你们特别受刺激，就是在您的那个年代，在您的那个身份和文化地位来讲，这些词您听了特别受刺激。但是我们曾经做过一个问卷的调查，而且还是在高校女生里面做的，很多女生并不知道"格"前面那个字是指生殖器的。

两代人的语言冲突

所以这就告诉我们，网络的文化里面成长起来的一代，和两位先生代表的时代,这里面有很多代的代沟。所以我就在想,我们是不是能够勉强要求前辈跳跃好几个沟到网络一代成长起来的孩子面前,或者要求我们的孩子们,把他们拔苗助长一下子拉到你们那样一个高雅和高贵的,甚至伟大的年代? 每个人有每个人的年代。所以我们还不能那么快地说这是社会的进步还是社会的退步。我们首先需要做的是观察、描写、解释。这是我的态度。

那我就说"某丝"这个词,我们做过一个 15 万微博用户的调查——5 万娱乐用户、5 万 IT 用户和 5 万随机用户,我们来做一个比对。我们就发现在随机用户里面,它的使用率其实不高的,它比较高的是在一些特殊的,有诉求的,或者有特殊诉求的群体里面比较高。比如说我们做出来,娱乐用户、IT 用户,大大高过随机用户,完全不是一个等量级。我们又发现娱乐用户高于 IT 用户,这和我们不做调查得的结果可能会相反。在这个里面最喜欢用"某丝"这个词的是娱乐女用户,这是值得我们玩味的。

在我们对这个现象进行解释的时候,我们发现有两个原因,我们试图拿出来解释它。一个,我们想说的是,这里面有一个经济原理,我们在这个 15 万的用户里面,我们看微博发出来,到底是谁发出来的? 发的是什么内容呢? 我们发现大量的内容都是推介,比如说《春娇与志明》的广告,《泰坦尼克号》电影的广告,它非要把这个电影说成是一个"某丝"逆袭的一个故事,最后你看到是一个广告。所以大量的是这种广告,包括 99 元的什么护肤霜。你看到在我们这个里面超过 1/3 的博客贴出来的东西都是广告。

所以我们要意识到的是,"某丝"到底是民众自发的行为还是一个资本暴力的结果?"某丝"是民众自发使用的,还是被建构和被洗脑的? 这个洗脑不是政治洗脑,在今天的时代,经济成为最大的力量,不再是政治了。所以我们要考虑这个问题,这是我们做出的实证研究的结果。这是一。

第二,当然我非常认可两位先生的担忧,在我们社会语言学里面,我们把这样的现象,就是把一些以前不说的,比较粗鄙的语言进入到日常词汇,甚至进入到主流词汇里面去,我们知道"某丝"是上过《人民日报》的,《人民日报》十八大特刊里面就有出现"某丝","某丝"的网游广告还上过美国的时代广场的大屏幕。我们把它叫做语言上浮的现象。在一个社会的发展过程中间,漫长的语言演变的过程中间,语言下沉很自然,比如说我们看到有些是语言下沉的,比如说以前比较贵族用的词汇或者学术用的词汇到老百姓中间来,让日常词汇优雅化。比如我们讲谷歌,这个是一个数学词汇,十的一百次方。我们讲 Awesome,这个词其实原来是形容上帝的,不能用在别人身上的。但是我们现在完全可以说这个小伙子好帅啊,帅爆了,完全可以说他,我用 Awesome。

所以说,当这个语言,这样一种上浮,底层民众的语言上浮的时候,它更多的是一个语言问题,还是一个社会的暴动?当然这个社会的暴动,我前面也讲了,在今天的社会里面,它启动的原因值得我们思考。

许纪霖:1789 年巴黎的巴士底狱被攻占的时候,消息传到凡尔赛宫,路易十六一头雾水,不知所措,问:这是怎么回事?一位大臣告诉他:陛下,这是革命!李明洁老师刚才告诉我们的语言上浮现象,可以将它理解为一场来自网络时代语言暴动,精英垄断的语言巴士底狱被亿万网民攻占了,陛下,这也是一场革命,一场语言的民粹革命。

我们正在经历一场语言的民粹革命

不过,我们要公正地讲一句,在这场语言暴动之中,大部分网络语言未必是带黄的,而是带有滑稽、幽默、嘲讽和暧昧的意味。李明洁老师曾经指导过一位硕士生,硕士论文研究的就是"呵呵",这个事情媒体曾经有过广泛的报道,让我们的李老师大大出名,呵呵!以我个人的网络实践,觉得这个词非常好用。有时候不太好表明自己的观点,"呵呵"两字就解决了,这有点像英文里面的 well,well 有好多意思,意味非常暧昧,有保留,有质疑,但又很含蓄,意味深长,你自己去体会吧。"呵呵",这就是一个创造,假如你不用"呵呵",代之以相似的书面语,一时还真想不起来。

手机的拇指族打字讲究要快、简略,于是各种新的缩略语在网上出现了:"不明觉厉""细思极恐"等等,另外一种是有趣好玩的,比如最近流行"吓死宝宝了",昨天我与一个著名出版社老总微信聊天,他竟然也会用"吓死宝宝了",一个厅局级干部竟然如此与时俱进,可见网络新语言威力之大。新的网络语言似乎有一种填平现实社会中等级的功能,用这样的方式与学生、部下聊天,马上给对方一种亲近感,气氛一下变得轻松、活泼。这是正式关系之外的非正式沟通,调节了在现实生活中固化的人际关系,就像日本人喜欢到居酒屋去喝酒,不管干部、部下,微醺之下乐乐呵呵打成一片一样,既是虚幻的,又是真实的。网络新语言同样起到了类似的功能。

严锋:网络丰富了我们的表达,这是肯定的。但另一方面,网络也限制了我们的表达。一方面,新的用语,能够让老一代的用语也焕发青春。但是现在有一个很特殊的现象,一个词一旦走红以后,一下子就成为举国模仿的对象,结果大家说来说去又是这么几句话,像"呵呵"。其实这个词现在已经在某种意义上变成了一种禁忌，就是说"呵呵"这个词其实已经死了，被认为是一个很不友好的词。有很多人表示，你如果跟我在对话的时候用"呵呵"这个词，我一定把你拉黑，用这个词要非常地小心。

热门词语没有长久的生命力

这也说明，在今天一个词的生命、一个表达的生命，哪怕它再有趣，它的生命可能是非常短的。但是在它流行的时候，它表现的这个广度和烈度是非常地强，一下子举国"吓死宝宝了"，但是我估计这个最长寿命也就是一年。你们注意看，网络上面最有力的、最红的表达，它的寿命不会超过一年。这是一个现象，就是说网络可以使举国一下子来模仿一个词，它也能够一下子把这个词玩死。这跟网络上面其他现象是非常同步的。网络上的生命绽放得非常地灿烂，但是它的生命也非常地短暂，我觉得这是网络文化现象一个非常重要的特点。另外我还觉得，这其实也是网络的一种粗俗化的一个表现。

我为什么对这个粗俗化特别地敏感呢？因为我遭受的攻击太多了，三天两头有人对我进行不堪入耳的辱骂。不过我后来对这个辱骂也有一点脱敏了，因为网络上的辱骂，除了情绪的发泄之外，后来我发现它还有另外的动机。比如说它可以是目的非常明确，经过算计的，理性的，冷静的一种策略，就是网络斗争的一种策略。这样的语言就是要激怒你。他甩你一句很难听的话，你一难受就要想怎么回他一句。那么在这个时候，你跟他其实正在发生一个互动，如果接过来，你就中计了。

其实我们今天所有的心理都是过去的心理，所有的文化现象都是历史上面发生的文化现象，但是新媒体技术，特别是移动互联网，让这些以往的文化现象在今天出现了一些新的特点。比如说骂人这种行为，过去在马路上面你撞了人，两个人开骂，这个行为发生不可能延续很长，最多一个小时，你得回家吃饭，吃喝拉撒睡，有生理的、物理的限制。可是今天这个网络能突破传统限制，把这个过程无限地延长。网络上的骂战，可以骂几年。这是新媒体技术给骂人这个古老的文化现象赋予了一个无限延续的、超越一切界限的意义，这个的确令人胆寒，我是吃过很多苦头。他用手机，他可以在乘地铁的时候想起来骂你两句，他在开车等红灯的时候，骂两句，然后再开心地一脚油门过去，这个网络的确突破了一切的时间和空间的限制。

李明洁：我觉得网络语言不仅仅是几个流行词语的问题，网络的语言，它有一个不可逾越的技术媒介。这个不可逾越的技术媒介，使我们日常面对面的会话发生变形。其实技术把我们人和人分开，它又把我们人和人连接，所以所有的网络语言都是对我们日常面对面会话的保留、背离和延伸。比如说我们看"弹幕"文化，"弹幕"文化其实就是我们的日常表达有得到回应的需要，就是我说话您在点头，我很高兴。在互联网上面我没办法看见您的反应，所以"弹幕"其实就起了这个作用。

许纪霖：严锋是微博的大 V，所以被伤害的感受要比我这个微博小 V 强烈得多。这几年我慢慢淡出微博，去微信发展。以前微博有好多高手，三人行必有我师，但微博这几年外在环境越来越严峻，精英流失严重，无论是说你好的，还是骂你的，都越来越弱智化。看了之后，也只能苦笑一声，"呵呵"了。微信相对来说是熟人圈，中国人就是这样，陌生人里面什么脏话都骂得出口，但在熟人圈里面，就不一样，多少也要装成一个君子，也有装孙子的，但没有装大爷的。微信朋友圈是疗伤的桃花源，严锋，你要疗伤还是去微信朋友圈吧！

微博的 140 个字限制太多，讲道理，用逻辑，140 个字是说不清楚的，只能表示一种态度、一种立场，或者宣泄某种情绪。当然你可以用长微博，但我的微博实践，发现看微博的人是没有耐心的，下面拉了一个长微博，大部分粉丝根本不看长微，只是扫了一眼前面提炼出来的 140 个字，立马发表自己的看法，让我欲辩不能。

网络时代还是要多读书

如果要启蒙的话，还是去看书吧。微信有一个好，至少大家还愿意读一篇七八千字以下的文字。但最好的还是读书，书提供的不仅是资讯和观点，而是一个有论证、有逻辑的完整知识，让你能够形成批判性的思考能力。所以，在移动互联网时代，假如要成为一个正常的知识人，还是不要忘了读书。（腾讯网 2016.1.17）

拥抱"互联网＋"时代的教育变革

虽然在相当长时间内，传统教育模式和新兴的教育模式可能会同时并存，但是在这样一个互联网改变一切的时代，一个新的教育世界已经出现在地平线上，我们已经看到了未来学校的曙光。我相信：只要我们拥抱这种改变，积极推进教育的创新，就能够克服各种难题，创造教育的未来，赢得中国的未来

推开教育结构性变革的大门需要勇气

互联网改变了世界，改变了我们的生活。以淘宝为代表的电子商务已经彻底颠覆了传统的商业模式，建立了以消费者为中心的新的商业社会。那么，教育的

"淘宝"何时可以诞生？以人为中心的新的教育模式将何时能够形成？如何建构适应"互联网＋"时代的新型学校？

事实上，从信息技术产生以来，人们一直在努力探索变革教育。它分为三个重要的阶段：一个是工具与技术的变革，一个是教学模式的变革，一个是学校形态的转变。我们知道，最初人们都是在工具层面上、技术层面上去改变教育，电化教育、PPT课件等都是技术层面的变革。后来发现教育模式也必须变革，才有了慕课，有了翻转课堂。但是这些对教育还没有产生根本性的影响。一个很重要的原因，就是没有进入到第三个层次，即学校形态的变革。正如美国前教育部长邓肯曾经说过的那样，我们在教育上的投入不能算不多，包括教育信息化的投入，但是远远没有产生像在生产和流通领域那样的效果，根本的原因在于"教育没有发生结构性的改变"。

而今，我们已经处在一个教育结构性变革的门口。能不能真正地开始变革与创造，取决于我们有没有勇气推开这扇门。推开了，教育的"淘宝"就来了。更重要的是，我们不能跟在人家后面走。人家做慕课，我们也做慕课；人家做翻转课堂，我们也做翻转课堂，那就永远超越不了。我们只有进行结构性的变革，才能弯道超车。

基于"互联网＋"的教育，会完全颠覆传统的教育结构与模式，必须举全国之力，对未来学校进行全面设计。教育行政部门和相关专家要加强对于未来教育研究，学校和教育互联网企业要主动探索未来学校的模式。我认为应该从三个层面来进行变革。

一、从以知识为中心转变为以学生为中心

要努力建立真正以学生为中心的教育社区。我们现在的教育体系是建立在工业革命基础上的，如果不改变，教育的"淘宝"是无法登场的。必须把以知识为中心改为以学生为中心。为什么学生不能够在家里学习，在图书馆学习呢？为什么要把不同学习基础、不同学习兴趣、不同学习习惯的人强制性地安排在同一个教室呢？未来的教育，完全可以通过网络来学习，通过团队来学习，自己来解决学习过程中大部分的问题。一人一张课表，随时调整内容。学生可能不再需要我们为他提供一个非常完整的知识结构，而是在完成自己最初的知识结构以后，通过自主的学习，建构他能够满足自己学习的个性化的结构。重要的是学到了什么，分享了什么，建构了什么，创造了什么。

二、整合资源，集中国家力量建立教育的国家标准和教育资源库

建立教育的国家标准和国家教育资源库。首先要建立国家教育标准。教育越是自由,越是定制,越是个性,越是需要建设高效优质的学习中心,越是需要国家力量的整合。教育首先要传授我们国家、我们民族所崇尚的价值观。对于这个选择国家是有责任的,必须建立国家标准。这个标准应该更科学,更具个性,应该有最低限度的要求。

教育资源问题。需要通过国家力量把全世界最好的教育资源整合到国家教育资源平台上,轻轻点击就可以得到,而且免费。同时尽可能对全国民间教育机构甚至个人开发的各种最优秀的资源也进行整合,由国家来收集、政府采购资源。现在一方面教育投入不足,一方面又有大量的浪费。每个县、每个学校都去建自己的教育平台,都建自己的资源中心。这就需要国家组织专业团队,用先进的网络技术把资源整合起来。

三、未来学校的竞争将是课程品牌的竞争

要建立基于互联网的教育考试评价制度。什么算好的教育?什么算真正掌握了知识体系?怎样才算是真正有用的人?怎样检验和评价学习的成果?这就需要用评价去推动改革。评价和考试是我们改革发展的风向标,现在我们评价的技术跟不上。

未来的评价主要不是为了鉴别,而是为了改进。在学习的早期过程,可以用大数据的概念,自动记录学生的学习过程,将其作为评价的依据。在记录过程的同时,要发现这个学生的知识点缺陷,及时帮他改进。同时,未来的考试评价会更加重视实际能力而淡化文凭学历。未来的大学也可能出现全新的模式,可以不要限制上大学的地点,也不要管你在什么地方上大学,只要你能够通过严谨而且经过国际认证的评估,来证明你自己对某一理论的精通和理解,就可以进入社会找工作。如果这样的话,教育会发生什么变化呢?未来学校的竞争将不是学校品牌的竞争,而是课程品牌的竞争。互联网已经提供了这种可能,一个课程可以一百万人同时来学习,学校的优劣集中体现在课程的优劣。

虽然在相当长时间内,传统教育模式和新兴的教育模式可能会同时并存,但是在这样一个互联网改变一切的时代,一个新的教育世界已经出现在地平线上,我们已经看到了未来学校的曙光。我相信:只要我们拥抱这种改变,积极推进教育的创新,就能够克服各种难题,创造教育的未来,赢得中国的未来。(朱永新,全国政协常委、副秘书长,民进中央副主席,中国教育学会副会长)(《文汇报》2016.3.20)